**EMERGING
POWERS
신흥 세력의 등장**

지은이 J. M. 로버츠
저명한 역사학자 J. M. 로버츠는 1928년 영국 바스에서 태어났다. 그는 톤턴과 옥스퍼드를 졸업했고, 이후 1953년부터 1955년까지 미국에서 커먼웰스 재단의 특별연구원으로 활동하다 다시 옥스퍼드로 돌아와 1979년까지 머튼 칼리지에서 학생들을 가르쳤다. 1979년 사우스햄튼 대학교의 부총장이 되었고, 1985년 머튼으로 돌아가 거기서 학장을 역임하다가 1994년 은퇴했다.

옮긴이 유수아
대구 출생으로 한국외국어대학교 영어과와 이화여자대학교 통번역대학원 한영번역학과를 졸업했다. 옮긴 책으로는 「똑똑한 쥐 vs 멍청한 인간」(공역) 등이 있다.

EMERGING POWERS
All Rights Reserved
Copyright ⓒ Editorial Debate SA 1998
Text Copyright ⓒ J.M.Roberts 1976, 1980, 1983, 1987, 1988, 1992, 1998
Artwork and Diagram Copyright ⓒ Editorial Debate SA 1998
(for copyright in the photographs and maps see acknowledgements pages which are to be regarded as
an extension of this copyright)

Korean Translation Copyright ⓒ 2007 by ECLIO Publishing Co.,Ltd.
Korean Translation published by arrangement with Duncan Baird Publishers Ltd
through Imprima Korea Agency

이 책의 한국어판 저작권은 Imprima Korea Agency를 통해
Duncan Baird Publishers Ltd와의 독점 계약으로 이끌리오에 있습니다.
저작권법에 의해 한국 내에서 보호를 받는 저작물이므로
무단전재와 무단복제를 금합니다.

히스토리카 세계사

VOLUME 9

신흥 세력의 등장

EMERGING POWERS

J.M. 로버츠

이끌리오

차례 c o n t

1 새로운 아시아의 탄생 _10
힘을 잃은 식민주의

| 일본의 성장 | _ 11
제1차 세계 대전 이후 급격한 산업 팽창

| 신해혁명 이후의 중국 | _ 13
신문화 운동에 나선 '신청년 그룹' | 가난에 허덕이는 농민들 | 21개조를 요구한 일본 | 종전 후의 평화 협정

| 중국의 5·4운동 | _ 17
중국의 산업화 | 혁명의 씨앗

| 중국에 들어온 마르크스주의 | _ 19
중국의 공산주의 | 마르크스주의로 눈길을 돌린 국민당 | 중국의 국공 합작 | 국민당의 선전 | 농민들의 지지로 일어난 혁명 | 우익의 길로 들어선 국민당 | 일본의 경제 공황 | 일촉즉발의 일본 | 만주의 위기 | 농민들을 규합한 공산주의자들

| 중국 공산당의 대장정 | _ 29
중일 전쟁 | 굴욕적인 상황에 처한 중국 | 탈식민지화의 시작

2 오스만 제국과 이슬람 국가들 _ 32
메헤메트 알리가 다스리는 이집트 | 범아랍주의 운동 | 재정 파탄에 빠진 이집트 | 영국의 이집트 내정 간섭

| 청년투르크당의 혁명 | _ 35
청년들의 쿠데타와 개혁 노력 | 폭정에 안주하게 된 개혁가들

| 서아시아 이슬람 지방의 분열 | _ 38
늘어나는 불만들 | 시온주의

| 제1차 세계 대전 | _ 39
아랍 연합 | 아랍권의 반발 | 중동 지역에 대한 위임 통치 | 아라비아 반도 국가들의 독립 | 팔레스타인 문제 | 영국의 경제적 이익 | 이집트의 독립 | 범아랍주의의 확산 | 제1차 세계 대전 이후의 터키

| 오스만 제국의 붕괴 | _ 46
아타튀르크의 근대화 정책

| 페르시아의 상황 | _ 47
　　　　레자 칸의 개혁

3 **제2차 세계 대전** _ 50
　　　　경제 공황

| 학문과 윤리 분야의 추세 변화 | _ 51
　　　　예술 분야의 변화 | 지그문트 프로이트의 역할

| 다시 불거진 독일 문제 | _ 54
　　　　바이마르공화국

| 전쟁 전의 미국 대륙 | _ 57
　　　　프랭클린 루스벨트 대통령 | 뉴딜 정책 | 유럽의 외교 문제 | 이탈리아의 에티오피아 침공 | 이데올로기와 국제 관계 | 소련의 상황 | 공산주의에 거부 반응을 보이는 유럽

| 아돌프 히틀러 | _ 62
　　　　힘을 얻게 된 나치당 | 히틀러의 야망 | 스페인 내전

| 새로이 감행된 독일의 침략 | _ 66
　　　　폴란드 침공 | 어쩔 수 없이 가담한 영국과 프랑스 | 고립된 영국 | 반독일 세력 연합 | 윈스턴 처칠

| 독일의 소련 침공 | _ 73
　　　　암호명 바르바로사

| 일본과 미국의 참전 | _ 74
　　　　진주만 공습 | 세계전의 양상 | 승기를 잡게 된 국제연합군 | 유럽 대륙 내 전쟁의 종식 | 일본의 항복 | 나치의 끔찍한 실상

| 승리의 의미 | _ 81
　　　　유럽의 붕괴 | 동서 문제 | 세계 경제의 새로운 균형 | 한 시대의 종식

4 **새로운 세계의 형성** _ 86
　| 국제연합의 창설 | _ 86
　　　　국제 정치의 신기원

차례 contents

| 소련과 미국 | _ 88
1945년의 소련 | 1945년의 미국 | 미·소 관계 | 핵무기를 보유하게 된 소련 | 황폐화된 유럽

| 동서의 분단 | _ 93
독일 분할 | 전후 소련의 외교 정책 | 철의 장막 | 트루먼 독트린 | 마셜 플랜

| 냉전의 도래 | _ 97
냉전의 영향

| 전쟁 후의 아시아 | _ 98
인도의 상황 | 양차 대전 사이의 인도 | 간디와 인도의 민족주의 | 민족주의자들 사이의 분열 | 국민회의파의 역할 | 영국의 대응 | 인도와 파키스탄 | 인구 증가

| 중국의 상황 | _ 105
양측으로 갈라진 중국 | 국민당의 붕괴 | 중화인민공화국의 탄생

| 동남아시아와 인도네시아의 상황 | _ 108
호치민과 베트남공화국 | 베트남 전쟁

| 중동의 상황 | _ 110
반식민주의 정서 | 팔레스타인 지역의 분쟁 위기 고조 | 시온주의자들을 위한 지지 | 이스라엘 탄생 | 오래된 문제들

5 발전과 성장의 20세기 - 경제와 과학, 환경 _ 116

| 세계적 패권 | _ 116
근대화 | 세계의 분쟁과 평화

| 세계 인구의 성장 | _ 119
인구 성장 억제 노력 | 지역에 따라 다른 인구 성장률 | 예상 수명 증가 | 인구 분포 | 가장 빠른 인구 성장 지역들 | 피임을 통한 산아 제한 | 인구와 국력

| 세계 자원의 증가 | _ 127
경제 성장 | 부의 격차 | 세계 경제 질서

| 과학적 발전 | _ 130
농업상의 진보 | 농업 생산 수준의 격차 | 자원의 이용 | 빈부 격차

| 산업 변화 | _ 135
　　　　자동차 경제 | 세계적인 자동차 제조업 | 생산 조립 라인의 탄생 | 컴퓨터 시대 | 통신의 발달

| 자연의 이용 | _ 140
　　　　과학의 영향 | 정부의 투자

| 새로운 물리학 | _ 142
　　　　쪼개지는 원자 | 양자론과 상대성 | 핵물리학의 약진 | 우주에 대한 새로운 시각

| 생물학의 발전 | _ 145
　　　　DNA의 발견 | 유전학의 응용 | 진보의 속도

| 우주시대 | _ 148
　　　　초기의 성과 | 우주 경쟁 | 케네디의 달 착륙 프로젝트 | 최초의 달 착륙 | 우주 탐사와 이용 | 우주 왕복선

| 환경에 대한 우려 | _ 155
　　　　과학 발전에 대한 회의론 | 과학적 진보의 뒷면, 환경 파괴 | 유한한 자원 | 지구 기후 변화

6 발전과 성장의 20세기 - 사상과 관념, 종교 _ 162
　　　　새롭게 움트는 낙관론 | 발전의 원동력 | 과학과 신앙의 충돌

| 심리학의 탄생 | _ 164
　　　　행동주의

| 종교의 영향력 | _ 167
　　　　종교와 사회의 상호작용 | 가톨릭교

| 국가 체제 | _ 172
　　　　국가 체제의 강화 | 수그러들지 않는 민족주의의 힘 | 힘을 잃어 가는 자유주의 | 국가 권력 | 국가 권력에 대한 제한

　　연대표 _ 182
　　색인 _ 184
　　도판 출처 _ 186

신흥 세력의 등장

1900년대의 유럽인들이 200~300년 전을 뒤돌아본다면, 분명 눈부신 성장을 이뤘다고 말할 것이다. 중세시대 이래 유럽이 목표를 향해 전진하는 양상을 보인 것이다. 학문, 경제, 윤리, 미학 등 다양한 방면에서 그들은 발전하고 있었으며, 이는 역사가 증명하고 있었다.

1800년대의 중국인들이 중화사상에 빠져 자신들이 최고라는 자신감에 차 있었듯, 1900년대의 유럽인들 역시 끝없는 전진만이 있을 것이라고 여겼다. 유럽인들은 과거에 쌓아 올린 성장의 업적들이 이러한 생각을 뒷받침해 준다고 생각했던 것이다.

물론 이에 반대하는 유럽인들도 있었다. 소수에 불과했지만, 그들은 자신들이 이룬 진보의 역사가 암울한 미래를 의미할 수도 있다고 생각했다. 이러한 생각을 가진 비관론자들은 대체로 학자나 지식인들이었다.

어떤 이들은 유럽 문명에는 자기 파괴적 모습이 도사리고 있으며 그 파괴적 양상이 드러날 시기가 멀지 않았다고 주장했다. 비관론자들은 종교와 도덕적 절대주의에 뿌리를 내렸던 유럽 문명이 물질주의와 야만성에 휩쓸려 파탄 국면으로 향하고 있다고 보았다.

결과적으로 보면 낙관론자도 비관론자도 모두 전적으로 옳지 않다. 각자가 유럽 문명의 특성에 대한 자신의 생각에만 갇혀 있었기 때문일 것이다. 그들은 유럽의 미래를 점치는 데 유럽 문명 고유의 힘과 성격, 약점 등을 고려했을 뿐, 유럽이 세계를 변화시킨 방식에 대해서는 주의를 많이 기울이지 않았다.

한 세기 전에 나폴레옹이 중국은 잠자는 거인이므로 깨우지 말라고 경고했지만, '황색 공포*'라고 떠들어 대던 사람들을 제외하고는 아무도 유럽 이외의 세상을 보려 하지 않았다.

지금 와서 돌이켜 보면 비관론자가 옳았다고 말하고 싶다. 어쩌면 비관론자의 편에 서는 것이 역사적 사실에 부합하는 일인지도 모른다. 그러나 역사학자에게는 이처럼 다음의 상황을 알고 있다는 점이 짐이 되기도 한다. 그 당시 낙관론자들이 왜 그렇게까지 자신만만할 수 있었는지 이해하기 어렵기 때문이다.

그렇다 하더라도 낙관론자들을 이해하려 노력해야 한다. 그중에는 통찰력과 예지력을 갖춘 사람들도 있기 때문이다. 결과적으로 낙관론이 20세기의 문제들을 해결하는 데 걸림돌로 작용했을지라도 오랫동안 사람들의 지지를 받았던 데에는 분명 이유가 있을 것이다. 따라서 낙관론은 역사적 원동력으로 대접받아 마땅하다.

사실 비관론자들의 의견도 틀린 부분이 많았다. 20세기에 일어난 참사들이 끔찍하긴 했지만 20세기의 사회는 그 이전보다 회복력이 빨랐으며, 19세기였다면 두려워할 만한 사건이 아니었던 경우도 있었다.

1900년대의 낙관론자와 비관론자는 여러 의미로 해석될 수 있는 자료를 가지고 미래를 예상할 수밖에 없었다. 그들이 앞날을 정확히 판단하지 못했다는 사실은 비극일 뿐, 비난받을 일은 아니다. 현대인들이 그들보다 현 시대에 대한 정보를 더 많이 가지고 있지만, 미래를 예측하는 데는 그들만큼 서툰 것이 사실이다. 따라서 그들을 비난할 수 없다.

---

* 황색 공포
황색인종이 서양 문명을 압도할 수도 있다고 여긴 유럽인들의 황색인종 경계론으로 독일의 빌헬름 2세가 주장한 황색인종 억압론에서 비롯되었다. 중국의 값싼 노동력과 일본의 발전 등으로 백인종들이 위협을 느끼게 되었고, 이는 제1차 세계 대전 이후 더욱 가시화되었다.

전쟁 발발 4년 후 프랑스 베르됭 지방의 모습. 19세기 말에 많은 유럽인들이 지녔던 낙관주의는 1914년 제1차 세계 대전의 발발로 처참히 무너졌다. 사진 속 광경은 한 지방만의 모습이 아니며, 많은 프랑스의 도시와 마을들이 이처럼 황폐화되었다. 1914~1918년에 걸쳐 벌어진 물질적 재난과 유례없는 학살은 양차 대전 사이에 해악만을 남겼다.

1. 새로운 아시아의 탄생

유럽이 곤경에 처하면 유럽만의 문제로 끝날 수 없었다. 그 여파는 유럽 대륙 밖까지 퍼져 유럽의 지배력을 약화시켰고, 그 첫 징후는 아시아에서 나타났다. 역사적으로 볼 때 유럽은 손쉽게 아시아를 식민지로 만들었으며, 누구도 그 힘에 도전하지 못했다. 그러나 1914년경에는 상황이 달라져 있었다.

영국은 동아시아의 이권을 보장받기 위해 일본과 동맹을 맺은 상태였고, 러시아는 러일전쟁*에서 패한 결과, 20년 동안 일관해 온 남진 정책을 접고 다시 유럽으로 눈을 돌린 후였다. 의화단 사건이 일어난 무렵에는 국가의 운이 다한 것처럼 보였던 중국에서도 유럽 제국주의 국가들의 영토 분할 쟁탈전 열기가 가라앉았고, 이후로 중국은 더 이상 유럽 열강에게 영토를 빼앗기지 않았다.

유럽 대륙 내에 긴장은 점점 더 고조되었고 유럽의 힘만으로 일본의 제국주의 야욕을 꺾는 것은 힘이 들었다. 이렇게 되자 유럽의 정치인들은 새로운 항구를 확보하거나 쉽사리 중국을 분할하던 꿈같은 시절은 끝났다는 사실을 깨달았다.

원래 영국의 외교 정책이었고 미국이 그대로 답습한 '문호개방 정책'은 모든 열강의 이익에 부합했다. 모든 제국주의 국가가 그 정책을 통해 상업적 이익을 꾀할 수 있었기 때문이다. 그러나 이 정책 때문에 1890년에 최고조였던 유럽 열강들의 자신만만함도 1900년대에 들어서면서 차츰 수그러들기 시작했다. 게다가 동아시아에 대한 유럽 열강의 영향력이 약화된 데에는 또 다른 이유가 있었다.

힘을 잃은 식민주의

승승장구하던 아시아에 대한 유럽의 총공세는 1914년을 기점으로 그 기세가 꺾였다. 제국주의로 인한 아시아의 변화와 유럽 열강의 문화적 간섭 및 경제력은 이미 아시아에서

도쿄 빈민가 혼조 지역의 교통 정체 모습. 1920년대에 산업 팽창으로 인해 많은 인구가 도시로 몰려들었다.

반발을 불러일으키고 있었다. 이러한 반발력은 일본 전체로 퍼져 근대화의 촉매제 역할을 했다.

근대화의 바람은 아시아 지역의 작은 나라인 일본을 통해 이 지역으로 흘러 들어왔고, 이런 근대화에 힘입어 일본은 앞으로 한 세기 동안 벌어지게 되는 동양과 서양의 대립에서 동양의 선두에 서게 된다. 일본은 역동적인 변화의 물결을 타고 아시아의 역사에서 20세기 초반을 40년간 지배한다.

중국의 혁명은 일본의 영향력에 비할 바가 못 되었다. 1945년 이후가 되어서야 비로소 중국은 외부로부터 불어오는 새로운 변혁의 바람과 함께 다시 한 번 일본을 누르고 아시아 지역의 영향력을 되찾았다. 마침내 아시아 지역에서 서양의 시대가 막을 내린 것이다.

1914년 일본에서의 선거 연설 장면. 연사는 서양식 의복인 반면 대부분의 청중은 일본식 전통 의상을 입었다.

1925년에는 보통 선거권이 도입되었다. 유럽의 선례로 보아 보통 선거권 도입이 반드시 자유주의나 근대화로 이어지는 것이 아니었지만, 일본은 이를 19세기부터 점진적으로 이어진 헌법상 진보의 성과로 확신하는 것 같았다.

| 일본의 성장 |

일본의 역동성은 경제 성장과 지역 세력권 확장에서 엿볼 수 있었다. 오랜 시간에 걸쳐 경제 성장의 역동성은 오랜 시간 동안 더욱 두드러졌다. 이는 '서구화'로 통칭되는 전체적인 과정의 일부분이었다. 1920년대에 '서구화'는 자유주의 일본에 대한 희망의 여지를 전 세계에 보여 주는 일이었으며, 결과적으로 일본 제국주의의 야욕을 감추는 역할을 했다.

제1차 세계 대전 이후 급격한 산업 팽창

일본이 이처럼 헌법상 진보에 대한 자신감을 보인 것은 모두 산업 성장 덕분이었다. 특히 일본에 많은 기회를 제공한 제1차 세계 대전으로 인해 낙관주의가 팽배한 분위기에서 일본의 자신감은 대단했다.

전쟁으로 인한 수요가 급증하자 예전에는 서구의 치열한 경쟁 때문에 발 딛지도 못했던

* 러일 전쟁
1904년 한국과 만주에 대한 지배권을 두고 러시아와 일본이 벌인 제국주의 전쟁. 일본의 승리로 끝이 났으며, 1905년 미국의 루스벨트 대통령의 중재로 포츠머스에서 강화조약을 체결했다. 그 결과 한국에 대한 일본의 지배권이 묵인되었고, 랴오둥 반도를 차지하게 되어 대륙 침략의 발판을 마련했다.

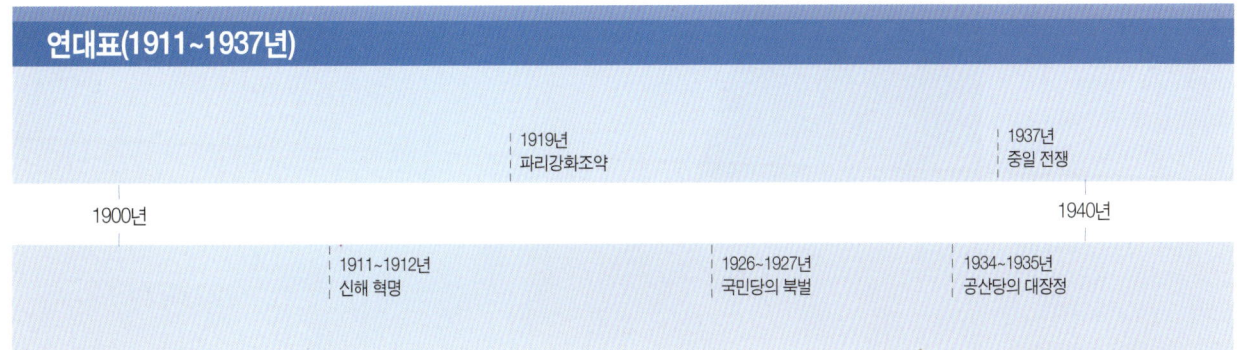

연대표(1911~1937년)

- 1900년
- 1911~1912년 신해 혁명
- 1919년 파리강화조약
- 1926~1927년 국민당의 북벌
- 1937년 중일 전쟁
- 1934~1935년 공산당의 대장정
- 1940년

시장, 특히 아시아 지역에 일본이 진출할 수 있게 되었다. 서구 열강만으로는 제1차 세계 대전의 수요를 맞출 수 없었던 것이다. 연합국은 일본에 많은 양의 무기를 주문했으며, 세계적으로 선박이 부족해지자 일본에도 조선소가 들어서기 시작했다.

일본의 GNP는 제1차 세계 대전 기간에 40%나 증가했다. 1920년에 잠깐 주춤했던 산업은 다시 팽창하여, 1929년에는 비록 다섯 명 중 한 명 정도만이 산업화에 관련되어 있었는데도 산업적 기반이 단단히 다져졌다. 이런 산업적 기반 덕분에 이후 20년간 철강 생산은 거의 열 배, 섬유 생산은 세 배, 석탄 생산은 두 배 증가했다.

일본의 제조업은 아시아의 다른 국가에도 영향을 끼치기 시작했다. 중국과 말레이 반도에서는 철광석을, 만주에서는 석탄을 수입했다. 물론 서구 열강에 비하면 그 규모가 작았고 소규모 영세 수공업과 공존하고 있는 실정이었다. 그러나 새로운 산업적 성장으로

1908~1912년에 청나라를 마지막으로 다스렸던 푸이 황제(오른쪽)와 그의 아버지, 남동생의 모습. 1911년 신해혁명으로 청 왕조는 막을 내렸다. 푸이 황제(1906~1967)는 1912년 2월 강제로 퇴위되었으나, 나중에 1934~1945년에 일본이 세운 만주국에서 강덕 황제라는 이름으로 꼭두각시 황제 노릇을 했다.

인해 일본 국내 정치뿐만 아니라 1920년대의 외교 관계에 이르기까지 많은 변화가 일어났다. 특히 일본의 성장은 아시아 대륙과의 관계에 영향을 주었다.

신해 혁명 이후의 중국

역동적으로 눈에 띄게 발전을 거듭해 나가는 일본과는 대조적으로 중국은 계속 쇠퇴하고 있었다. 잠재력으로 볼 때 중국은 아시아뿐만 아니라 세계에서 손꼽히는 강대국으로 성장할 가능성이 큰 나라였다. 1911년에 일어난 신해 혁명은 매우 중요한 의미를 지니지만 중국의 쇠퇴를 막기에는 역부족이었다.

원칙적으로 신해 혁명은 프랑스 혁명이나 러시아 혁명보다 더욱 큰 의미를 갖는다. 이 혁명으로 인해 중국에서 2,000년 이상 지속되어 온 전제 군주제가 종말을 고했기 때문이다.

중국의 왕조는 유교 사상을 기반으로 중국 대륙을 하나로 단결시켰으며, 유교 사상은 중국의 문화와 사회를 지배했다. 중국에서 유교 사상과 법질서는 떼려야 뗄 수 없을 만큼 서로 얽혀 있었다. 신해 혁명은 중국이 기대고 있던 유교적 기반을 완전히 무너뜨렸다.

그렇지만 이 혁명에는 두 가지 한계가 존재했다. 우선 신해 혁명은 건설적이라기보다는 파괴적인 혁명이었다. 청 왕조는 넓은 지역으로 구성된 거대한 땅덩어리인 중국 대륙을 지배하고 있었다. 청 왕조의 몰락은 통일된 중앙 집권적 지배 체제가 사라지고 중국 역사상 자주 발견되는 지역주의가 다시 고개를 들 수 있음을 의미한다.

많은 사람들이 청 왕조의 수도인 베이징 지역에 대한 부러움과 불신에서 혁명에 가담하게 되었으며, 비밀결사조직과 향촌의 실질적

왕의 정식 군복을 입은 위안스카이(1859~1916). 위안스카이의 공화국은 사실상 독재 국가나 다름없었다. 정치 권력이 군부의 손으로 넘어갔고 이 같은 군부 정치는 계속되었다. 1916~1919년 사이에 지방 유지들과 군벌들의 무장 투쟁이 벌어져 국토를 황폐화시키고, 빈곤에 찌든 중국인들의 삶을 더욱 악화시켰다.

인 지배자인 향신, 군벌들은 각자 자신의 지역을 지배하려는 만반의 태세를 갖추고 있었다. 혁명 세력들은 신해 혁명으로 정권을 장악한 위안스카이가 수장으로 있는 동안에는 잠시나마 이러한 속내를 숨긴 채 지냈지만, 1916년이 지나자 곧 본색을 드러냈다.

혁명을 일으킨 세력들은 쑨원을 중심으로 하는 국민당과 베이징에 있는 의회에 기반을 둔 중앙 정부를 지지하는 사람들로 양분되었다. 쑨원을 지지하는 사람들은 주로 광둥 지방의 사업가들과 남부의 군인들이었다. 이런 배경에서 군벌들이 득세했다. 이들은 청 왕조가 약화된 시기를 틈타 힘을 축적하여 무력 통제권을 갖게 된 군인들로서, 1912~1928년 사이에 그 수가 무려 1,300여 명에 이르렀으며 중요한 지역을 차지한 군벌들도 있었다.

군벌들은 다양해서 어떤 이들은 개혁을 실행했고, 어떤 이들은 착취자에 불과했으며, 어떤 이들은 그 지역에서 왕과 같은 위치를 누렸다. 예전에는 유학자들이 차지했던 관료 자리를 군벌들이 대신 채우게 되었다. 위안

국민당

중국의 민족주의 정당인 국민당은 1911년 신해 혁명의 중심에 서 있었다. 중상위층의 부르주아와 노동자, 농민들로 구성된 국민당은 해안 산업 지역에서 가장 위세를 떨쳤다. 반면 농촌 지역은 공산주의 선동의 텃밭으로 남게 되었다. 1927~1937년에 중국은 전국을 통일한 국민당의 지배를 받았다. 민족주의 정부를 구성한 국민당은 이후 권위적이고 군사적인 집단으로 변모하여 서구의 신식민주의 이해관계에도 연루되었다. 국민당 정부는 세출과 세입의 균형을 잘 맞추었으며, 외국인에게 부여되는 특별 권한도 폐지했다. 그러나 1937년에 일본이 중국을 침략하자 그 상황에 잘 대처하지 못했다. 1949년에 중국 공산당은 부르주아 자유주의 집단으로 간주하던 국민당을 꺾고 승리를 거두었다.

1927년 '좌파'와 '우파'의 통합을 약속하는 회의를 마친 직후의 국민당원들

스카이도 이런 경우에 해당하는 관료라고 할 수 있다.

신문화 운동에 나선 '신청년 그룹'

신해 혁명의 두 번째 한계는 중국이 앞으로 어떻게 나아가야 할지에 대해 일치된 생각이 없었다는 점이다. 이전부터 쑨원은 민족적 문제가 사회적 문제보다 먼저 해결되어야 할 것이라고 주장했다. 그러나 민족주의자들 사이에서조차 중국의 미래상에 대한 의견이 분분했으며, 공동의 적이었던 왕조가 무너지고 나자 그동안 드러나지 않았던 불화가 불거졌다. 신해 혁명으로 두드러지게 된 지식인들 사이의 이론적 갈등은 깊은 불화와 커다란 숙제를 후대 개혁자들에게 남겼다.

1916년부터 일단의 문화 개혁자들이 베이징 대학에 모이기 시작했다. 이들 중 첸 투슈는 한 해 전에 「신청년」이라는 잡지를 창간하여 신문화 운동에 대한 논의를 불러일으켰다.

첸은 중국 혁명의 운명이 젊은이들의 손에 달려 있다고 믿고, 그들에게 옛 중국의 봉건적 문화 전통을 완전히 배척하라고 설교했다. 다른 지식인들이 다윈의 진화론에 대해 얘기하고 서양 작가의 문학 작품을 소개하던 것과 마찬가지로, 첸 역시 모든 문제의 해결책이 서양에 있다고 생각했다. 서구의 약육강식적인 경쟁과 개인주의, 공리주의에 중국이 앞으로 나아갈 길이 존재한다고 믿었던 것이다.

이 시기 중국에서는 민중을 선도하는 지도자적 존재가 중요했고, 그들을 따르는 사람들도 열정적이었다. 그러나 전 중국을 서구 사상과 문화로 재교육시켜야 한다는 주장은 신문화 운동가들에게 불리하게 작용했다.

강한 애국심을 지닌 많은 지식인들은 전통 문화를 굳게 고수했으며, 서양 사상은 중국 사회의 비주류나 해안 지방의 상인들, 해외에서 유학한 그들의 자녀들 사이에서나 환영받을 뿐이었다. 중국의 대중들은 서양 사상이나 그들의 호소에 감명 받지 못했다. 신문화 운동가들도 이런 상황을 잘 인식하고 있었기 때문에 백화 문학 운동*을 제안했던 것이다.

가난에 허덕이는 농민들

중국인들이 민족주의적 감정에 좌우되는 한, 서양과 서구에서 온 자본주의를 배척할 것이 분명했다. 자본주의는 대다수 중국인들에게 또 다른 형태의 착취 수단으로 느껴졌으며, 일부 근대주의자들에게는 문명화의 가장 명백한 요소로서 중국이 빨리 받아들여야 할 제도를 의미했다.

그러나 중국의 농민들 대부분은 1911년 이후 다시 소극적인 상태로 돌아간 듯했다. 그들은 어떤 사건에도 꿈쩍하지 않는 것 같았고, 서구화되고 분노에 찬 젊은이들의 선동에도 무심한 듯 보였다.

만주식 변발을 자르는 모습. 신해 혁명은 지식인과 개혁자 집단을 양산했다. 그들은 옛 전제주의의 잔재를 청산하고자 여러 가지 캠페인을 벌였다. 변발을 자르는 것도 그중 하나였다.

중국은 땅도 넓고 각 지역의 상황도 다양하기 때문에 이 당시 중국 농민들의 경제적 상태를 일반화하여 말하기란 쉽지 않다. 그러나 인구는 꾸준히 증가하고 있는데 농민들이 필요로 하는 농경지를 늘리는 조치는 전혀 취해지지 않았다는 점은 분명했다. 빚을 지고 땅이 없는 농민들의 수는 늘어났으며 그들의 곤궁한 삶은 전쟁과 이로 인한 기근과 질병으로 점점 더 피폐해졌다.

농민의 지지와 활동을 얻을 수 있었다면 중국의 혁명은 성공을 보장받았을 것이다. 또한 신문화 운동가들이 가난한 농민들을 위한 실제적인 정치적 방안을 고안해 내는 일을 꺼려했다는 사실은 문화적 요소에 초점을 맞춘 대의에 가려 드러나지 않았다.

* 백화白話 문학 운동
중화민국 초기의 문학 운동. 지식인의 전유물이었던 문어문을 배척하고 구어인 백화문白話文으로 새로운 문학을 창조하려 했다. 애국적인 주장과 새로운 사조를 나타내는 수단으로 급속히 보급되었으며, 대표적인 작품으로는 루쉰의 『광인일기』가 있다.

새로운 아시아의 탄생

21개조를 요구한 일본

중국의 약세는 일본에는 기회로 작용했다. 제1차 세계 대전은 일본이 19세기 제국주의 정책을 다시금 추진할 수 있는 기회를 제공했다. 일본은 유럽의 국가들이 서로 반목하는 틈을 타서 자국의 이득을 꾀할 수 있었다.

연합국은 독일이 통치권을 갖고 있던 중국의 항만을 일본이 요구하자 이의를 제기할 수 없었다. 설사 반대했더라도 일본의 선박과 제조 물품을 필요로 하는 한 아무 조치도 취할 수 없었을 것이다. 또한 일본이 유럽으로 원군을 파병해 줄지도 모른다는 희망이 항상 존재했다. 그런 일이 실제로 벌어지지는 않았지만 말이다. 그러기는커녕 일본은 독일과 단독으로 강화조약을 맺을지도 모른다는 공포심을 조장하는 한편, 중국에 압박을 가했다.

1915년 초에 일본 정부는 중국 정부에 21개조의 요구를 적은 서한을 보낸 후 최후통첩을 날렸다. 이 21개조 요구안은 중국에 일본의 보호령을 두겠다는 것이었다. 영국과 미국은 모든 외교적 수단을 동원하여 일본의 요구를 철회시키려 했지만 결국 일본은 요구안 중 대부분을 관철시켰다. 여기에는 만주 지역에 대한 특별 상업적 권한과 임차권의 승인도 포함되었다.

중국의 우국지사들은 비분강개했지만 국내 정치가 혼란스러웠던 그 당시에 그들이 할 수 있는 일은 아무것도 없었다. 이즈음의 국내 정치가 얼마나 혼란스러웠는지는 쑨원조차도 일본에 지지를 구하고 있던 실정에서 잘 알 수 있다.

종전 후의 평화 협정

일본은 계속해서 중국의 내정에 간섭했다. 1916년에는 영국에 압력을 행사해 위안스카이가 황제의 자리에 오르려는 시도를 무마시켰다. 이듬해에 체결된 또 다른 조약은 저 멀리 내몽골 지역에까지 일본의 특수 이권을 인정하는 내용을 골자로 하고 있었다.

1917년 8월, 중국 정부는 독일과 전쟁을 벌였다. 이는 종전 후 자국의 독자적 목소리를 높이게끔 연합국의 지원을 얻을 수 있으리라는 계산에서 나온 행동이었다. 그러나 몇 달 지나지 않아 일본과 미국은 일본이 미국의 '문호개방' 정책을 지지하고 중국의 독립을 보장하는 대신, 미국은 일본의 특수 이권을 인정한다는 조약을 체결했다.

중국이 연합국으로부터 보장받은 것은 독일과 오스트리아의 치외 법권 철폐건과 의화단 사건*으로 인한 배상금의 지불을 미루는 정도였다. 게다가 일본은 1917년과 1918년의 비밀협정을 통해 중국에 대한 이권을 더 많이 확보했다.

그런데 정작 전쟁이 끝나고 평화가 찾아오자 중국뿐만 아니라 일본도 실망을 감출 수 없게 되었다. 일본은 강대국이었고, 1918년에는 세계 3위의 해군력을 자랑하기도 했다. 물론 일본은 종전 후 많은 이권을 얻어냈다. 일본은 이미 1917년에 영국과 프랑스에게 약속받은 대로 독일의 조차지인 산둥 지방을 얻어 냈으며, 독일령이던 태평양의 많은 도서들에 대한 통치권도 위임받았다. 이사회의 상임 이사국 자리도 얻었다. 그러나 일본인에게 이 같은 조치는 국제연맹 조약에 명시된 인종 평등 조항을 여태껏 지키지 못했기 때문에 결정한 '체면치레'로 보였다.

중국인들은 더욱 부당한 느낌을 지울 수 없었다. 연합국 사이에서 21개조 요구안에 대해 중국을 동정하는 여론이 팽배했지만, 중국은 산둥 지방을 다시 찾는 데 실패했다. 미국의 외교적 지원을 얻지 못해 실망한 데다가 베이징 정부 대표와 광둥 지방 국민당 대표로 나뉘어져 내분을 일으키는 바람에 제 역할을 하지 못했던 중국 대표단은 결국 세

---

* 의화단 사건
중국 청나라 말기에 일어난 외세 배척 운동. '의화권義和拳'이라는 중국의 비밀결사조직에서 비롯되었으며, 1900년 베이징의 한 교회를 습격하면서 사건이 시작되었다. 그러나 지나친 박해로 오히려 서구 열강들을 자극하게 되었고, 미국을 비롯한 8개국의 연합군이 베이징을 점령, 진압했다.

계 대전의 종결을 위해 만들어진 파리강화조약의 조인을 거부했다.

중국의 5·4운동

중국 내에서 파리강화조약에 대한 즉각적인 반응이 나타났다. 이는 1911년의 신해 혁명만큼이나 중요하게 여겨지는 역사적 사건으로 1919년에 일어난 '5·4운동'을 말한다. 이 운동은 파리강화회의에 반대하는 베이징의 학생들이 데모를 일으킨 데에서 발발했다. 처음에는 작은 규모의 시위였고 대학의 총장도 물러났지만, 곧이어 전국적인 학생 운동으로 번졌다. 5·4운동은 1911년 이후 처음으로 일어난 정치적 학생 운동이었다.

이 운동은 점차 학생 이외의 민중들까지 포섭하여 파업과 일본 제품 불매 운동으로까지 번졌다. 지식인과 그들의 학생들에게서 시작된 운동이 도시 거주자와 산업 일꾼들에게 퍼지더니 급기야 전쟁으로 많은 혜택을 입었던 신흥 자본가들에게까지도 파급되었다. 이는 아시아의 반유럽 정서가 얼마나 큰지를 보여 주는 중요한 증거가 되었다.

중국의 산업화

역사상 최초로 산업화된 중국이 등장하게 되었다. 일본과 마찬가지로 중국도 전쟁 기간 동안 경제적 활황을 누렸다. 중국으로 유입되는 유럽 제품이 줄어든 빈자리를 일본 제품과 미국 제품이 부분적으로 메우기도 했지만, 항만 지역의 중국인 기업가들도 자국 시장을 위한 생산 투자에 나서고 있었다.

만주 이외에도 공업 지역들이 처음으로 생겨나기 시작했으며, 그 지역을 중심으로 진보적인 자본가들이 나타났다. 이들은 혁명적 사상에 동조하는 입장을 보였다. 전쟁이 끝나고 다시 평화가 찾아오자 유럽 열강들이 중국 시장으로 돌아와 산업 경쟁이 치열해졌고, 그 와중에도 여전히 중국은 외세의 간섭에서 완전히 벗어나지 못한 상황에 처해 있었기 때문이다.

산업 노동자들도 직장을 잃게 될 위기에 처하게 되자 분노했다. 이들 중 많은 이들은 도시로 이주해 온 첫 세대였다. 직업을 구하기 위해 시골 고향을 버리고 신흥 공업 지역으로 옮겨 온 것이다.

전통적인 농업과의 결별은 한 세기 전의 유럽에서보다 중국에서 더 큰 의미를 지닌 사건이었다. 중국에서는 가족 간과 마을 공동체의 유대 관계가 특히 강했다. 그에 반해 도시 이주자들은 가부장적 권위와 이웃들 간의 상호적 관계에서 벗어나 있었다. 이러한 상

1925년의 쑨원. 국민당을 창설한 그는 서양화된 지도자였다. 이 사진과는 달리 유럽식 의상을 입은 모습의 사진이 더 많다.

새로운 아시아의 탄생

황으로 인해 혁명의 소용돌이 속에서도 살아남았던 중국의 구질서가 점차 붕괴되었다. 이러한 신흥 사회 계층의 출현으로 새로운 이데올로기의 전개가 수월해진 것이다.

혁명의 씨앗

5·4운동은 폭넓은 민중 기반을 토대로 연합한 중국 혁명 세력이 어떤 일을 해낼 수 있는지를 보여 준 최초의 사건이었다. 진보적인 서구 자유주의 사상은 신문화 운동을 전개했던 많은 개혁가들의 바람을 충족시키기에는 역부족이었다. 이러한 자유주의에 실망한 개혁가들이 대거 참여하여 5·4운동이 성공을 거둘 수 있었다.

서구의 자본주의적 민주주의는 일본의 힘에 눌린 중국 정부의 무력함을 돋보이게 만들 뿐이었다. 중국 정부는 자국 국민들에게도 권위를 잃는 상황에 이르렀다. 중국 국민들의 거센 시위와 불매 운동에 못 이겨 구금했던 학생들을 다시 풀어 주었으며, 친일 관리들도 축출했다.

5·4운동이 중국에 끼친 중대한 영향은 이것만이 아니었다. 정치적 영향력의 한계는 있었지만 개혁 운동가들은 학생들 덕분에 처음으로 사회 운동다운 것을 벌일 수 있었다. 이 운동으로 말미암아 중국 미래에 대한 낙관적 전망이 움트기 시작했으며, 민중들의 정치적 인식이 과거 어느 때보다도 뚜렷해졌다. 따라서 중국 현대사의 진정한 시작은 1911년이라기보다는 5·4운동이 일어난 1919년이라고 해야 옳을 것이다.

그러나 이렇게 폭발적으로 사회 운동이 벌어진 궁극적인 이유는 일본의 야욕 때문이었다. 1919년경에 일본 세력은 중국에 커다란 압박을 가하고 있었다. 중국에서는 문화적 전통이 빠르게 사라져 갔다. 과거 제도의 폐지, 서양 물을 먹은 망명 세력의 귀환, 전쟁 동안 벌어진 문학적, 문화적 논란 등으로 인해 중국은 예전의 안정적인 상태로 돌아갈 수 없을 만큼 멀리 와 버렸다.

* **쿨리**
육체노동에 종사하는 중국과 인도의 노동자. 19세기에 아프리카, 인도, 아시아의 식민지에서 혹사당했다. 미국에서 흑인 노예가 해방된 후, 그들을 대신하는 노동력이 되었다. 1874년 쿨리 거래금지령이 내려졌으나, 실제로는 제2차 세계 대전 후에야 비로소 없어졌다.

1919년 4월 상하이에서 쿨리*들이 부두에 짐을 부리는 모습. 정치적 불안으로 두려워진 외국인들이 이 지역을 떠나고 있다.

군벌들도 중국 지배의 정통성을 주장할 수 없었다. 과거의 유교 사상에 맞섰던 서구의 자유주의는 중국을 착취하는 서양 세력과의 연관성 때문에 공격을 받았다. 중국에서 자유주의는 대중적인 인정을 받아 본 적이 없었다. 지식인들에게 발휘되던 자유주의의 매력조차 그 빛을 잃어 갔다. 서구에서 다른 이데올로기 세력이 서서히 대두되고 있었기 때문이다.

러시아 공산 혁명으로 인해 마르크스주의가 러시아에 둥지를 틀게 되었고, 해외의 마르크스주의자들은 러시아를 통해 격려와 지도, 때로는 물질적 지원까지 구할 수 있게 되었다. 이렇게 새로운 이데올로기가 나타나면서 이미 쇠락의 길에 들어선 자유주의 시대의 종말을 앞당겼다.

중국에 들어온 마르크스주의

잡지 「신청년」의 기고가인 리타차오는 1917년에 일어난 러시아 왕정을 타도하기 위한 2월 혁명의 성공을 환영했다. 그는 1918년부터 베이징 대학의 사서로 일하고 있었다. 리타차오는 마르크스주의에서 세계 혁명을 일으킬 동력과 중국 농민을 일깨울 가능성을 발견했다. 당시 서구에 환멸을 느끼던 중국 학생들 사이에서 러시아는 인기가 높았다. 러시아의 전제 군주인 차르의 뒤를 이은 혁명 세력들은 많은 죄를 저질렀던 제국주의를 몰아냈다.

소비에트 정부가 처음으로 한 일은 예전의 러시아가 누리던 치외 법권과 관할권에 대해 공식적인 포기를 선언한 것이었다. 따라서 중국 민족주의자들에게 러시아가 청렴결백한 국가로 보인 것은 당연했다. 게다가 농업 사회였던 러시아가 새로운 이데올로기에 기반을 둔 혁명에서 성공한 것으로 볼 때, 전쟁으로 인해 강제적으로 산업화의 길에 들어서게 된 중국에도 그 이데올로기가 적용될 수 있는 가능성이 커 보였다.

1918년, 베이징 대학에 마르크스 연구 모임이 생겼다. 이 모임에는 그 대학 도서관의 조교인 마오쩌둥과 5·4운동에서 두드러진 활동을 했던 다른 사람들도 섞여 있었다. 1920년경에 마르크스 사상의 출구 역할을 하던 한 학생 잡지에는 마르크스 운동에 대한 열망이 표출되었다. 그리고 그들은 마르크스주의와 레닌주의의 원칙들을 전개하고 지지하기 위해 중국에서 최초로 노동 파업을 선동했다.

그러나 마르크스주의로 인해 개혁 세력들 간의 분열은 더욱 두드러졌다. 1920년에 첸투슈는 마르크스주의가 중국 문제의 해결책이라고 생각하고 마르크스 사상에 몰두했다. 그는 자신의 모든 힘을 다해 신흥 좌파 세력을 조직하기 위해 노력했다. 자유주의자들은 그를 따르지 않았다.

코민테른*은 중국을 공산화할 기회를 포착했다. 이미 1919년에 중국의 첸과 리타차오를 지원하기 위해 코민테른의 지도자가 직접 나서기도 했다. 이러한 노력의 결과가 좋지

중국 공산당을 창당한 구성원 중 한 명인 마오쩌둥(1893~1976)의 1967년 모습. 중국 공산당은 1921년 6월에 창설되었지만 그 시작은 아주 미약했다. 정식 회원도 거의 없었고 전국적 조직이나 자금 조달처, 경험도 아예 전무했다. 창당에 관한 많은 세부 사항은 여전히 잘 알려져 있지 않다.

* 코민테른
1919년에 설립된 각국 공산당의 연합. 제2인터내셔널이 셋으로 나뉘면서 등장했다. 레닌의 주도 아래 소련 공산당과 독일 사회민주당 좌파를 중심으로 창립되어 국제 공산주의 운동을 지도하다 1943년에 해산되었다. '국제 공산당'이라고도 한다.

만은 않았지만, 우여곡절 끝에 1921년 상하이에서 중국 공산당이 결성되었다. 이를 위해 중국 각지에서 모인 대표들 중에는 마오쩌둥도 포함되어 있었다.

중국의 공산주의

중국 공산당의 창당으로 중국 혁명의 마지막 단계가 시작되었다. 이로써 유럽과 아시아의 모순적이고도 기묘한 관계가 마지막으로 한 번 더 형성되기에 이르렀다. 전통적 동양 사회와는 전혀 이질적인 곳에서 잉태되고 발달된 마르크스주의가 아시아인들에 의해 받아들여지고 이용되었다는 점은 역사의 아이러니가 아닐 수 없다.

공산주의는 근대화와 효율, 인간의 보편적 존엄성, 평등 같은 서구적 목표의 기치를 내걸고 타성에 젖은 전통적인 중국뿐만 아니라 유럽 세계까지도 맹렬히 비난했다.

중국에서 자본주의는 외세의 착취와 공격의 배후에 자리 잡고 있는 사상으로 인식되기 쉬웠기 때문에 사람들에게 공산주의가 조금 더 쉽게 긍정적인 인식을 심어 줄 수 있었다. 그러나 1920년대에 일어난 중국의 내분은 중국을 둘러싼 국제적 환경에는 영향을 미치지 못했다.

중국에 이해관계를 가진 9개국이 중국 영토의 보전을 약속했고, 일본도 제1차 세계 대전 당시 점유했던 독일의 조차지를 다시 반환하는 데 동의했다. 이는 워싱턴 회의*에서 이루어진 합의의 일부분으로, 이 회의에서 중요하게 논의된 사항은 국제적인 해군력의 군축에 대한 것이었다. 이는 그 당시 군비 부담에 대한 불안감이 얼마나 컸는지를 잘 보여 준다.

군축을 합의한 결과, 일본은 비교적 강한 해군력을 보유하게 되었다. 이들 중 4개국 열강이 영토 보유에 대한 현상 유지를 보장함으로써 영일 동맹*은 자연스럽게 폐기되었다. 영

* **워싱턴 회의**
1921년에서 1922년까지 워싱턴에서 열린 국제 군비 축소 회의. 제1차 세계 대전 이후 태평양과 동아시아 지역의 문제, 해군의 군비 축소 문제 등을 해결하기 위해 미국, 영국, 프랑스, 일본, 이탈리아, 중국, 벨기에, 네덜란드, 포르투갈의 9개국이 참가했다.

* **영일 동맹**
1902년 영국과 일본이 체결한 조약. 러시아가 아시아 지역으로 진출하는 것을 견제하고 동아시아의 이권을 함께 분할하기 위한 것이다. 특히 영국은 중국을, 일본은 한국에 대한 이권을 독점하기 위한 것으로, 결국 제국주의 열강 간의 상호 협조와 동의를 보장받아 약소국을 침략하려 한 국제 조약이다.

19세기 말 상하이의 모습. 유럽식 건물들 사이에 외국 기업과 대사관이 상주한 모습을 볼 수 있다.

일 동맹의 폐기는 미국이 오랫동안 염원했던 일이었다. 잘 알다시피 중국 영토 보전의 보장은 미국이 가장 원하던 사항이었다. 이 회의에서 체결된 조약 때문에 영국은 홍콩에 해군 기지를 세우지 못하게 되었다.

한편, '독립국'인 중국의 베이징 정부는 외국인들이 계속 부담하고 있던 관세 수입에 의존하고 있었고, 외국 상인과 기업가들은 때에 따라 지방 군벌 세력과 직접 거래하기도 했다. 아시아 지역에서 미국의 정책이 유럽의 입지를 조금씩 약화시키고 있었지만, 중국에서는 그렇지 않은 듯 보였다.

마르크스주의로 눈길을 돌린 국민당

외세에 의한 간섭이 계속되자 중국 지식인들에게 마르크스주의는 매우 매력적으로 다가왔으며, 중국 공산당 조직 바깥까지 공산주의가 기세를 떨쳤다. 쑨원은 이론적으로 공산주의에 반대 입장을 표명했지만, 전통적인 자유주의에서 벗어나 마르크스주의에 가까운 방향으로 국민당을 이끌었다. 그는 러시아와 독일, 아시아가 제국주의 4대 열강에게 압박받고 착취당한다는 점에서 공통의 이해 관계를 가진다고 보았다.

쑨원은 공식적인 식민지가 아닌데도 속국처럼 착취당하는 중국의 당시 상태를 '준식민지'라는 말로 표현했다. 그의 결론은 집산주의*였다. 쑨원은 "어떤 경우에라도 개인의 자유에 더 많은 의미를 부여해서는 안 되며, 민족을 위해서라면 개인의 자유는 희생될 수 있다."라고 생각했다.

이는 고전적인 중국의 사고와 전통에 부합하는 말로, 중국에서는 가족, 친족, 국가가 항상 최우선시되었다. 쑨원은 1당 통치 시대를 염두에 두고 있었다. 이런 통치 방식이야말로 서양 사상에 의해 사라질 위험에 처한 전통적 사고방식을 중국 민중들에게 재인식시킬 수 있는 계기를 마련할 수 있기 때문이었다.

중국의 국공 합작

중국 공산당과 국민당이 연합하는 데 큰 장애는 없어 보였다. 서양 열강과 군벌의 행태는 공동의 적이 되기에 충분했으며, 러시아 정부도 공산당과 국민당 연합을 도왔다. 중국과 가장 긴 국경선을 마주하고 있고 제국주의에 반대하는 러시아 정부와 협력하는 일은 중국에게 잠재적인 이득을 많이 가져다주는 현명한 조치로 여겨졌다.

코민테른도 몽골에서의 러시아 이권을 보호하고 일본을 몰아내는 조치로 국민당과의 합작에 찬성했다. 러시아는 동아시아의 영토적 이권에 있어서 가장 관련이 깊은 국가인데도 워싱턴 회의에서 배제되었기 때문에 일본에 대해 반감을 지니고 있었다. 러시아에

새로운 정권 내에서 아직까지 고위급 군인에 불과했던 시절의 장제스(1887~1975, 앞줄 왼쪽).

* 집산주의
개인을 국가, 민족, 인종, 사회계급 등 사회적 집합체에 종속되는 존재로 보는 사회체계. 사회주의, 공산주의, 파시즘 등의 형태로 다양하게 구현되었다.

도 중국 내 국민당과의 합작은 설사 마르크스주의가 그러한 정책에 맞지 않는다 하더라도 당연히 찬성해야 하는 일이었다.

1924년부터 중국 공산당은 러시아의 비호 아래 국민당과 연합하여 활동했다. 그러나 중국 공산당원들 사이에도 약간의 의혹은 있었다. 당 차원은 아니더라도 개인적인 차원에서 보면 국민당에 속할 수도 있었기 때문이었다.

한편, 쑨원의 밑에서 능력을 인정받은 젊은 군인 장제스는 모스크바로 파견되어 훈련을 받았으며, 그 후 중국에 군사학교를 세워 사상적, 군사적 교육을 시행했다.

국민당의 선전

1925년 쑨원이 사망했다. 사실 쑨원 덕분에 국공 합작이 쉬워졌고 연합 전선이 계속 유지될 수 있었다. 쑨원의 유언장에는 혁명은 아직 완수되지 않았다는 말이 적혀 있었다. 공산당원들이 지방에서 농민들의 지지를 얻고 있던 한편, 이상에 가득 찬 젊은 사령관들이 이끄는 신 혁명군은 군벌에 대항하고 있었다.

1927년경이 되자 국민당의 지도 아래 중국의 단결력이 회복되는 기미가 보였다. 반제국주의 감정은 영국 제품 불매 운동의 성공으로 이어졌고, 중국에 대한 러시아의 영향력이 점차 커지는 데 위기감을 느끼던 영국은 '한커우漢口'와 '주장九江' 지방의 이권을 포기하게 되었다. 영국은 1922년에 이미 산둥 반도의 '웨이하이威海'를 중국에게 반환하기로 약속했으며, 미국도 의화단 사건의 배상금을 받지 않기로 했다. 이러한 성공은 마침내 중국이 제대로 나아가고 있다는 증거가 되었다.

농민들의 지지로 일어난 혁명

사회적으로, 중국 혁명에 대해 중요한 부분은 오랫동안 언급되지 않았다. 마르크스주의 이론은 산업 노동자인 프롤레타리아 계층이야말로 혁명에서는 빠질 수 없는 존재라고 강조하고 있었다. 중국 공산당원들은 신흥 도시 노동자들을 정치 세력화하는 데 진전이 있었다고 자부했지만, 중국민의 대다수는 농민들이었다.

인구는 기하급수적으로 늘어나는데 경작할 땅은 그에 비해 턱없이 부족한 농민들의 고통스러운 상황은 중앙 정부의 붕괴로 몇 년간이나 군벌의 지배를 받게 되면서 더욱 악화되었다. 몇몇 중국 공산당원들은 이런 농민들에게서 혁명의 잠재력을 보았다. 물론 정통적인 현대 마르크스주의 이론에는 부합되지 않았지만 중국의 현실을 반영한 것이었다.

이렇게 생각한 당원 중에 마오쩌둥도 있었다. 1920년대 초반부터 마오쩌둥은 뜻을 같이하는 사람들과 함께 도시에서 시골로 관심을 돌려 농민들에게 공산주의 사상을 전파하려는 노력을 최초로 시도했다. 역설적이게도 마오쩌둥은 다른 중국 공산당원들보다 길게 국민당과 협력을 유지했던 것으로 보이는데, 이는 농민들을 조직하는 일에 공산당보다 국민당이 더욱 공감했기 때문이었다.

이러한 노력들은 대단한 성공을 거두었다. 특히 '후난湖南' 지방의 성공이 돋보였는데, 1927년경에는 모두 합쳐 1,000만 명이나 되는 농민들과 그 가족들이 공산주의자들에 의해 조직되었다. 이에 대해 마오쩌둥은 "쑨원 박사가 40년 동안이나 염원했지만 실패한 민족 혁명을 몇 달 만에 농민들이 이루어 냈다"라고 말했다.

이렇게 농민들이 공산 조직을 이루면서 농민을 둘러싼 병폐가 많이 제거될 수 있었다. 공산 조직이 지주들의 땅을 빼앗아 공유화한 것은 아니었지만, 지주들 스스로 농민들의 소작료를 삭감해 주었다. 고리대금업자들도 이자율을 적당히 낮추었다.

이전에 일어난 진보적 성향의 운동에서는 농민 혁명을 회피했다. 마오쩌둥은 이렇게 농민 혁명의 가능성을 간과한 점을 1911년 신해 혁명의 실패 요인으로 보았다.

공산주의자들이 농민 혁명에 성공한 데에는 농민들을 혁명적 잠재력으로 보고 이들을 동원할 수 있겠다는 생각을 먼저 해낸 덕분이었다. 이처럼 농민들의 힘을 일깨운 일은 커다란 의미를 지니는 사건이었다. 이는 아시아를 통한 새로운 역사적 발전의 가능성을 내포하고 있었기 때문이다.

마오쩌둥은 이러한 사실을 간파하고 도시 노동자 혁명을 다음과 같이 재평가했다. "민주주의 혁명을 10점이라고 할 때, 도시 거주자와 군인들이 이루어 낸 성과가 3점이라면 나머지 7점은 농민 혁명을 이루어 낸 농민들에게 돌아가야 한다."

후난 지방에서 공산 조직 운동을 할 당시의 문서에 2번이나 반복한 사실에서 알 수 있듯이 마오쩌둥은 농민들의 이미지를 자연의 힘에 비유하기를 좋아했다. "그들의 공격력은 거센 폭풍우나 태풍과 비슷하여 그 힘에 복종하는 자는 살아남고 저항하는 자는 멸망을 면치 못한다."

이는 중요한 의미를 지닌다. 중국 농민들에게는 지주와 강도에 맞서 싸우면서 오랜 세월 동안 깊이 뿌리내리게 된 전통적인 힘이 존재했다. 미신을 척결하고 가족의 권위를 부정함으로써 전통과의 단절을 꾀했던 공산주의자들도 이러한 전통적인 힘에 의존할 수밖에 없었던 것이다.

우익의 길로 들어선 국민당

쑨원이 죽은 후 국민당과의 관계에 위기가 닥치자 공산당이 생존할 수 있는 방법은 농민 조직에 기대는 것뿐이었다. 쑨원의 죽음으로 인해 국민당 내부에서도 '좌파'와 '우파' 사이의 분열 양상이 밖으로 드러났다. 진보주의자로 여겨졌던 젊은 장제스가 '우파'를 대표하는 사령관으로 떠올랐다. 우파는 주로 자본가

장제스

청년 시절 장제스는 베이징과 도쿄의 군사학교에서 수학했다. 상하이에서 사업에 실패한 후 일본에서 머물던 2년간 알게 된 쑨원의 밑으로 들어가서 국민당의 뛰어난 사령관이 되었다. 1925년 쑨원이 사망하자 그의 뒤를 이어 국민당의 총통이 되었다. 그는 북부 지방을 호령하던 북벌 세력과 항전을 개시하여 중국의 재통일을 이루자고 역설했다. 자본가의 이익을 대변하던 장제스는 중국 공산당과 국민당 내부의 좌파 세력과의 단절을 선언하고 공산주의자들을 잔인하게 숙청하기 시작했다. 그는 내전(1945~1949)에서 패한 후 지금의 타이완인 포모사로 도피하여 그곳에 민족주의 정부를 세웠다. 중화민국의 대통령으로 선출된(1950년부터 죽을 때까지 장기 집권함) 장제스는 타이완에 근대적 산업 국가를 세우기 위해 많은 노력을 기울였다.

1949년의 장제스(1887~1975)

1927년 난징 거리를 진군하는 영국 해군들. 상하이에는 유럽과 미국의 사업 이권을 보호하기 위해 해당국의 해군들이 포진하기도 했다. 이 행군은 무력 과시용으로 행해진 것이다.

의 이익과 지주의 이익을 대변했다.

군대에 대한 통제력으로 자신감에 가득 찬 장제스가 도시 지역에서 좌파 부류와 공산당 조직을 전멸하겠다고 공언하자, 국민당 내부의 분열 양상은 곧 해결되었다. 결국 이 공약은 지켜졌으며, 그 과정에서 1927년에 상하이와 난징에서 많은 이들이 희생되었다. 이 모든 사건은 유럽과 미국의 군인들이 보는 앞에서 벌어졌다. 이들은 모두 자국의 이권을 보호하기 위해 중국에 파병된 군인들이었다.

중국 공산당은 추방되었지만 국공 합작이 완전히 결렬된 것은 아니었다. 몇몇 지역에서 공산당과 국민당의 협력 관계는 몇 달간 이어졌는데, 이는 러시아가 장제스와의 관계를 계속 유지하고 싶어 했기 때문이었다. 이러한 러시아의 방침으로 인해 장제스가 도시 공산주의자를 축출하는 일은 더욱 쉬워졌다.

중국 내의 코민테른은 여타 지역에서와 마찬가지로, 교조적 마르크스주의에 비춰 봤을 때 러시아의 이익이라고 여겨지는 것만을 추구하는 근시안적 태도를 보이고 있었다. 여기에서 러시아의 이익이라 함은 국내적으로는 스탈린에 이득이 되는 일이었고, 국외적으로는 가장 큰 제국주의 열강인 영국에 맞설 만한 인물을 중국 내에 마련하는 것을 뜻했다. 그들이 보기에 국민당은 이런 목적에 부합하는 집단이었다.

공산주의 이론도 러시아와 코민테른의 선택에 들어맞았다. 국민당의 승리가 확실해지자 러시아는 중국 공산당에서 자문관들을 철수시켰다. 이후 중국 공산당은 공개 정치를 포기하고 전복을 꿈꾸는 지하 조직으로 탈바꿈했다.

중국 공산당은 러시아의 원조를 받아야 했지만 중국의 민족주의를 대표하는 국민당은 러시아의 도움 없이도 잘해 나갔다. 그러나 국민당에는 중대한 문제가 남아 있었다. 바로 '국공 내전'이라는 혁명 세력 내부의 분열 현상이었다. 혁명의 성공을 위해 다 함께 힘을 합쳐 대중의 요구를 만족시켜야 할 시기에 국공 내전은 상당한 퇴보를 의미했다.

혁명이 약화되면서 군벌 세력을 완전히 몰아낼 수 없었으며, 이보다 더 심각한 문제는 반외세 전선이 힘을 잃게 되었다는 점이었다. 일본은 이전의 독일 조차지를 중국에 반환하고 일시적으로 잠잠했지만, 이후 1920년대 내내 중국에 계속 압박을 가했다. 이즈음 일본의 국내 상황도 중대한 전환점을 맞고 있었다.

일본의 경제 공황

전쟁 기간 동안의 경제적 활황기가 1920년에 막을 내리자 뒤이어 사회적 긴장이 고조되고 경제적으로 궁핍한 시기가 도래했는데, 세계 경제 공황이 시작되기 훨씬 이전이었다. 1931년경에는 일본 내 공장의 절반이 휴업 상태였다. 유럽 식민지 시장이 붕괴하고 새로운 관세 장벽에 가로막혀 일본의 제조 수출품은 3분의 2가량이나 줄어들었다.

이렇게 되자 일본의 판로로서 아시아 대륙이 아주 중요해졌다. 이 지역에서의 입지를 위협하는 일은 어떤 것이라도 일본의 강한 분노를 사게 되었다. 일본 농민들의 처지도 악화되어 수백만 명의 농민들이 가난에 찌들었고, 살기 위해 딸을 포주에게 파는 상황에까지 이르렀다.

이러한 경제적 상황은 정치적 상황에도 중대한 영향을 미쳤는데, 그 정치적 방향의 특징은 계급 갈등의 심화보다는 극단적인 국수주의의 등장으로 나타났다. 오랫동안 '불평등 조약' 투쟁에 사용되었던 이 정치적 힘이 이제 새로운 출구를 필요로 하게 되었고, 경제 공황 당시 산업 자본주의가 보여 준 무자비함으로 인해 반서양 감정이 새롭게 불붙게 되었던 것이다.

일촉즉발의 일본

일본이 아시아에 대한 공격을 감행하기에 국내외 상황들이 꼭 들어맞게 돌아가는 것 같았다. 서구 제국주의 열강들은 완전히 물러날 상황에 처한 것은 아니었지만 분명히 수세에 몰려 있었다. 1920년대에 네덜란드는 식민지인 인도네시아의 강한 저항에 직면했다. 1930년에는 프랑스가 베트남에서 비슷한 저항에 부딪쳤다. 두 곳에서 일어난 폭동 모두 공산당의 원조를 받은 민족주의자들이 일으킨 것이었다.

영국은 식민지 인도에서 그러한 어려움에 처하지는 않았다. 여전히 몇몇 영국인들은 인도가 자치 정부를 가져야 한다는 생각을 받아들이지 않고 있었지만, 이 사안은 영국이 이미 천명한 정책이었다. 영국은 1920년대에 일어난 중국의 민족주의 운동에 대해서도 자국의 위신을 크게 손상시키지 않는 범위 내에서 조용히 타협하기만을 원하는 태도를 보였다.

경제 공황 이후에 영국의 동아시아 정책은 더욱 힘을 잃은 것처럼 보였다. 이는 미국의 반일 정책까지도 약화시켰다. 결국 중국 내정에 영향력을 행사하던 러시아까지도 쇠락의 길로 접어들었다. 대조적으로 중국의 민족주의는 성공을 거듭하면서 후퇴할 기미도 보이지 않더니, 오랫동안 만주 지방을 점령해 온 일본을 위협할 만큼 성장했다. 경제 공

1931년 한커우에 일어난 양쯔 강의 범람으로 사람들이 뗏목을 만들어 가구들을 옮기는 모습. 혁명 이후의 중국은 정치적, 사회적 혼란에 자연 재해까지 겹쳐 혼란이 가중되었다.

일본의 제국주의

일본은 양차 세계 대전 사이의 시기에 이미 제국주의적 경향을 보이고 있었다. 1905년 러일 전쟁에서 승리를 거둔 일본은 그 이후 산업 국가로 성장했고 외국과의 무역에 많이 의존하게 되었다. 원래 일본에는 전통적인 왕실에 대한 신앙심과 군국주의, 극우 민족주의의 영향을 받은 사상적 가치가 존재했다. 게다가 복수 정당 정치는 정국에 혼란만을 야기하고 있었다. 이러한 환경이 일본에서 제국주의 사상이 움틀 수 있는 바탕으로 작용했다.

일본은 동아시아 내에서 지배적 위치에 있었지만, 한동안 일본이 중국에 대한 공략 정책을 포기한 적이 있었다. 이는 당시 외무상이었던 시데하라 키주로의 온건 정책 덕분이었다. 시데하라 키주로는 두 번의 재임 기간 동안(1924~1927, 1929~1931) 군국주의적 확장보다는 국가의 경제적 발전을 더욱 중요시했다. 그러나 1920년대 말이 되자 뤼순과 다롄, 만주 남부 지역의 이권 유지가 일본에게 더욱 중요해졌다. 그래서 1927년에 일본은 1922년에 포기했던 칭다오의 산둥항에 병력을 주둔시키고 1931년에는 중국 북부를 침략했다.

당시의 국제적인 평화 시스템은 전 세계적으로 힘을 발휘하지 못하고 있었다. 일본 군대는 정치적 목표를 위해서라면 항상 강력한 힘을 발휘했다. 특히 일본의 젊은 사령관들은 국내의 복수 정당 정치에 환멸을 느끼고, 비밀결사조직과 만주의 관동군 부대에만 전념했다. 1930년대 초에 일본에 독재주의 정권이 들어섰고, 침략적 외교 정책이 채택되었다. 특히 만주 지역에서 부르주아 자유주의 진영은 일본의 군사 최고 사령부와 국수적인 비밀결사조직으로 이루어진 신흥 민족주의 세력에게 밀릴 수밖에 없었다.

만주를 점령한 일본군들. 1931년 일본은 만주를 점령하고 괴뢰 정부인 만주국을 세웠다.

황이 심화되던 당시에 일본의 정치인들은 이 모든 상황을 염두에 두고 있었다.

만주의 위기

만주는 중요한 요충지였다. 일본은 1905년부터 이 지역에 진출했다. 그 후로 일본은 이 지역에 많은 투자를 했다. 처음에 중국은 이를 마지못해 묵인했으나, 1920년대에 와서 일본의 만주 주둔에 의문을 표시하기 시작했다. 일본이 내몽골에 대한 이권을 요구할 것이라는 위험을 예견한 러시아는 중국의 이러한 저항을 지지했다.

실제로 1929년에 중국은 만주를 가로질러 블라디보스토크에 이르는 최단 거리의 철도 통제권을 둘러싸고 러시아와 분쟁을 일으켰다. 그러나 이 사건은 중국의 새로운 정치적 힘을 일본에 각인시켰을 뿐이었다. 민족주의적 성향의 국민당은 옛 중국의 영토 회복을 거듭 주장하고 있었다.

1928년에 일본이 국민당 군인들이 중국 북부에서 군벌 소탕 작전을 펴지 못하도록 막아서자 양국 간에 무력 분쟁이 벌어졌다. 일본은 상대하기 편한 군벌 세력을 옹호했던 것이다. 결과적으로 일본 정부는 그 지역에 대한 통제권을 완전히 장악하지 못했다.

만주 지방의 실질적인 전투력은 그 지역에 주둔하고 있던 일본 사령관들에게 달려 있었다. 1931년 그들은 '선양(瀋陽)' 외곽에서 만철 폭파 사건*을 일으켜 만주 지방 전체를 집어삼킬 구실로 이용했다. 일본 내에 이들을 저지하려 하던 세력도 있었지만 그들을 막지 못했다.

그 후 일본은 만주 지역에 괴뢰 정부인 만주국을 세워 청나라의 마지막 황제를 왕으로 내세웠다. 이에 중국은 국제연맹에 일본의 침략에 대해 강력히 항의했다. 도쿄에서 암살 사건이 일어났고 일본 정부는 군부의 영향을 더 많이 받게 되었다. 또한 중국과의 다툼도 끊이질 않았다.

1932년에 일본은 중국 내에서 반일 불매 운동이 일자 상하이에 군대를 주둔시켰다. 그 다음 해에 일본은 만리장성을 넘어 남쪽으로 내려와 화평을 강요했다. 이로써 일본은 역사적으로 유명한 중국의 한 지역인 만주를 실질적으로 지배하게 되었다. 중국 북부 지역을 분리하려는 노력도 기울였으나 결국 이 시도는 실패로 끝이 났다. 이러한 일들이 1937년까지 계속되었다.

농민들을 규합한 공산주의자들

국민당 정부에는 제국주의적 침략을 막을 수

만주국의 꼭두각시 황제 푸이의 모습. 일본은 계속 중국의 영토를 침략하고 있었다. 일본군은 베이징 교외 부근의 해안까지 진출했다. 일본군은 중국 북부의 5개 지방도 침략했는데, 이 지방들은 1937년까지 일본군에 철과 석탄을 대는 병참 기지 역할을 했다.

있는 능력이 없다는 사실이 밝혀졌다. 그러나 새로운 수도인 난징에서 볼 때 몇몇 국경 지역을 제외한 모든 곳을 잘 제어하고 있는 것처럼 보였다. 국민당 정부는 불평등 조약의 수를 계속 줄여 나가고 있었고, 서구 열강들에게 아시아 지역에서 공산주의의 확산을 저지할 주체로 여겨졌기 때문에 서구 열강의 원조를 받을 수 있었다.

이는 상당한 성과였지만, 이로 인해 국민당이 국내의 지지를 잃고 있다는 중대한 사실이 가려졌다. 중요한 사실은 정치적 혁명은 계속되고 있었을지는 몰라도 사회적 혁명은 중단되었다는 점이었다. 지식인들은 국민당 정권에 대한 도덕적 지지를 철회했다. 국민당 정부는 필요한 개혁을 시행하지 않았으며, 가장 절박한 토지 개혁 문제조차도 해결하지 않았기 때문이다.

농민들은 한 번도 국민당에 충성을 바친 적이 없었던 반면, 농민들 중 일부는 공산당에 헌신했다. 불행하게도 이 중요한 때에 장제스는 그의 사령관들을 통한 직접 정치 체제에서 등을 돌리게 되었고, 전통 문화가 되돌

* **만철 폭파 사건**
1931년 만주의 선양 북쪽에 있는 류탸오후에서 일어난 철도 폭파 사건. 중국의 국권회복운동과 러시아의 만주 진출에 자극을 받은 일본이 만주 철도를 의도적으로 폭파하고 이를 중국의 소행으로 트집 잡아 무력을 행사했다. 이 사건에서 만주 사변이 비롯되었다.

중국(1918~1949년)

1937년까지 국민당이 통제하던 지역은 주로 동부 해안에 집중되어 있었다. 중국 공산당의 지배권역은 전국에 걸쳐 특정 지역에 포진되어 있었다. 마오쩌둥은 안전한 장소를 찾기 위해 '장시성江西省'의 소비에트를 중남부 지역에서 저 멀리 북쪽으로 옮기는 '대장정'에 나섰다. '대장정'에 나선 공산당원들은 산이 많은 산시 지역으로 들어가기 위해 장장 9,650km를 행군해야 했다. 이는 게릴라 작전을 펴기에 더욱 적합했다.

범례
- 1927~1937년 국민당 주요 지역
- 1931~1933년 일본군 점령 지역
- 1932년 이후 공산당 재결집 지역
- 1934년 이전 공산당 지지 지역
- 1934~1935년 공산당의 대장정 여정
- 1937~1942년 일본군 점령 지역
- 1947~1949년 공산당 점령 지역 영토 분계선

28 신흥 세력의 등장

1937년 베이징의 자금성으로 들어서는 일본군. 1938년 말까지 일본은 중국 경제 활동의 주요 지역을 선점하고 전체 중국인의 42%가 살고 있는 지역을 지배하기에 이르렀다.

릴 수 없을 만큼 부패한 때에 점점 보수적으로 변해 가고 있었다. 국민당 정부는 고위직 관리에까지 부정부패가 만연했다. 당연히 새로운 중국의 기초는 흔들리기 시작했다. 이때 다시 한 번 활개를 펼칠 날을 기다리던 세력이 등장했다.

중국 공산당의 대장정

중국 공산당의 중앙 지도부는 도시 노동자의 봉기에 대한 기대를 버리지 않았다. 지방에서는 개별 공산당 지도자들이 마오쩌둥의 노선을 걷고 있었다. 그들은 부재 지주의 토지, 즉 토지 소재지에 토지 소유자가 거주하지 않는 곳들을 환수했고, 지역별 소비에트 조직을 만들었다. 이는 농민들이 중앙 정부에 대해 전통적으로 지니고 있던 적대감을 민첩하게 파악한 덕분이었다.

이들은 1930년경에는 더욱 발전하여 장시성 지방에 군대를 조직하고 중국 소비에트공화국을 수립하여 5,000여 명의 사람들을 지배했다. 1932년에는 중앙 지도부 역시 상하이를 버리고 마오쩌둥이 있는 보금자리로 합류했다. 국민당은 계속 이 군대를 격파하기 위해 노력했지만 모두 허사로 돌아갔다. 이는 일본의 억압이 거세지는 상황에서 군력을 분산시켜 싸워야 한다는 것을 뜻했다.

국민당의 마지막 공격이 성공을 거두어 공산당은 그들의 영역에서 쫓겨나게 되었다. 이렇게 1934년에 시작되어 '산시성山西省'에 이르기까지 계속된 중국 공산당의 '대장정'은 중국 혁명 역사의 대서사시이자 지금까지 영감을 주는 대사건이다. 산시성에 도착한 7,000명의 생존자들은 그 지역 공산당의 지원을 받았지만 그곳 역시 완전히 안전하지는 못했다. 다만 일본에 대항할 필요가 있었던 국민당으로서는 더 이상 공산당을 상대할 여력이 없었다.

중일 전쟁

1930년대 후반에 이르러 외부 세력의 위험에 대한 인식으로 인해 다시 한 번 국공 합작이 이루어졌다. 이는 코민테른의 정책 변화에

새로운 아시아의 탄생

* 인민전선
1930년대 후반 파시즘과 전쟁에 반대하는 여러 정당과 단체가 연합한 공동 전선. 프랑스와 에스파냐에서 각각 결성되어 몇 년 동안 정권을 장악했다. 또한 1935년 코민테른 제7차 대회에서도 국제 공산주의 운동의 기본 전략으로 채택되었다.

* 메인호 사건
1898년 쿠바의 아바나 항에서 미국 군함 메인호가 폭파하여 260명이 사망한 사건. 미국은 이 사건의 배후에 에스파냐가 있다고 주장했으며, 이로 인해 당시 에스파냐로부터 독립하려 했던 쿠바의 투쟁에 미국이 개입하게 되었다. 미국 전역에서는 반에스파냐 운동이 펼쳐졌고 결국 전쟁으로까지 이어졌다.

일본의 폭격이 지나간 자리에 홀로 울고 있는 아이의 모습. 중일 전쟁(1937~1945) 기간 동안 일본은 상하이에 집중 포격을 가했다. 이는 상하이에 있는 외국의 이권을 모두 파괴할 의도였다.

따라 일어난 일이기도 했다. 이 당시는 '인민전선'*의 시기로, 여타 지역에서도 공산당과 다른 당의 연합이 이루어지고 있었다.

국민당 역시 반서양 노선을 모른 척할 수밖에 없었고, 이로써 영국과 미국의 지지를 쉽게 얻어냈다. 그러나 1937년에 일본이 중국에 대한 공격을 개시하자 공산당과의 합작이나 서양 자유주의 국가의 지지로는 국민당 정부의 수세를 막을 수 없었다.

일본인들이 '중국 사변'이라고 하는 중일 전쟁은 8년 동안 계속되었으며 중국에 커다란 사회적, 물질적 손실을 입혔다. 이 전쟁은 제2차 세계 대전의 시발점으로 간주되었다. 1937년 말에 중국 정부는 안전을 위해 서쪽의 충칭으로 옮겨 갔고, 일본은 북부와 해안 지역의 모든 요충지를 점령했다.

일본에 대한 국제연맹의 비난과 러시아의 전투기 위협도 일본의 맹공격을 막지 못했다. 이 암흑의 시기에 유일한 빛은 중국 내에서 유례없이 애국적 단결이 이루어졌다는 점이었다. 공산주의자들이나 민족주의자들이나 똑같이 중국의 혁명이 위험에 처했다는 데 인식을 같이했다.

일본의 견해도 같았다. 일본군은 자신들이 점령한 지역에서 혁명의 불씨를 잠재우기 위해 다시 유교 사상을 조장했다. 한편, 서양 열강들은 일본의 행위에 대해 간섭할 수 없는 자신들의 처지를 개탄했다. 자국민을 위한 저항조차도 일본에 의해 묵살되는 형편이었다. 1939년경에 일본은 자국에 의한 아시아의 새 질서를 인정받지 못한다면 외세에 맞설 만반의 준비가 되어 있다고 분명히 밝혔다.

영국과 프랑스의 약세에는 분명한 이유가 있었다. 양국은 세계 다른 지역에서도 고충이 많았다. 미국의 무능에는 더 뿌리 깊은 이유가 있었다. 중국에 대해 말은 많이 할지라도 다른 나라를 지키기 위해 직접 싸움에 나서지는 않을 것이라는 미국의 오랜된 고립주의 전통으로 돌아섰기 때문이다.

난징 부근에서 일본의 포탄이 미국의 포함을 침몰시켰을 때 미국 국무성은 발끈하였으나 결국 일본의 '해명'을 받아들였다. 이는 40년 전 쿠바 아바나항에서 미국 함대 메인호에 일어난 폭발 사건 때와는 전혀 다른 반응이었다.* 그러나 이렇게 고립주의로 돌아선 미국도 장제스에게는 군수물자를 지원하여 일본에 대한 불편한 심기를 간접적으로 드러냈다.

굴욕적인 상황에 처한 중국
1941년경 중국은 바깥세상과는 완전히 단절되어 있는 상태나 마찬가지였다. 1941년 말이 되어서야 중국의 투쟁은 세계 대전에 합류했다. 그때까지는 중국만이 전쟁으로 인한 많은 피해를 고스란히 받고 있었다. 아시아의 두 맹주 간의 오랜 대결에서 지금까지는 일본이 확실한 승자였다.

일본의 손실은 이 전쟁으로 인한 경제적 비용과 중국 내 점령군이 겪는 고충이 점점 증

1938년 일장기를 손에 들고 난징성벽에 올라서 있는 일본인 병사의 모습. 일장기는 중국 침략의 상징이었다. 그러나 이 전쟁은 일본에 심각한 반향을 남겼다. 일본은 소위 '중국 사변'으로 인해 전국적인 군대 동원령을 내리고 중앙 집권적 경제 계획을 수립해야만 했다.

가하는 정도였던 반면, 일본의 국제적 입지는 과거 어느 때보다 굳건했다. 일본은 중국 내 서양인 거주자들에게 굴욕을 주고, 1940년에는 영국을 압박하여 당시 중국의 유일한 수송 물자 통로였던 미얀마 로드*를 봉쇄시켰으며, 인도차이나 반도에 있는 일본 점령군을 인정하도록 프랑스에 압력을 가하여 국제적 힘을 과시했다.

이런 상황에 이르자 일본은 진격하고 싶은 유혹을 더 많이 느꼈다. 1930년대 중반 이후 계속 위세를 떨치며 일본 정부를 좌지우지했던 일본 군부가 이를 거부할 가능성은 거의 없었다.

탈식민지화의 시작

일본의 군사적 승리에는 부정적인 면도 있었다. 전쟁을 치르기 위해 일본은 동남아시아와 인도네시아에 자금 공급처를 확보할 필요성이 커졌다. 또한 일본의 힘이 커짐에 따라 미국은 자국의 이익을 위해 무장 방어에 나서야 한다는 심리적 준비 태세를 갖추게 되었다.

1941년경이 되자 미국은 아시아의 일에 간섭할 것인가 하는 문제와 그 일이 어떤 의미를 지니는지에 대한 결론을 내려야 할 시점이 가까워졌다는 사실을 분명히 인식하게 되었다. 그렇지만 이런 배경에는 훨씬 더 중요한 사실이 놓여 있었다.

일본은 중국을 침략했음에도 불구하고 그 당시 아시아에서 점점 입지가 좁아지던 서양 열강들을 향해 '아시아인을 위한 아시아'라는 그럴듯한 슬로건을 내걸었다. 1905년 러일 전쟁에서 일본이 승리를 거둠으로써 유럽이 아시아를 바라보는 심리적 시각을 새롭게 변화시켰듯이, 일본이 1938~1941년에 보여준 독립성과 힘도 똑같은 작용을 했다.

이러한 인식의 변화는 탈식민지화 시대를 여는 신호탄이 되었고, '서구화'에 성공을 거둔 한 아시아 국가로부터 시작된 것이었다.

*미얀마 로드
미얀마 동부 라시오와 중국 윈난 성 쿤밍을 잇는 간선도로. 1937년 중일 전쟁으로 일본이 중국의 해안 지방을 점령한 후 건설되었으며, 이후 3년 동안 중국의 해안과 내륙을 연결하는 핵심적인 가교 역할을 했다.

새로운 아시아의 탄생

2 오스만 제국과 이슬람 국가들

19세기 동안 유럽과 아프리카 대륙에서 오스만 제국은 사라져 갔다. 이들 두 대륙에서 오스만 제국이 무너지게 된 기본적인 원인은 민족주의와 유럽 열강의 간섭으로 인한 분열 때문이었다. 1804년 세르비아에서 혁명이 일어나고 1805년 이집트에서 메헤메트 알리가 이집트의 지배자를 자처하면서 이미 쇠퇴하고 있던 오스만 제국 시대가 종지부를 찍게 된 것이다.

그 다음으로 유럽에서 일어난 일은 그리스 혁명이었다. 이후로 유럽 대륙 내의 오스만 제국은 연이은 신생 국가들의 독립으로 거의 소멸될 지경에 이르렀으며, 1914년이 되자 오스만 제국의 지배력은 동부 트라키아 지역으로 축소되었다. 북부 아프리카 대륙에서도 오스만 제국의 지배력이 점점 쇠퇴했으며 이 지역은 이미 19세기 초부터 오스만 제국의 황제인 술탄의 영향력에서 실질적으로 벗어난 상태였다.

메헤메트 알리가 다스리는 이집트

북부 아프리카에서 오스만 제국의 영향력이 줄어들자 북부 아프리카의 이슬람 민족주의는 오스만 제국이 아니라 유럽 열강을 겨냥하게 되었다. 이러한 저항 세력은 문화적인 혁명 세력이기도 했다. 문화적인 혁명의 과

1914년 이스탄불에 모인 청년투르크당의 군인들. 쇠락하는 제국의 이름으로 전쟁에 임했지만 제1차 세계 대전에서의 패배로 오스만 제국은 터키 이외의 모든 영토를 잃게 된다.

정도 메헤메트 알리로부터 시작된다. 메헤메트 알리는 서쪽으로 자신의 출생지인 카발라 지역보다 먼 곳을 가 본 적도 없었지만, 서구 유럽 문명을 동경했고 배울 점이 많다고 생각했다.

그는 유럽으로부터 기술 교관을 불러왔고, 건강·위생 방면의 외국 자문관도 고용했으며, 기술적인 주제에 대한 유럽의 책과 논문을 번역하여 출판하도록 했다. 또한 어린 소년들을 프랑스나 영국으로 유학 보내기도 했다. 그러나 그는 자신의 성미에 맞지 않는 일을 하고 있었다. 전례가 없을 정도로 유럽, 특히 프랑스의 문물을 많이 받아들였음에도 실용적인 성과는 그다지 만족스럽지 못했던 것이다.

프랑스의 문물은 교육 제도와 기술적인 제도를 통해서 유입되었고, 이는 프랑스도 오스만 제국과의 무역에 관심이 많았다는 사실을 반영했다. 프랑스어는 교육받은 이집트인들 사이에서 제2외국어로 자리 잡았고, 지중해 연안의 큰 국제 도시인 알렉산드리아에는 프랑스 공동체가 크게 형성되기 시작했다.

범아랍주의 운동

비유럽권의 정치인들은 자국민들에게 근대화 과정에서 기술적인 지식만을 받아들이도록 제한하지는 못했다. 곧 이집트 젊은이들은 정치적 사상까지 받아들이기 시작했다. 마침 프랑스에는 여러 정치적 사상들이 있었다. 이러한 사상적 혼합은 결국 이집트와 유럽의 관계를 변화시켰다.

이집트인들도 인도인이나 일본인, 중국인들이 겪었던 과정을 그대로 따르게 되었다. 유럽의 근대화 사상에 맞서기 위해서는 먼저 그 사상을 스스로 받아들여 적합한 대항책을 강구할 수밖에 없었다. 결과적으로 유럽에서 건너온 근대화 사상과 각국 본연의 민족주의는 떼려야 뗄 수 없을 정도로 얽히게 되었다. 여기에 중동의 민족주의가 취약할 수밖에 없는 원인이 있었다.

진보한 엘리트들은 서구 사상에 전혀 물들지 않은 이슬람 사회와는 거리를 두어야 한다고 오랫동안 믿었다. 그런데 이집트, 시리아, 레바논 등 각 나라의 유럽화된 엘리트들을 주축으로 민족주의 운동이 일어났다는 사실은 역설적이다. 이런 지식인들의 민족주의 활동은 20세기까지 계속되었다.

이들의 민족주의 사상은 폭넓은 반향을 불러일으켰다. 그중에서도 시리아의 기독교 아랍인들 사이에서 이집트인이나 시리아인 같은 범주를 벗어난 범아랍 민족주의 사상이 처음으로 등장했다. 이 사상은 지역에 상관없이 모든 아랍인들이 하나의 국가를 형성하자는 운동이다. 이는 이슬람교의 형제애와는 완전히 구별되는 사상이다. 이슬람교는 자기 종교를 믿는 수백만 명의 비아랍인들을 포용

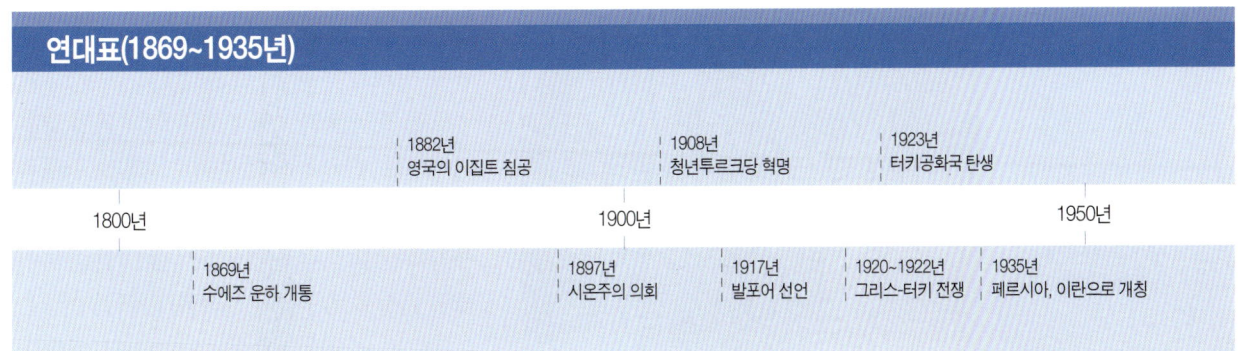

연대표(1869~1935년)

- 1882년 영국의 이집트 침공
- 1908년 청년투르크당 혁명
- 1923년 터키공화국 탄생
- 1869년 수에즈 운하 개통
- 1897년 시온주의 의회
- 1917년 발포어 선언
- 1920~1922년 그리스-터키 전쟁
- 1935년 페르시아, 이란으로 개칭

하지만 다수의 비이슬람교 아랍인들은 배척하기 때문이다.

범아랍 민족주의 운동의 다른 취약점과 마찬가지로, 하나의 아랍 국가를 실현하려는 실제적인 시도에 따르는 잠재적 어려움은 20세기가 되어서도 잘 드러나지 않고 있었다.

재정 파탄에 빠진 이집트

이전에 오스만 제국이 지배하던 땅에 대한 새로운 역사는 1896년 수에즈 운하 개통과 함께 시작되었다. 수에즈 운하로 인해 이집트는 외국의 간섭을 받을 수밖에 없게 되었다. 그러나 19세기에 유럽 열강이 이집트를 간섭하게 된 그 시초는 수에즈 운하의 개통이 아니었다. 직접적인 원인은 이집트 총독인 이스마일 때문이었다. 이스마일은 술탄으로부터 사실상의 독립을 인정받아, '커디브'라는 이집트 총독의 호칭을 받은 첫 번째 지배자였다.

프랑스에서 유학한 이스마일은 프랑스인과 최신 사상들을 좋아했으며 유럽도 많이 돌아다녔다. 그는 낭비가 매우 심한 사람이었다. 1863년 이집트 총독이 되었을 때, 이집트의 주요 수출품인 면화의 가격은 미국의 남북전쟁으로 인해 급등했고 이스마일이 다스리는 이집트 정부의 재정 전망도 낙관적이었다. 그러나 이스마일은 재정 관리에 그다지 유능하지 못했다.

결과적으로 이집트의 국가 채무는 이스마일이 총독에 올랐을 때 700만 파운드였던 것이 겨우 13년 만에 1억 파운드 가까이 증가했다. 이자만도 한 해에 500만 파운드에 달해 그 당시 물가로 볼 때 어마어마한 금액이었다.

1876년 이집트 정부는 파산을 선언하고 채무 지불을 중지했다. 이에 따라 외국 관리인들이 영국과 프랑스에서 한 명씩 들어왔다. 두 명의 관리인은 이스마일의 아들을 이집트 총독으로 지명하고, 최우선적으로 세입 규모를 늘려 채무를 갚도록 했다.

이집트의 민족주의자들은 즉각적으로 외국 관리자들의 행태에 반기를 들었다. 국가 채무를 충당하기 위한 세금의 부담은 이집트의 빈민들이 고스란히 짊어졌고, 재정 지출을 아끼기 위해 공무원의 봉급도 삭감되었기 때문이다. 커디브의 명령이라는 명목으로 일하고 있던 유럽 관리인들은 민족주의자들의 눈에는 단지 유럽 제국주의의 앞잡이로밖에는 안 보였다. 또한 많은 외국인들이 이집트 내에서, 그리고 자신들의 특별 법정에서 치외 법권을 향유하는 데 대한 반감이 점점 높아지고 있었다.

영국의 이집트 내정 간섭

유럽 관리들에 대한 불만은 민족주의자들의 결탁을 야기했고, 결국 혁명으로 이어졌다. 서구화된 반외세 민족주의자들뿐만 아니라 일반인들도 이제 이슬람교의 개혁과 이슬람 세계의 단합 그리고 근대화된 삶에 맞춘 범이슬람 운동을 촉구하기 시작했다. 어떤 이들은 이집트에 국한된 견해를 주장하기도 했지만,

1882년 영국군의 이집트 침공 당시 알렉산드리아에서 영국군이 아랍인들을 몸수색하는 장면.

이집트 총독의 측근 중 다수를 차지하던 터키인들은 이들을 적대시하고 있었다.

그러나 이러한 내부 분열은 1882년의 혁명을 좌절시킨 영국의 간섭에 비하면 아무것도 아니었다. 영국의 간섭은 재정적인 이유에서가 아니라 수에즈 운하를 통해 인도로 가는 수로의 안전을 확보하기 위해 정책적으로 이루어진 것이었다.

영국은 자유당 총리의 지배하에서 오스만 제국의 다른 옛 영토에서 일어나는 민족주의 운동을 지지해 왔다. 영국도 이집트 정부가 불안정해지는 사태는 받아들일 수 없었다. 자칫 수에즈 운하에 대한 영국의 이권이 흔들릴 수 있기 때문이었다. 당시에는 영국의 군대가 전략적 독단에 묶여 1955년까지 운하 지대에 주둔하게 되리라고는 아무도 예상하지 못했다.

1882년 이후로 영국은 이집트 민족주의자의 주적이 되었다. 영국은 이집트 정부가 정상화되기만 하면 바로 철수할 것이라고 말했다. 그러나 그런 일은 일어날 수 없었다. 아무래도 이집트 정부가 못 미더웠기 때문이다. 이렇게 되자 영국 행정가들은 이집트 내정에 점점 더 간섭하기 시작했다.

영국의 간섭이 전적으로 유감스러운 것만은 아니었다. 이집트의 국가 채무가 줄어들었고, 나일 강의 관개 시설도 증강되었다. 관개 시스템 덕분에 계속 늘어나던 이집트 인구를 충당할 식량을 생산해 낼 수 있었다. 이집트의 인구는 1880년과 1914년 사이에 두 배나 증가하여 1,200만 명에 육박했다.

그렇지만 영국은 경제적 이유를 들어 이집트인을 공무원으로 채용하지 않았고, 높은 세금을 책정했으며, 이집트인과는 항상 거리를 두었다. 1900년 이후로 사회적 소요와 폭력 사태가 증가했다. 영국과 영국에 의해 좌지우지되는 이집트 정부는 선동에 대해 강경하게 대처하면서 다른 한편으로 개혁을 통해 돌파구를 마련하고자 했다.

처음에는 행정적인 조치로 1913년에 국회의원 선거를 늘려 국회를 더욱 강력하게 하는 새로운 헌법을 제정했다. 불행히도 이 국회는 겨우 몇 달 만에 전쟁으로 인해 휴회되었다. 이집트는 오스만 제국과의 전쟁에 강제로 동원되었고, 영국에 반대하는 계획을 꾸미던 이집트 총독이 교체되었으며, 그해 말에는 영국이 이집트를 영국령으로 선포하기에 이르렀다. 이때부터 이집트 총독인 커디브도 술탄이라는 칭호로 바뀌었다.

◀ 영국 총리 벤저민 디즈레일리(1804~1881)의 모습. 1875년 벤저민은 이집트 총독으로부터 수에즈 운하의 주식을 사들였다. 이 전략적 요충지인 운하를 매입하고 나자 영국은 이집트의 내정에 더욱 간섭하게 되었다.

청년투르크당의 혁명

이 전쟁이 일어날 무렵 오스만 제국은 이탈리아에 오늘날 리비아 북서부의 트리폴리 지

1879년 북부 이집트 나일 강변의 전통적인 관개 장치 모습.

역인 트리폴리타니아 지방을 빼앗긴 상태였다. 1911년에 이탈리아는 개량 민족주의의 또 다른 발현으로 트리폴리타니아 지방을 침략한 것이었다. 그런데 이번에는 오스만 제국 자체 내에서 일어난 개혁 운동이 있었다.

1907년 '청년투르크당' 운동이 일어나 성공을 거두었다. 이 운동은 복잡한 역사를 지녔지만 그 목적은 단순했다. 청년투르크당 소속의 한 당원의 말을 빌리면 다음과 같다. "우리는 유럽이 걸어온 길을 그대로 따르고 있다. …… 외세 간섭에 대한 거부도 마찬가지다." 이 말의 첫 문장은 압둘 하미드의 폭정이 끝나고 1876년에 이루어졌던 자유주의 헌법이 복원되기를 바란다는 의미였다.

그러나 이들이 자유주의 헌법의 복원을 원했던 이유는 진정한 자유주의 공화정을 수립하기 위해서가 아니라 자유주의 헌법을 복원함으로써 제국을 근대화시키고 부패의 고리를 끊을 수 있도록 개혁하여 부흥시킬 수 있다고 생각했기 때문이었다.

청년투르크당의 운동 과정이나 방법은 모두 유럽에서 본 딴 것들이었다. 예를 들면, 프리메이슨* 비밀 집회소 같은 곳을 비밀 회합 장소로 이용했고 신성 동맹 시기에 유럽 자유주의자들 사이에서 성행했던 비밀결사단 같은 비밀 조직을 형성하기도 했다.

이렇게 청년투르크당은 유럽의 방식을 모방했지만, 유럽인들에 의한 오스만 내정 간섭이 점점 심해지는 데에는 매우 분개했다. 유럽인들은 이집트에서처럼 자신들이 빌려준 돈에 대한 이자를 확보하기 위해 오스만 제국의 재정 관리에 유독 간섭이 심했다. 애초에 오스만 국내 개발을 위해 차관을 냈던 일이 결국 제국의 독립성 훼손으로 이어졌기

* 프리메이슨
1717년 런던에서 결성된 세계적인 민간 단체. 중세 석공들의 길드에서 비롯되었으며, 세계 동포주의, 인도주의, 자유주의 등의 이념을 바탕으로 한다. 이 단체는 18세기 중엽 영국 전역 및 유럽 각국, 미국으로까지 확산되었으며, 이때는 이미 석공뿐 아니라 지식인, 중산층 프로테스탄트들도 많이 포함되어 있었다.

청년투르크당

청년투르크당은 오스만 제국의 정치 체제를 근대화한 최초의 단체였다. 장관과 고위 군인 장교들이 이끄는 청년투르크당은 국내외적으로 혼란스러운 시기를 틈타 압둘 하미드 2세를 설득하여 1876년에 처음 제정되었지만 유명무실했던 헌법을 복원시켰다. 이 헌법으로 인해 국회가 열리고 장관들이 선출되었다. 그러나 첫 국회는 1년밖에 유지되지 못했다.

오스만 제국의 젊은 세대들은 유럽의 사상에 더욱 노출되었다. 젊은이들은 점차 전통적인 오스만 체제의 정당성에 의문을 갖기 시작했으며, 제국의 대표인 술탄을 몰아낼 생각까지도 하게 되었다. 1908년 청년투르크당은 봉기를 일으켰고 이는 급속도로 번져서 진압군마저 포섭하게 되었다.

1876년의 헌법을 복원하고 술탄을 퇴위시켰지만 청년투르크당 정부는 군부의 간섭을 막을 수는 없었다. 특히 1912년 발칸 전쟁이 발발했을 때는 더욱 그러했다. 잦은 내분으로 인해 1913년 1월 보수파가 강제적으로 물러나고 청년투르크당의 독재가 시작되었다.

전쟁부 장관 엔버 파샤가 영국 대사의 군사 수행원과 대화를 나누고 있는 모습. 청년투르크당은 제1차 세계 대전이 다가오자 중립을 지킬 것인지 독일과 연합할 것인지를 두고 망설이고 있었다.

때문에 청년들이 더욱 분노했던 것이다.

또한 청년들은 오스만 제국이 다뉴브 계곡과 발칸 지방을 잃게 된 치욕스러운 결과가 발생한 이유도 자국이 유럽 열강의 압정에 계속 시달렸기 때문이라고 느끼고 있었다.

청년들의 쿠데타와 개혁 노력

일련의 폭동과 반란이 일어난 후에, 1908년 술탄은 한발 물러나 헌법 복원에 동의했다. 해외의 자유주의자들은 입헌 군주국이 된 오스만 제국에 박수를 보냈다. 드디어 실정은 막을 내리는 듯했다. 그러나 혁명에 대한 반동이 일어나 청년투르크당의 쿠데타가 벌어졌다. 이에 따라 술탄인 압둘 하미드는 퇴위하고 청년투르크당의 독재 체제가 수립되었다. 1909년에서 1914년까지 혁명 세력은 허울 좋은 입헌 군주제 뒤에서 독재 체제를 강화했다.

불길하게도 혁명 세력 중 한 명은 "이제 더 이상 불가리아인, 그리스인, 루마니아인, 유대인, 이슬람인은 존재하지 않는다. …… 영광스럽게도 우리는 모두 오스만인이다."라고 공공연히 말했다. 이런 현상은 완전히 새롭게 나타난 것으로, 구체제였던 다민족 정치 체제의 종말을 알리는 서막이었다.

현대의 시각으로 보면 청년투르크당원들의 생각과 행동이 더 잘 이해된다. 그들이 직면한 문제들은 비유럽 국가의 많은 근대화 개혁가 역시 경험하는 문제들이고, 그들의 폭력적 방법은 그 이후로도 필요에 의해 많은 이들이 모방하고 있기 때문이다. 그들은 유럽의 자문관들을 많이 채용해서까지 정부 내 모든 분야의 개혁에 헌신했다. 예를 들어, 소녀들의 교육 환경을 향상시키려 한 일은 이슬람 국가로서는 의미 있는 행보였다.

그러나 그들이 권력을 잡은 시점은 오스만 제국이 외교적으로 입지가 상당히 줄어들던

1913년 1월 청년투르크당의 엔버 파샤 대령이 이끄는 무리들이 콘스탄티노플의 서브라임 게이트웨이를 지나는 모습. 이 무리들은 1년 전 다른 군파가 세운 터키 내각의 전복을 천명했다.

시기였다. 그러한 외부적 상황으로 인해 그들의 개혁 시도가 힘을 얻을 수 없었고 결국 폭력적 방법에 기댈 수밖에 없었던 것이다. 오스트리아의 합스부르크 왕가는 보스니아를 병합했고, 그 후 불가리아는 독립을 승인받았으며, 크레타는 그리스와의 통합을 선언했다. 이후 소강 상태를 거쳐 이탈리아의 트리폴리타니아 침공과 발칸 전쟁이 뒤따랐다.

폭정에 안주하게 된 개혁가들

이러한 긴장 속에서 당초 개혁 후에 형성될 것이라고 자유주의자들이 기대했던 민족들 간의 화합은 환상에 불과했다는 사실이 분명해졌다. 오스만 제국의 영토로 남아 있는 지역에서조차 여전히 종교, 언어, 사회적 관습, 민족에 따라 분열이 일어나고 있었다.

청년투르크당원들은 모두가 오스만인이라는 하나의 민족 개념을 더 강하게 몰아붙였다. 이런 행동은 당연히 다른 민족의 분노를 불러일으켰다. 그 결과 더 큰 규모의 학살과 폭정이 행해졌고, 오스만 제국의 유서 깊은 지배 수단인 암살까지 횡행했다. 1913년부터 제1차 세계 대전이 발발할 때까지 청년투르

정치적 시온주의와 유대 민족 본토 수복 운동을 주창한 시어도어 헤르츨(1816~1904)의 모습. 1896년 「유대 국가」라는 글에서 그는 유대인의 정치적 문제 해결을 위해 세계 국가 위원회가 창설되어야 한다고 제안했다.

크당의 삼두 정치에 의한 집단적 독재가 계속되었다.

청년투르크당이 많은 지지자들을 실망시켰더라도 미래는 그들의 편이었다. 청년투르크당의 목표는 민족주의와 근대화 사상으로 오스만 제국이 다시 단합하는 것이었다. 그들은 싫든 좋든 간에 유럽 내에 잔존하던 오스만 제국의 영토를 거의 내줌으로써 부담을 덜 수 있었다. 그러나 1914년이 되자 오스만 제국이 남긴 옛 유산은 여전히 그들에게 큰 짐으로 작용했다.

그들이 계속 개혁을 해 나가기 위해 선택할 수 있었던 대안이라고는 민족주의밖에 없었다. 범이슬람 사상으로는 분열을 막기에 역부족이었다. 이는 1914년 이후에 남아 있는 오스만 제국의 영토 중 최대 지역인 서아시아의 이슬람 지방에서 벌어진 양상을 보면 분명히 알 수 있다.

서아시아 이슬람 지방의 분열

1914년경 서아시아의 이슬람 지방은 전략적으로 매우 중요한 지역에 걸쳐 넓게 분포되어 있었다. 그 영역이 카프카스 산맥에서부터 오늘날의 이란 지역인 페르시아의 국경선을 따라 티그리스 강 어귀의 바스라 근처 페르시아 만까지 이어졌다. 페르시아 만의 남쪽 해안으로는 오스만 제국의 영향력이 쿠웨이트와 카타르까지 미쳤다. 당시 쿠웨이트는 아랍권의 수장, 즉 독립적인 셰이크의 지배를 받는 자치국이자 영국의 보호하에 있었다.

아라비아 해안에서 홍해 입구에 이르는 해안 지역은 이러저러한 방식으로 영국의 영향을 받고 있었지만, 그 내륙과 홍해 연안 지역은 오스만 제국의 영향을 받고 있었다. 몇 해 전 영국의 압력으로 인해 시나이 반도는 이집트에 귀속되었지만, 팔레스타인과 시리아, 메소포타미아 등 고대의 영토들은 여전히 오스만 제국의 영향하에 있었다. 이 지역은 역사적으로 이슬람교의 중심부였으며 술탄이 영적 지도자 역할까지 도맡고 있었다.

이렇게 광대한 오스만 제국의 영향력은 제1차 세계 대전으로 인한 전략과 정치들이 이곳에서 펼쳐지면서 점차 힘을 잃게 되었다. 이슬람교의 중심 지역에서조차 1914년 이전에 이미 새로운 민족주의 세력이 움트기 시작했다. 이러한 민족주의 세력은 오랫동안 그 지역에 영향을 주었던 유럽 문화의 전통에서 생긴 것이었다. 유럽 문화는 이집트보다 시리아와 레바논에 더 크게 영향을 끼쳤다.

미국 선교 활동과 아랍권 전역에 세워진 학교로 인해 프랑스의 영향이 더해졌다. 이슬람교이든 기독교이든 관계없이 모든 아랍 소년들이 학교에 다녔다. 동부 지중해 연안의 레반트 지역은 문화적으로 앞서 있던 곳이었다. 세계 대전이 일어나기 직전까지, 이집트를 제외한 100여 개의 아랍 신문들이 오스만 제국 내에서 발행되었다.

늘어나는 불만들

청년투르크당의 승리와 그들의 강압적인 오스만화 정책에 뒤이어 중요한 움직임들이 일어났다. 프랑스와 이집트로 망명한 아랍인들 사이에서 비밀결사조직과 공개적인 반체제 집단이 형성되었다. 여기에는 또 다른 요인이 있었다. 아라비아 반도의 지배자들의 술탄에 대한 충성심이 흔들리고 있었던 것이다.

이들 지배자들 중 가장 중요한 인물은 메카의 총독인 후세인이었다. 1914년경에는 오스만 정부도 후세인에 대한 믿음이 사라진 상태였다. 1년 전인 1913년에는 이라크를 독립시키기 위한 아랍 국가들의 회합이 페르시아에서 열리기도 했다. 이에 대항하여 오스만 제국이 할 수 있었던 일이라고는 각 아랍 국가의 이해관계가 상충되어 아랍권이 분열된 상태 그대로 현상 유지를 할 수 있기를 바라는 것뿐이었다.

시온주의

직접적인 위험이 되지는 않았지만 민족주의라는 종교에 마지막으로 동참한 민족은 유대인이었다. 유대인의 역사는 1897년 시온주의* 의회가 생기면서 새로운 전환기를 맞았다. 이 의회의 목표는 민족의 고향 땅을 수복하는 것이었다. 프랑스 혁명 이후 수많은 유럽 국가에서 유대 민족은 거의 동화되지 못했고, 결국 유대 민족은 동화 정책이 아니라 영토적 민족주의라는 이상을 추구하게 되었다.

이상적인 옛 고향 땅은 단번에 결정되지 않았다. 아르헨티나나 우간다가 민족의 이상향이라는 주장이 있기도 했지만, 19세기 말엽에 시온주의자들의 의견이 팔레스타인으로 모아졌다. 이때부터 작은 규모였지만 유대인들은 팔레스타인으로 꾸준히 모여들었다. 제1차 세계 대전이 계속되면서 유대인의 이민 문제가 중요하게 부각되기 시작했다.

| 제1차 세계 대전 |

1914년 오스만 제국과 오스트리아 합스부르크 왕가 사이에는 공통점이 존재했다. 양국 모두 전쟁을 원했다. 전쟁을 국내 여러 문제점의 해결책으로 보았기 때문이다. 그러나 양국 모두 전쟁으로 인해 고난을 겪을 수밖에 없었다. 왜냐하면 너무도 많은 국내외 사람들이 전쟁

* **시온주의**
유대인들이 팔레스타인 지역에 민족국가를 건설하기 위해 벌인 민족주의 운동. 세계 각지에 흩어져 있던 유대인들이 그들 조상의 땅인 팔레스타인에 국가를 건설하려했다. 이는 1948년 이스라엘이라는 현대 유인대인 국가를 건국함으로써 실현되었다.

1914년 10월 콘스탄티노플 거리에서 벌어진 반전 운동 모습. 청년투르크당 정부는 터키 군인들을 재무장하고 훈련시키면서 독일 쪽으로 많이 기울어진 모습을 보였다. 당시 오스만 제국은 발칸 전쟁으로 인해 많이 지친 상태였지만 엔버 파샤는 독일군의 편에 서서 제1차 세계 대전에 참전해야 한다고 주장했다.

에서 기회를 엿보고 있었기 때문이다. 결국 두 제국 모두 전쟁으로 인해 파괴되었다.

처음부터 역사적으로 적대 관계에 있던 러시아가 오스만 제국이 전쟁에 참여하면서 이익을 봤다. 오스만 제국이 전쟁에 참여하자 오랫동안 러시아를 견제해 왔던 영국과 프랑스도 러시아가 오스만 제국에 간섭하는 것을 막지 못했다.

프랑스는 중동 지역에 발이 묶여 있었다. 영국의 이집트 진출에 대한 프랑스의 불만은 3국 협상이 체결되고 모로코에서 자유로운 권리를 보장받으면서 가라앉았지만, 프랑스는 전통적으로 레반트 지역에 대한 특별 지위를 갖고 있었다. 굳이 십자군 전쟁을 떠올리지 않더라도 프랑스는 100년 동안 오스만 제국 내, 특히 시리아 지역의 기독교를 특별히 보호해 왔다. 1860년대에는 나폴레옹 3세가 시리아 지역에 프랑스 군대를 보내기도 했다.

레반트 지역의 지식인들 사이에는 프랑스어가 폭넓게 사용되는 것으로 인한 문화적 우월성이 존재했고, 많은 프랑스 자본이 그곳에 투자되고 있었던 것으로 보아 프랑스 세력은 간과될 수 없는 힘이었다. 그런데 1914년경 오스만 제국의 주요 적대국은 카프카스 산맥 지역의 러시아와 수에즈 운하 지역의 영국이었다.

수에즈 운하의 보호가 영국의 전략적 정책이었지만, 곧 아무런 위협이 없다는 점이 분명해졌다. 이후 중동과 서아시아를 완전히 뒤집을 만한 새로운 요인의 출현을 알리는 사건들이 벌어졌다. 1914년 말에 인도-영국 연합 군대가 페르시아로부터의 석유 공급을 보호하기 위해서 이라크의 바스라 지역에 상륙했다. 이는 이 지역의 운명적 역사인 석유 정치의 시작을 알리는 사건이었다. 물론 석유 정치가 본격적으로 제 모습을 드러낸 시기는 오스만 제국이 멸망하고 나서도 훨씬 후였다.

한편 1914년 10월에 이집트의 영국 총독이

1915년 연합군이 갈리폴리 반도를 침공하여 다르다넬스 공방전을 펼치는 동안 세워진 영국군의 임시 막사 모습. 이 침공은 다르다넬스 해협 북부 지역과 콘스탄티노플을 확보하려 했던 것이지만 실패로 끝났다. 영국 연방군의 사상자수는 21만 4,000명이 넘었으며 이 패배로 인해 윈스턴 처칠은 해군 본부의 장관직에서 물러났다.

후세인에게 접근하여 아랍 국가의 독립을 약속한 일은 매우 빨리 그 성과를 거두었다. 이는 아랍 민족주의를 무기로 이용한 첫 시도였다.

아랍 연합

전쟁은 잔인해지고 있었지만 좀처럼 결말이 나지 않고 지지부진해졌고 독일 동맹군을 강타할 기회에 대한 기대는 점점 더 커지고 있었다. 1915년 다르다넬스 해협에 해군과 육군의 연합 작전을 펼쳐 콘스탄티노플을 사수하려던 시도는 난항을 겪고 있었다. 그즈음 유럽의 내전은 연쇄적으로 일어나고 있었고 언젠가는 오히려 유럽의 목에 칼을 댈 형국이었다. 그러나 아랍 연합국에 내놓을 수 있는 공약에는 한계가 있었다.

후세인과 벌이던 협정의 타결이 1916년 초까지도 이루어지지 못하고 있었다. 후세인은 위도 37° 이하에 있는 모든 아랍 국가의 독립을 요구했다. 위도 37°는 알레포에서 모술에 이르는 80마일의 경계선을 의미하며 이는 사실상 터키와 쿠르디스탄을 제외한 오스만 제

이집트 원정군의 영국 총사령관이었던 에드먼드 알렌비(1861~1936)의 모습. 그는 1917년 예루살렘을 점령하기 위해 오스만 제국을 공격했다. 예루살렘 도시에 들어서자 그는 유대인들의 뜨거운 환영을 받았다.

국의 전 영토를 포함하고 있었다. 이러한 요구 사항은 영국이 받아들일 수 있는 한계를 훨씬 뛰어넘는 것이었으며 시리아 지역의 특별 지위로 인해 프랑스의 의견도 무시할 수 없었다.

결국 영국과 프랑스 간에 오스만 제국 분할에 대한 협정이 이루어졌지만 이 협정은 이라크의 지위 등, 미래에 많은 문제점을 남겼다. 그러나 아랍 민족주의자들의 정치 계획은 실제로 이루어졌다.

아랍권의 반발

이러한 협정의 미래는 곧 불투명해졌다. 1916년 6월 메디나의 오스만 제국 주둔지 공격을 시작으로 아랍의 봉기가 일어났다. 이 사건은 세계 대전의 주요 전장지에서 동떨어진 작은 소요 사태일 뿐이었지만 아랍의 반발이 계속되자 영국도 이 사태를 심각하게 받아들일 수밖에 없게 되었다. 영국은 후세인을 헤자즈 지역의 왕으로 인정했다.

발포어 선언

저는 영국 정부를 대표해서 다음의 선언을 전달하는 것을 매우 기쁘게 생각합니다. 영국 내각은 유대인 시온주의자들의 열망에 동의를 표합니다.

영국 정부는 팔레스타인에 유대 민족 국가를 수립하는 것을 지지하며 이 목표 달성을 위해 최선의 노력을 다할 것입니다. 그러나 팔레스타인에 이미 존재하는 비유대인 공동체의 시민적, 종교적 권리나 다른 나라에서 유대인들이 누리고 있는 정치적 권리를 훼손하는 일은 하지 않을 것을 분명히 약속합니다.

이 선언의 내용을 시온주의 연합에 알려 주시면 감사하겠습니다.

1917년 11월 2일, 영국 외무장관 아더 제임스 발포어가 로스차일드 경에게 보낸 편지.

아라비아의 로렌스

1916년 영국군이 수에즈 운하의 보호를 위해 시나이 반도로 진출하려고 할 당시, 헤자즈 지방의 지배자인 후세인이 오스만 제국에 반대하는 봉기를 일으켰다. 후세인을 지원하기 위해 영국은 2명의 아랍 전문가를 헤자즈로 보냈다. 그중 에드워드 로렌스는 후세인의 아들인 파이잘 왕자의 강력한 대변인이 되었다.

로렌스는 파이잘 왕자를 설득해서 메디나 지방의 포위 공격을 포기하고 다마스쿠스로 가는 철도를 따라 오스만 제국군들의 소통을 막는 데 전력을 다하게 했다. 그들은 아카바를 정복하고 팔레스타인에 입성했다. 그 과정에서 로렌스가 보여 준 영웅적인 행동으로 인해 로렌스에게는 '아라비아의 로렌스'라는 별칭이 붙었다.

종전 후 로렌스는 파리강화회의에서 아랍 대표단의 자문 역할을 맡았지만 파이잘 왕자의 염원이었던 중동 전역을 포함하는 범아랍 국가의 창설은 이루지 못했다. 1935년 로렌스는 오토바이 사고로 목숨을 잃었다.

아라비아에서 찍은 로렌스(1888~1935)의 모습.

영국군은 1917년 팔레스타인 지역으로 진격해서 예루살렘을 점령했고 1918년에는 아랍군과 함께 다마스쿠스로 함께 진격하기도 했다. 그러나 그 이전에 전쟁 상황을 더욱 복잡하게 만든 두 가지 사건이 있었다. 하나는 미국의 참전이었다. 참전 목적 성명서를 발표하면서 미국의 윌슨 대통령은 오스만 제국 내의 비투르크인들을 위한 "절대적인 영속적 발전 기회"를 지지한다고 밝혔다.

두 번째 사건은 러시아의 구소련 공산당인 볼셰비키당이 이전의 전제 군주 시대에 체결되었던 비밀 외교 내용을 공개한 일이었다. 여기에는 중동 지역의 지배권에 대한 영국과 프랑스의 제안서들도 포함되어 있었다. 제안서의 내용을 보면 팔레스타인은 한 국가에 의해서가 아니라 국제적으로 관리된다고 명시되어 있었다. 또한 영국이 팔레스타인에 유대 민족을 위한 민족 국가 수립을 지지한다는 내용도 공개되어 아랍인들의 불만을 더했다.

'발포어 선언'은 현재까지도 시온주의의 가장 큰 성공으로 여겨지고 있다. 이 선언이 영국이 아랍 민족에게 했던 약속과 완전히 모순된다고 할 수 없고 미국의 윌슨 대통령도 유대인이 아닌 팔레스타인들을 보호하기 위한 조건을 도입하는 데 동참했지만, 이 선언이 아무런 제지 없이 그대로 실현되리라고는 생각할 수 없었다. 특히 1918년에 영국과 프랑스가 아랍 민족에 대한 지지를 표명했기 때문에 더욱 그러했다. 오스만 제국이 붕괴되자 중동 지역에 대한 전망은 완전히 한 치 앞도 알 수 없을 만큼 혼미해졌다.

중동 지역에 대한 위임 통치

오스만 제국이 멸망하고 난 뒤 후세인은 영국에 의해 아랍 민족의 왕으로 인정되었지만 그다지 큰 힘이 주어진 것은 아니었다. 근대

아랍 세계의 지도를 그리는 역할은 국제연맹의 원조를 받아 영국과 프랑스에게 주어졌고 아랍 민족주의는 힘을 쓰지 못하고 있었다. 혼란스러운 10년이 지나는 동안 영국과 프랑스는 아랍인들과 반목하게 되었다.

아랍인들은 세계 정치판에 자신들의 목소리를 내는 데에는 성공했지만, 아랍의 지도자들은 단합하지 못하고 갈등만 겪고 있었다. 이슬람 지역의 단합은 이뤄지지 못했지만 러시아의 위협도 잠시나마 사라진 상태여서 중동 지역에는 두 강대국만이 간여하고 있었다.

양국은 서로를 신뢰하고 있지는 않았지만 타협은 할 수 있었다. 영국이 이라크에 대한 권리를 가지는 대신 프랑스는 시리아에 대한 지위를 보장받는 선에서 대강의 합의가 이루어졌던 것이다. 이 합의는 사후 국제연맹의 위임 통치령으로 합법화되었다. 국제연맹은 팔레스타인과 이전의 요르단 지역, 즉 트랜스요르단을 맡고, 이라크의 위임 통치는 영국에, 시리아의 위임 통치는 프랑스에 맡겼다.

프랑스는 처음부터 고압적인 자세로 시리아를 통치했다. 이미 시리아 국회는 독립이 아니면 영국이나 미국의 위임 통치를 요구한 상태였기 때문에 프랑스는 무력으로 위임 통치를 강행해야 했다. 영국과 프랑스는 아랍 민족이 선택한 왕인 후세인의 아들을 축출했다. 그러자 양국은 전면적인 반발에 부딪히게 되었다.

이런 상황에서도 프랑스의 무력 통치는 1930년대까지 계속되었다. 물론 그 당시에도 민족주의자들의 세력이 커질 것이라는 징조는 있었다. 그러나 불행하게도 시리아의 민족주의 내에서도 분열 양상이 보였다. 시리아 북부 지역의 쿠르드족이 단일 아랍 국가에 반대하고 나섰기 때문이다. 이 쿠르드족 문제는 서구 외교관들에게 해결하기 힘든 또 하나의 중동 문제로 부각되었다.

아라비아 반도 국가들의 독립

이 무렵 아라비아 반도는 후세인과 또 다른 왕 사이의 다툼으로 인해 골머리를 앓고 있었다. 후세인이 아닌 왕은 영국과 협정을 맺었으며, 그를 따르는 무리들은 엄격한 이슬람 원리주의를 주장하는 교파의 구성원으로 왕조와 부족의 대립에 종교 문제까지 더해서 상황을 더 어렵게 만들고 있었다.

1932년 헤자즈 지역에서 후세인이 추방되고 사우디아라비아 왕조가 새로 들어섰다. 이는 또 다른 문제를 야기했다. 이 시기에 후세인의 아들들이 이라크와 트랜스요르단 지역을 지배하고 있었기 때문이다. 이들의 싸움이 격화되고 많은 문제점들이 예상되자 영국은 가능한 한 빨리 이라크에 대한 위임 통치를 끝내려고 했다. 다만 영국은 육군과 공군 주둔을 계속 유지함으로써 영국의 전략적 이득만은 보장하고자 했다.

이에 따라 1932년 이라크는 독립 주권 국가로서 국제연맹의 한 구성원이 되었다. 이보다 이른 1928년에는 트랜스요르단이 영국에 의해 독립을 승인받았다. 영국은 이때에도 역시 군사적, 재정적 권력은 그대로 유지했다.

팔레스타인 문제

팔레스타인의 상황은 훨씬 더 어려웠다. 유대인의 이민과 유대인의 아랍 영토 매입으로 인해 경각심을 가지게 된 아랍인들이 반유대 봉기를 일으킨 1921년부터 이 불행한 지역은 평화롭거나 조용할 날이 없었다. 단지 종교나 민족적인 감정의 문제가 아니었다. 유대인의 이민은 서구화되고 근대화된 새로운 세력의 침입을 의미했다. 이들 때문에 경제적 관계가 변화되고 전통적 사회에 새로운 요구 사항들이 부과되기 시작했다.

위임 통치를 맡은 영국은 중간에 끼여 옴짝달싹 못하는 지경에 이르렀다. 유대인의 이민을 제한하지 않으면 아랍인들의 항의가 거셌고, 제한하면 유대인의 저항에 부딪쳤다. 영국은 아랍 국가의 입장을 심각하게 고려하지 않을 수 없었다. 이들 지역은 영국 안보에 경제적으로나 전략적으로 중요한 요충지였기 때문이다. 팔레스타인 문제에 있어서는 세계 여론도 점점 무시 못할 만큼 큰 요소가 되었다.

팔레스타인 문제는 1933년에 더욱 격화되었다. 이해에 독일에 새롭게 들어선 정권이 유대인을 숙청하고 프랑스 혁명 이래로 유대인이 누려 왔던 법적, 사회적 권리를 몰수하기 시작했기 때문이다. 1937년에 팔레스타인 지역에서 유대인과 아랍인 사이에 큰 분쟁이 벌어졌다. 곧 영국군이 아랍 봉기를 진압하기 위해 급파되었다.

영국의 경제적 이익

과거에는 아랍 지역에서 패권이 무너지면 혼란의 시기가 뒤따랐다. 또한 이 혼란의 시기는 결국 새로운 제국주의 패권 국가의 출현으로 막을 내리곤 했다. 그러나 이번에도 아랍 지역의 혼란을 수습할 새로운 패권 국가가 등장할지는 불명확했다. 영국은 그러한 역할을 원하지 않았다. 패권 국가의 역할에 잠깐 심취하기도 했지만, 영국은 아랍 지역에서 누리던 근본적인 이득 보장에만 관심이 있었다.

영국이 바란 것은 수에즈 운하의 보호와 이라크, 이란으로부터의 원활한 석유 유입 보장이었다. 1918년과 1934년 사이에 거대 송유관이 북부 이라크에서 트랜스요르단과 팔레스타인을 거쳐 하이파(이스라엘 북부에 있는 도시)에까지 설치되었다. 이 송유관은 앞으로 이 영토에 일어날 혼란의 새로운 불씨가 되었다.

아직 유럽의 석유 소비량은 그다지 많지 않았다. 석유에 대한 의존도가 크지 않았고 1950년대의 정세를 바꿀 만한 유전도 발견되지 않았다. 그러나 석유가 새로운 요인이 되기에는 충분했다. 영국 해군이 선박의 동력 연료를 석유로 바꾸었기 때문이다.

이집트의 독립

영국은 이집트에 군대를 주둔시키는 것이 수에즈 운하를 보호하는 최대 수단이라고 믿었다. 그러나 군대의 주둔으로 인해 문제가 많이 초래되었다. 제1차 세계 대전은 이집트의 반감을 더욱 심화시켰다. 점령군은 결코 좋은 반응을 얻지 못하는 법이다. 그리고 전쟁으로 인해 물가가 오르자 전부 외국인들의 탓으로 돌려졌다.

1919년에 이집트의 민족주의 지도자들이 이집트 문제를 파리강화회의에 제기하려고 했지만 저지당했다. 뒤이어 반영국 봉기가 일어났지만 곧 진압되었다. 그러나 영국은 한발

1926년 프랑스에 대항하여 봉기를 일으킨 드루즈인들의 모습. 이 봉기는 수도인 다마스쿠스까지 번져 그해 여름 내내 계속되었다. 그러나 다마스쿠스에 폭탄 공격을 여러 차례 가한 후로 대부분의 봉기는 잠잠해졌다.

그리스-터키 전쟁(1921~1922)에 임했던 터키의 민족주의지들이 그리스로부터 스미르나(현 이즈미르) 지방을 되찾은 기쁨에 환호하는 모습.

물러섰고, 민족주의자들의 선처를 기대하면서 1922년에 보호 통치를 끝냈다. 새로운 이집트 왕국은 선거 체제를 갖추고 있었고, 이 선거 체제로 인해 민족주의자가 다수당이 되었다. 이로써 이집트 정부는 영국의 이익을 보장하는 타협을 전혀 해 줄 수 없었다. 결과적으로 헌법 제정이 연기되었고, 간헐적인 무질서 상태가 1936년까지 계속되었다. 1936년이 되어서야 영국은 제한된 기간만큼 수에즈 운하 지역에 군대 주둔 권리를 가지기로 협정을 타결할 수 있었다. 외국인에 대한 치외 법권도 인정하지 않기로 합의했다.

범아랍주의의 확산

이러한 양상은 영국 제국이 쇠퇴하고 있다는 징조였다. 이 징조는 1918년 이후 어느 지역에서나 감지되고 있었다. 이는 영국이 지나치게 확장 정책을 펼친 결과였다. 영국의 외교 정책은 문제점에 봉착하기 시작했다. 중동과는 동떨어진 유럽에서 벌어진 이러한 국제 관계의 변화가 오스만 제국 이후의 이슬람 지역에 영향을 끼쳤다.

또 다른 요인으로 마르크스 공산주의가 있었다. 두 차례의 세계 대전 동안 러시아는 아랍 국가에 라디오 방송을 전파함으로써 아랍 공산주의자들을 지원했다. 공산주의자들은 우려할 만한 대상이었지만, 공산주의는 이 지역의 가장 강력한 혁명 세력인 아랍 민족주의를 대체하지는 못했다. 1938년 무렵 아랍 민족주의가 집중한 지역은 팔레스타인이었다. 같은 해에 시리아에서는 총회가 열려 팔레스타인 아랍주의를 지지했다.

아랍인들은 이집트 민족주의자들의 영국 반대를 지지할 뿐만 아니라 시리아에 주둔한 프랑스군의 잔혹성에 대해서도 분명한 분노를 내비치기 시작했다. 범아랍주의 감정이 결국 하쉬미트 왕국의 분열까지 넘어설지 모르는 큰 힘을 형성하고 있었다.

제1차 세계 대전 이후의 터키

세계 대전 중에 맺은 연합국의 협정들로 인해 오스만 제국의 본토인 터키의 역사가 복잡해졌다. 영국, 프랑스, 그리스, 이탈리아는 각자의 영역권에 대해 합의를 본 상태였다. 전쟁으로 인해 해결된 것은 콘스탄티노플과 보스포루스 해협, 다르다넬스 해협에 대한 러시아의 영토 요구가 사라진 점이었다.

그리스와 이탈리아의 침략을 맞아 술탄은 굴욕적인 평화 협정을 체결했다. 그리스는 오스만 제국으로부터 큰 양해를 받아 냈다. 아르메니아는 독립되었고 터키의 나머지 영토도 영국, 프랑스, 이탈리아의 영향권으로 분할되었다. 이는 명백하게 제국주의의 모습을 보여 주는 처사였다. 유럽인들은 지배에 쐐기를 박기 위해 재정적 구조도 재정비했다.

| 오스만 제국의 붕괴 |

터키의 분할은 첫 평화협정을 유발했다. 이 작업은 한때 청년투르크당원이었고 지금은 뛰어난 군인인 무스타파 케말에 의해 이루어졌다. 그는 이탈리아를 몰아낸 후 프랑스와 그리스를 차례로 쫓아냈다. 볼셰비키의 도움을 받아 아르메니아를 격파하기도 했다. 이에 따라 영국은 협상을 결정하고, 1923년 터키와 두 번째 협정을 맺었다.

이는 파리협정에 대한 민족주의의 승리였고, 평화협정에서 유일하게 대등국 사이에서 협상이 이루어지고 패전국에 부가되지 않은 부분이었다. 또한 러시아가 참여한 유일한 부분이며 다른 평화협정 조약보다 더 오래 지속된 내용이기도 했다. 그리고 치외 법권과 경제적 제약이 사라졌다.

터키는 아랍 영토와 에게 해의 여러 섬, 키프로스 섬, 로도스 섬, 도데카네스 제도에 대한 소유권을 포기했다. 이후 그리스인과 터키인들 사이에 큰 교전이 벌어졌고 이들 간의 반감은 더욱 심화되었다.

결과적으로 터키 이외의 오스만 제국은 600년의 역사를 뒤로하고 막을 내렸고, 1923년에 새로운 공화국이 탄생했다. 이 민족 국가는 가장 성공적인 근대 개혁가로 인정받게 된 한 사람에 의해 지배된다. 칼리프의 지위도 제국의 운명에 따라 1924년에 폐지되었다. 이 과정은 오스만 제국의 종말이자 터키 역사의 새로운 시작이었다. 아나톨리아의 투르크인이 500~600년 만에 처음으로 다수 민족이 되었다.

아타튀르크의 근대화 정책

'완벽'을 뜻하는 케말이라는 이름으로 불리길 원했던 무스타파 케말은 러시아의 표트르 대제에 비견할 만한 인물이었다. 평화협정의 개정 후 영토 확장에는 관심이 없었던 점에서는 표트르 대제와는 다르지만 말이다. 그리고 그는 개혁적인 독재자이기도 했다.

그는 법을 종교와 분리시키고 나폴레옹 법전을 모델로 삼아 법 개혁을 단행했다. 이슬람력을 폐지했고, 1928년에는 터키가 이슬람 국가라는 헌법 조항을 삭제했다. 일부다처제도 금지했다. 1935년에는 휴일을 이슬람의 성일인 금요일에서 일요일로 변경했다. 또한 토요일 오후 1시부터 일요일 자정까지를 일컫는 새로운 단어인 '비켄드vikend'도 생겼

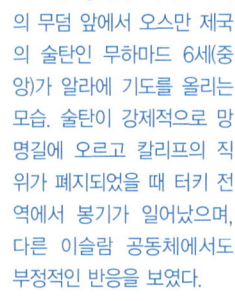

1922년 정복자 메메드 2세의 무덤 앞에서 오스만 제국의 술탄인 무하마드 6세(중앙)가 알라에 기도를 올리는 모습. 술탄이 강제적으로 망명길에 오르고 칼리프의 직위가 폐지되었을 때 터키 전역에서 봉기가 일어났으며, 다른 이슬람 공동체에서도 부정적인 반응을 보였다.

무스타파 케말

무스타파 케말은 두 번이나 역사에 길이 남을 만한 일을 해냈다. 그는 다르다넬스 해협을 사이에 두고 일어난 갈리폴리 전투를 승리로 이끌었고, 종전 후에는 터키어를 쓰는 이슬람인들을 공화국의 시민이자 터키 국가의 구성원으로 만들었다.

1919년 케말이 흑해 연안의 삼순 지역에 상륙한 일은 터키 개혁의 시발점으로 간주된다. 1920년경 그는 앙카라 지역에서 시민 정부의 수장이 되었다. 또한 그는 민병대의 총사령관이기도 했다. 케말은 민병대를 이끌고 1921년 앙카라 남서부에서 벌어진 사카리아 전투에서 그리스군을 격퇴하고 승리를 거두었다.

민족 공화당의 총재로서 케말은 1923년 10월 29일 공식적으로 터키공화국을 선포하고 초대 대통령이 되었다. 그는 진보와 과학에 대한 확고한 믿음을 가지고 있었지만 역사적, 민족적, 문화적 요소의 중요성도 인식하고 있었다. 비록 독재적 권력을 많이 휘둘렀지만 케말은 공화국 국회의 폭넓은 지지도 얻고 있었다.

1922년 터키군의 총사령관이었던 무사타파 케말(1880~1938)의 모습.

다. 학교는 더 이상 종교를 가르치지 않았으며 터키 모자인 페즈도 금지되었다. 페즈는 유럽에서 들여왔으나 이슬람식 모자로 여겨졌기 때문이다.

케말은 그가 바라던 근대화의 급진적 성향을 잘 인식하고 있었기 때문에 이러한 상징들이 중요했다. 상징적 조치들은 전통적 이슬람 사회가 유럽 사회로 교체되는 매우 중요한 징조를 의미했다.

터키어 자모를 로마자로 변환하자 교육에 중대한 변화가 생겼고 글자 교육이 의무화되었다. 최초의 인간인 아담은 투르크인이었다는 식으로 국사 교과서도 다시 쓰어졌다.

케말은 터키 국회로부터 '터키의 아버지'라는 의미의 아타튀르크라는 이름을 부여받은 아주 중요한 인물이다. 그는 이슬람 국가를 근대화한 최초의 개혁가이다. 1938년 사망하고도 개혁을 전혀 멈출 생각이 없는 듯이 보였던 케말은 현재까지도 매우 흥미로운 인물로 남아 있다. 터키가 그 당시 선진국의 대열에 오르게 된 것도 모두 이러한 케말의 개혁 의지가 빚어낸 결과였다.

터키에서는 과거와 선을 긋는 큰 개혁이 일어났는데, 이는 유럽에서보다 더욱 획기적인 사건이었다. 바로 여성에게 새로운 역할을 부여한 일이었다. 1934년에 터키 여성은 투표권을 갖게 되었고, 직업의 기회도 얻을 수 있게 되었다.

페르시아의 상황

페르시아는 1914년 이전에 유럽이든 오스만 제국이든 어떤 제국주의 국가의 지배도 직접

이란의 국왕 레자 칸(1878~1944)의 모습. 레자 칸은 무스타파 케말을 존경하여 케말이 사용했던 근대화 정책들을 많이 모방했다.

적으로 받지 않고 있던 유일한 이슬람 국가였다. 1907년 영국과 러시아가 영역권에 대한 합의를 마친 후 양국 모두 페르시아 내정에 간섭했지만, 러시아는 공산주의 혁명이 성공하면서 기존의 식민주의적, 제국주의적 간섭을 하지 않게 되었다. 반면 영국군은 제1차 세계 대전 종전까지 페르시아 영토에 대한 작전을 계속 수행했다.

페르시아 대표단이 파리강화회의에서 안건을 제안할 수 없자, 페르시아 내에서 영국에 대한 반감이 커졌다. 영국은 자국 군대 철수 이후 러시아의 공산주의 세력이 확대되는 것을 저지할 대체 수단을 찾느라 한참 동안 고심하고 있었다. 영국의 국력은 과도한 세력 확장으로 인해 쇠퇴하고 있어 무력으로 페르시아를 지배할 수 없었기 때문이다. 우연찮게도 한 영국군 장교가 이러한 문제를 해결해 줄 사람을 발견하게 되었다.

레자 칸의 개혁

레자 칸은 1921년 쿠데타를 일으킨 장교였다. 그는 영국군의 존재를 이용하여 볼셰비키에 러시아의 페르시아에 지닌 모든 권리와 재산을 포기하고 러시아군의 철수를 약속하는 협정을 유도해 냈다. 그리고 나서 영국의 지원을 받고 있던 분리주의자들을 물리쳤다. 1925년 레자 칸은 국회로부터 독재적인 권력을 부여받았으며, 몇 달 후에는 '왕 중의 왕'이라는 칭호를 받았다. 그는 러시아와 영국이 함께 그를 왕좌에서 끌어내린 1941년까지 페르시아를 지배했다.

레자 칸은 지배하는 법이 이란의 케말에 비할 수 있었다. 이슬람권 여성들이 머리에 쓰는 히잡과 종교 학교의 폐지는 터키만큼 강압적이지는 않았지만 종교적 색채를 벗으려는 시도로 보였다. 1928년 외국인의 치외 법권도 폐지되었으며 산업화와 민주적 개선이 추진되었다. 터키와는 긴밀한 우호 관계를 형성했다.

마침내 이 페르시아의 독재자는 1933년에 첫 외교적 승리를 거두었다. 영국-페르시아 합작 석유 회사가 가지고 있던 이권을 철회한 것이다. 영국 정부가 국제연맹에 이 사안을 제소했지만, 결국 레자 칸의 승리로 돌아갔다. 이는 페르시아의 독립성을 공고히 보여 준 사건이었다. 1935년 페르시아는 공식 명칭을 이란으로 개명함으로써 페르시아 만에 새로운 시대를 열었다.

3. 제2차 세계 대전

유럽의 시대가 막을 내렸다는 사실은 제2차 세계 대전으로 더욱 분명해졌다. 제2차 세계 대전은 1939년의 제1차 세계 대전처럼 유럽 대륙의 분쟁으로 시작해서 점차 세계 대전의 양상을 띠게 된 전쟁이다. 제2차 세계 대전 역시 전례가 없을 정도로 모든 것들이 총동원된 대단한 규모의 전쟁이었다. 국가의 인력, 인프라, 자본력 등 모든 자원과 분야가 총망라된, 말 그대로 '총력전'이었던 것이다.

경제 공황

1939년경이 되자 이미 역사의 한 시기가 끝나 가고 있다는 징조가 보이기 시작했다. 1919년에 마지막으로 제국주의 열강에 의한 영토 확장 시도가 있은 후로 제국주의 열강의 선두인 영국조차도 제국주의가 수세에 몰려 있다는 사실을 인정할 수밖에 없었다. 또한 일본의 등장으로 국제 관계에 있어서 더 이상 유럽만이 전부가 아니라는 사실이 분명해졌다.

1921년에 남아프리카공화국의 한 정치인은 "역사의 무대는 유럽에서 동아시아와 태평양으로 이동했다."라고 말했다. 그의 예상은 현재 시점에서 볼 때 역사적 사실에 부합하는 것이며, 이는 중국이 다시 영향력을 행사할 것이라고는 전혀 예상치 못했던 때에 나온 말이었으므로 대단한 선견지명이라 하겠다.

1940년 프랑스 북부 됭케르크 지역에 폭격이 떨어졌을 때 피란 가는 프랑스 난민들. 1945년에 수복이 된 됭케르크에는 제대로 서 있는 건물이 이전의 4분의 1 정도밖에 남지 않았다.

이 말이 나온 뒤 10년 후에 서구 유럽 국가의 경제적 기반이 정치적 기반보다 더 분명하게 흔들리기 시작했다. 산업 국가의 선두 주자인 미국에서도 1,000만 명의 실업자들이 생겨났다. 유럽 산업 국가들은 그 정도까지는 아니었지만 경제 체제의 기반이 튼튼하다고 믿었던 자신감은 사라진 상태였다.

일부 국가에서는 재무장하면서 산업이 살아나기도 했지만, 국제적 협력으로 경제적 회복을 꾀하려던 시도는 1933년 세계 경제 회의가 결렬되면서 무산되었다. 이렇게 되자 각국은 각자의 길을 가게 되었다. 결국 영국조차 자유 무역을 포기하게 되었다.

여전히 많은 사람들이 자유방임주의를 지지했지만 경제적 자유방임의 시대는 끝이 났다. 1939년경에 각국 정부는 상업을 중시하던 중상주의의 전성기 이래로 실행하지 않았던 경제 개입 정책을 실시했다.

학문과 윤리 분야의 추세 변화

19세기의 정치적, 경제적 이론들이 사라졌다면 여타의 분야에서도 마찬가지였다. 정치적, 경제적 변화에 비해 학문적, 윤리적 변화에 대해서는 말하기가 더 어렵다. 많은 사람들이 여전히 구식 사고방식에 얽매여 있었지만 생각과 여론을 이끄는 엘리트들에게 전통적 기반은 더 이상 확고한 것이 아니었다.

많은 사람들이 여전히 종교 행사에 참여하고 있기는 했다. 물론 기독교 국가에서조차 그런 사람들은 상대적으로 소수자 집단에 속했고, 산업 도시에 사는 대중들은 기독교가 지배하던 세상에 살지 않았다. 종교적 제도나 상징들이 없어진다고 해도 그들의 삶에 별다른 영향을 주지 않게 될 것이다.

지식인들의 삶도 똑같았다. 그런데 그들은 종교의 부재보다 더 큰 문제에 직면하게 되었다. 18세기부터 기독교의 자리를 대체했던 자유주의 사상이 이제 무용지물로 치부되었다. 1920년대와 1930년대에는 이제까지 확

1926년의 한 나이트클럽 내부 모습. 경제 회복이였던 '광란의 1920년대'는 많은 사람들이 끔찍했던 제1차 세계 대전의 공포를 뒤로 하고 새 삶을 즐기던 때였다. 이 시기에는 위와 같은 나이트클럽들이 인기였다.

연대표(1919~1945년)

| 1900년 | 1919~1920년
파리강화조약/
바이마르공화국 성립 | 1929년
월스트리트 붕괴 | 1931년
일본의 만주 침략 | 1933년
히틀러 정권 수립/
미국의 뉴딜 정책 | 1936~1939년
스페인 내전/독일의 체코 점령/
독일의 오스트리아 합병 | 1939년
독소 불가침 조약/폴란드 분할/
제2차 세계 대전 발발 | 1941년
일본의 진주만 공격 | 1945년
히로시마와 나가사키에 원자 폭탄 투하/
제2차 세계 대전 종식/국제연합 창설 | 1950년 |

예술과 변화하는 가치들

20세기 초에 주요 과학적 발견과 이론이 나오면서 19세기에 확고했던 과학적, 문화적 패러다임이 무너지기 시작했다. 다윈의 진화론에서 유래된 새로운 사상들은 넓게 영향을 미쳤고 프로이트의 무의식에 대한 연구도 마찬가지였다.

또한 상대주의 이론이 형성되면서 인간의 태도에도 많은 변화가 있었다. 인간은 다른 동물에 비해 그렇게 뛰어나지도 않고 항상 이성에 의해서만 움직이는 합리적인 존재도 아니며 시간과 공간 또한 절대적인 가치를 지니지 않는다는 생각이 팽배해졌다.

19세기 후반의 철학자들, 특히 쇼펜하우어와 니체는 문학과 음악 분야에 상당한 영향을 끼쳤다. 시대 정신의 영향을 받은 예술가들은 자연주의에서 벗어나 개인적 세계에 심취했다. 문학 분야에서는 버지니아 울프, 제임스 조이스, 프란츠 카프카 등이 인간의 자아를 탐구했으며 이들은 20세기 내러티브 문학의 기반을 제공했다. 음악 분야에서는 12음을 모두 사용하는 기술이 1923년 쇤베르크에 의해 처음 사용되어 고전적인 성조 체계의 대안으로 떠올랐다. 회화 분야에서는 인상주의가 입체주의로 옮겨 간 후 다다이즘과 초현실주의가 나타났다.

스페인의 화가 호안 미로(1893~1983)가 그린 '동물 구성'. 그는 추상 미술과 초현실주의 분야의 대표 화가이다.

실한 것으로 여겨졌던 개인의 자율과 객관적 윤리 기준, 이성, 부모의 권위, 논리 정연한 우주 법칙 같은 자유주의적 생각들이 자유 무역에 대한 믿음과 마찬가지로 힘을 잃어 가고 있었다.

예술 분야의 변화

변화의 양상은 예술 분야에서 가장 두드러졌다. 인본주의 시대 이래로 300~400년 동안 유럽인들은 예술이 원칙적으로 보통 사람들에게도 통하는 열망과 통찰력, 즐거움을 제공한다고 믿었다. 예술 작품이 예외적으로 뛰어난 것이거나 모든 사람이 항상 향유할 수는 없는 추상적 형태라 할지라도, 교양을 갖춘 개인이 시간을 들여 공부하면 예술품의 가치를 인식하고 즐길 수 있을 것이라는 생각이 그 시대의 통념이었다.

예술은 공통된 가치를 지닌 공통된 문화의 발현이라고 생각하던 통념이 낭만주의 운동을 거쳐 19세기에 이르러 예술가를 천재로 이상화하고 전위 예술의 개념이 형성되면서부터 흔들리기 시작했다. 20세기 들어 10년이 지나자 이미 전문가의 눈으로도 이해하기 어려운 동시대 작품들이 쏟아져 나왔다. 가장 좋은 예로 회화 분야에서 나타난 전위적 이미지 배치를 들 수 있다.

구상화에서 벗어나려는 시도는 가장 가깝게는 입체주의 운동과 맥을 같이 하고 있었지만 이 시기에는 입체주의보다 훨씬 더 난해하고 평범한 '교양인'의 인식을 넘어선 작품들만이 나왔다. 예술가들은 점점 더 접근하기 어려운 개인적 이미지에 몰두하게 되었고, 이러한 경향이 이어져 다다이즘*과 초현실주의가 생겨났다.

1918년 이후의 시기는 해체에 가장 큰 관심을 두었다. 초현실주의에서는 대상의 구현은 말할 것도 없이 그 대상이라는 개념조차도 사라졌다. 한 초현실주의자가 말하길, 이 운동은 "이성에 의한 모든 통제와 미학적, 윤리적 고정관념을 벗어난 사고"를 의미한다고 했다. 우연과 상징주의, 충격, 암시, 폭력적 기법을 통해 초현실주의자들은 의식 그 자체를 뛰어넘고자 했다. 이는 그 시대 많은 작가들과 음악가들이 추구하던 바와도 일치했다. 이런 현상들은 유럽 시대의 최종 산물인 자유주의 문화가 쇠퇴하고 있다는 사실을 여러 형태로 보여 주는 증거였다. 이러한 해체적인 운동들이 생기게 된 이유는 전통 문화가 무의식에 놓여 있는 감정과 경험을 배제하고 너무 제한되어 있다는 인식이 팽배했기 때문이다. 이러한 인식과 의견을 같이하는 사람들은 한 사람의 책을 읽었을 가능성이 컸다. 이 사람은 20세기에 '무의식'이라는 새로운 언어를 제공했으며 인간 삶의 비밀은 무의식에 놓여 있다는 확신을 준 지그문트 프로이트였다.

지그문트 프로이트의 역할

프로이트는 정신 분석학의 창시자였다. 그는 뉴턴이나 다윈과 마찬가지로 문화의 역사상 한 획을 그은 인물이다. 그는 사람들이 자기 자신을 바라보는 방식을 바꾸었기 때문이다. 프로이트는 보통의 대화 속에 새로운 개념들을 도입한 사람이기도 했다. 현재 우리들은 '콤플렉스', '무의식', '집착' 같은 단어에 특별한 의미를 부여하고 있다. '프로이트적 실언', 내재된 성욕을 뜻하는 '리비도' 같은 친숙한 용어들 또한 프로이트의 학문이 얼마나 영향력이 컸는지를 알려 준다.

프로이트의 영향력은 문학과 개인적 관계, 교육, 정치에 급속도로 퍼졌다. 많은 예언자들처럼 프로이트의 말은 왜곡되기도 했다. 그가 행한 구체적인 임상 연구 결과보다는 사람들이 믿고자 하는 바가 더욱 중요하게 인식되었다. 뉴턴이나 다윈처럼 프로이트도 과학을 넘어선 새로운 사회적 신화를 창조한 주인공이 되었다. 이 신화는 매우 파괴적인 영향력을 발휘했다.

프로이트의 주장으로 인해 사람들은 무의식이야말로 가장 중요한 행동의 원천이며 인간의 도덕적 가치와 사고방식들도 무의식의 반영일 뿐이라는 생각을 갖게 되었다. 따라서 사람들은 인간의 책임감이라는 것은 믿을 만한 것이 못 되며, 결국 인간의 이성이라는 것

*다다이즘
사회적, 예술적 전통을 부정하고 반이성, 반도덕, 반예술을 표방한 예술 운동. 제1차 세계 대전 중 스위스 취리히에서 일어나 1920년대 유럽에서 성행했다. 허무주의적이고 반합리주의적인 다다이즘은 이후 초현실주의로 계승되었으며, 대표적인 인물로는 브르통, 아라공, 엘뤼아르, 뒤샹, 아르프 등이 있다.

지그문트 프로이트(1856~1939)의 모습. 빈에서 이루어진 그의 업적은 인류의 인간 의식에 대한 생각을 바꾸어 놓았다. 히틀러는 오스트리아를 병합한 후 프로이트의 책을 불태웠다. 프로이트가 유대인이었기 때문이다.

도 환상에 불과하다는 결론을 내리게 되었다.

이들에게는 이러한 결론이 진실이라면 프로이트의 주장도 인간 이성에 의한 추론이기 때문에 믿을 만한 것이 되지 못한다는 사실은 중요하지 않았다. 또한 자신들의 결론이 프로이트 이론의 과학적인 사항과 비과학적인 사항을 나누어 생각하지 않고 둘 모두를 무시한 처사라는 점도 중요하지 않았다.

중요한 점은 많은 사람들이 프로이트가 그런 결과를 입증했다고 믿었다는 사실이었다. 이런 믿음으로 인해 자유주의 문명의 근간을 이루는 이성, 확실성, 의식적 행동을 하는 개인 같은 개념들이 의문시되기에 이르렀다. 프로이트의 생각은 확실성의 부재와 인간의 약한 기반이라는 사고를 도출해 내게 되었다. 뿐만 아니라 특히 두 차례의 세계 대전 사이에 지식인의 삶에 커다란 영향을 끼쳤다.

이러한 프로이트의 영향과 예술 분야의 혼란, 뉴턴의 과학관을 포기한 듯 보이는 과학계 등, 갑작스러운 변화에 몰린 사람들은 그들이 의지할 만한 새로운 신화와 기준을 찾는 데 몰두했다. 정치적으로는 이러한 시대 변화로 인해 파시즘과 마르크스주의, 비합리적인 극단적 민족주의가 나타났다. 이제 사람들은 관용이나 민주주의, 개인의 자유 같은 말에는 공감하지 못하게 되었다.

다시 불거진 독일 문제

구시대적인 자유주의 사상에서 벗어나자, 갈수록 불확실해지는 1930년대의 국제 관계를 다루기가 더욱 어려워졌다. 암운이 드리워진 중심지는 유럽이었다. 독일 문제가 일본보다 더 큰 위협으로 다가왔기 때문이다. 1918년에 독일이 완전히 패망한 것은 아니었다. 따라서 독일이 언젠가 다시 한 번 힘을 행사할 것이었다.

독일의 지정학적 위치와 인구, 산업화 정도로 볼 때 통일 독일이 어떤 방식으로든 중부 유럽을 지배하고 프랑스에 위협이 되리라는 점은 분명했다. 문제는 전쟁 없이 독일에 맞설 수 있느냐 하는 것이었다. 소수의 기이한 사람들만이 1871년에 통일을 이룬 독일을 다시 분열시킴으로써 이 문제를 해결할 수 있을 것이라고 생각했다.

독일인들은 곧바로 파리강화조약의 개정을 요구하기 시작했다. 1920년대에는 희망적 분위기 속에서 잘 막을 수 있었던 독일의 요구는 결국 수습하지 못할 지경에 이르렀다. 전쟁 배상금의 실질적인 부담은 서서히 사라졌고 중부 유럽의 안전보장을 위해 체결된 로카르노 조약 체결이 최대 성과로 간주되었다. 이 조약에서 독일은 파리강화회의 때 체결된 서부 국경의 영토 조건에 동의했다.

그러나 로카르노 조약은 동부 국경에 대한 경계를 확정하지 않고 있어서 앞으로 더 큰 문제가 일어날 가능성을 남겼다. 즉, 전력을 보건대 과연 독일처럼 강대한 나라가 이웃

다른 유럽 정부 대표를 만나기 위해 베를린을 떠나는 독일 대표단. 1925년 이들은 로카르노 조약에 서명하게 된다. 이 조약은 국제 갈등을 외교로 해결한 성공적인 사례였다.

독일 바이마르공화국의 초대 대통령인 프리드리히 에버트(1871~1925)가 1919년 3월 제헌 의회에서 연설하는 모습.

국가와 균형적이고 평화로운 방법으로 관계를 유지해 나갈 수 있겠는가 하는 문제를 남기게 된 것이다.

바이마르공화국

대부분의 사람들은 독일에 민주적인 공화국이 세워져서 독일 문제가 해결되었기를 바랐다. 공화국의 제도를 통해 독일 사회와 문명이 순조롭고 좋은 방향으로 재구축되기를 원했던 것이다. 제헌 의회가 모였던 장소의 이름을 딴 바이마르공화국의 헌법은 자유주의에 입각한 아주 완벽한 것이었지만 대다수의 독일인들은 처음부터 탐탁지 않아 했다.

경제 공황이 바이마르공화국의 좁은 입지를 흔들자 공화국의 탄생으로 인해 독일 문제가 해결되리라는 생각은 환상에 불과했다는 사실이 드러났다. 경제 공황으로 공화국의 경제적 기반이 약해지면서 이제껏 숨죽이고 있었던 파괴적인 민족주의 세력이 활개를 치기 시작했다. 이렇게 되자 독일을 제어하는 일이 다시금 국제적 문제로 떠올랐다.

그러나 수많은 이유로 인해 1930년대는 한 국가의 봉쇄가 쉽지 않은 힘든 시기였다. 우선 세계 경제 공황의 찬 서리가 상대적으로 취약한 농업 경제국인 신생 동부 유럽 국가들을 강타했다. 프랑스는 항상 독일의 부흥을 막을 연합 세력을 찾고 있었지만, 그 연합 세력들도 심각하게 힘을 잃어 가던 상태였다. 게다가 열강의 대열에 다시 끼게 된 소련은 기존의 연합 세력들과는 다른 국가적 특성 때문에 독일 봉쇄에 가담하고 싶어도 그럴 수 없는 상황이었다.

소련은 다른 국가와 차별되는 이데올로기를 가지고 있었기 때문에 영국과 프랑스와의 협력은 불가능했으며, 전략적 정책도 전혀 달랐다. 소비에트 세력은 동부 유럽 국가를

1929년 월스트리트 붕괴

1920년대에 미국은 이미 산업화를 이룬 국가였다. 전후 시기의 경제 활황을 타고 미국 경제에 대한 낙관주의와 자신감이 넘쳐흐르고 있었다. 많은 투자자들은 월스트리트에 투자함으로써 큰돈을 벌 수 있는 시기가 도래했다고 믿었다. 주식 거래에 익숙하지 않던 사람들조차도 증권에 손을 대기 시작했다.

1928년 봄 뉴욕 증권 거래소 지수는 아주 높은 낙관적 전망에 힘입어 25포인트나 상승했다. 모두 산업과 농업 부문의 높은 수치 덕분이었다. 증권에 대한 투기적 과열 현상으로 1929년 1월에 지수는 30포인트나 더 올랐다. 그해 여름 동안 수백만 명의 투자자들이 주식을 매수했고 주가가 오르기를 희망했다.

그러나 10월이 되자 위기가 닥쳤다. 사람들은 주식을 매도하기 시작했고 주가는 엄청나게 떨어지기 시작했다. 가장 최악은 10월 29일로, 그날 종합 지수가 43포인트나 떨어졌다. 엄청난 매도세로 그날 하루만에 1,600만 주가 쏟아져 나왔다. 11월 3일 산업 지수는 두 달 전에 비해 절반으로 뚝 떨어졌다.

주식 시장의 붕괴는 여러 가지 여파를 남겼다. 많은 은행들이 부채를 갚을 수 없어 차례로 문을 닫게 되었다. 1929년에 642개, 1930년에 1,945개, 1931년에 2,298개의 은행이 도산했다. 이와 비슷한 재난이 유럽에서도 일어났다. 많은 유럽의 은행은 전쟁 때의 부채와 전후 재건 비용 대부 문제로 미국의 은행과 밀접한 관계를 맺고 있었기 때문이다. 미국 자본이 갑자기 회수되자 유럽까지 경제 위기에 봉착하게 되었다.

1929년 10월 뉴욕에서 한 남자가 자신의 자동차를 팔고 있는 모습. 월스트리트 붕괴 후 신용으로 주식을 샀던 사람들은 현금으로 그 손실을 메워야 했다. 이 남자처럼 많은 주식 투기자들은 물건들을 내다 팔았다.

신문에는 파산한 사람들의 이야기가 넘쳐났다. 호텔 창문으로 뛰어내리려면 줄을 서야 한다는 한 코미디언의 신랄한 말은 현실을 잘 나타내고 있었다. 10월 29일에만 11명의 금융업자들이 자살했다.

도시 실업자들은 길게 늘어서서 무료 급식을 받고, 시골 지방의 사람들은 기아에 허덕였다. 이러한 경제 대공황의 모습은 곧 세계적인 현상이 되었다.

거치지 않고서는 중부 유럽에 영향을 끼칠 수 없었다. 동부 유럽은 항상 소련과 공산주의 위협에 시달렸으며 결국 루마니아, 폴란드, 에스토니아와 라트비아, 리투아니아를 일컫는 발트 3국이 예전 러시아의 영토에 건설되었다.

전쟁 전의 미국 대륙

소련과 마찬가지로 미국도 독일 봉쇄에는 도움이 되지 못하는 실정이었다. 윌슨 대통령이 미국을 국제연맹에 가입하도록 국민들을 설득하지 못한 후, 미국의 외교 정책 경향은 고립주의로 돌아섰다. 고립주의 정책은 미국의 전통적 사상에 부합했다. 제1차 세계 대전 때 유럽에 군인으로 참전했던 미국인들은 또다시 그런 경험을 되풀이하기를 원하지 않았다.

1920년대에 경제 활황으로 합리화되었던 고립주의는 역설적이게도 1930년대의 경제 침체기에도 정당화되고 있었다. 경기 침체의 원인을 유럽 탓으로 돌리고 있던 미국인들은 또다시 유럽의 문제에 연루되고 싶어 하지 않았다. 전쟁 중에 쌓인 빚은 국제적 자금난 때문이라는 생각에 미국인들은 엄청난 심리적 충격을 받았던 것이다.

어쨌든 미국인들은 자신들에게 밀어닥친 경제 대공황을 해결하기에도 바쁜 상황이었다. 이런 분위기는 1932년 민주당 대통령이 선출될 때까지 계속되었다. 새로운 대통령과 함께 미국은 중요한 변화를 맞게 되는데, 이 사실은 전혀 예상치 못했다.

프랭클린 루스벨트 대통령

1932년부터 미국은 민주당의 다섯 번 연속 재임 성공으로 민주당 출신 대통령이 이끌었다. 그중 처음 네 번은 프랭클린 루스벨트 대통령이었다. 네 번이나 연속적으로 대통령 후보에 오른다는 것은 전례가 없던 일이었던 데다가 계속 선거에서 이긴 것도 아주 놀라운 일이었다. 더군다나 매번 압도적 표 차이로 이긴 일은 혁명과도 같았다. 남북 전쟁 이후로 대선에서 이렇게 압도적인 승리를 거둔 민주당 후보는 없었으며, 이 기록은 1964년까지 깨지지 않았다.

1932년 선거 홍보 열차에 탑승한 프랭클린 루스벨트 대통령(1882~1945, 오른쪽). 상대편인 공화당은 경제 대공황으로 잃어버린 신용을 되찾는 데 20년이 걸렸다.

게다가 루스벨트 대통령은 부유한 명문 출신 인사였다. 그런 그가 20세기 초 최고 지도자의 반열에 올랐다는 사실은 놀라운 일일 수밖에 없었다. 기본적으로 대선 시합은 희망과 절망의 대결 구도였고, 루스벨트는 경제 공황을 극복할 것이라는 자신감에 찬 희망의 공약으로 큰 지지를 얻었다.

루스벨트가 당선되자 정치적 변화가 뒤따랐다. 남부인과 빈곤층, 농업인, 흑인, 자유주의 지식인 등 사회 소외 계급을 아우르는 민주당 연합이 구축되어 미국 사회를 이끌었으며, 이는 민주당이 폭넓은 지지를 얻는 기반이 되었다.

뉴딜 정책

루스벨트의 성공에는 환상이 어느 정도 작용했다. 루스벨트 행정부가 실시한 '뉴딜' 정책

제2차 세계 대전 57

은 1939년에 이르러서도 만족스러운 결과를 내지 못하고 있었다. 그런데도 이 정책으로 인해 미국의 자본주의 사상과 정부의 경제 개입에 대한 생각에 변화가 일어났다. 큰 규모의 고용 안정 프로그램이 실시되었고, 수백만 명의 실업자들이 공공사업에 투입되었다. 새로운 자금 규율 정책이 도입되었고, 정부 주도하에 테네시 계곡의 수력 발전 사업이 시작되었다.

결과적으로 이러한 새 정부의 실험적 정책은 쓰러져 가던 자본주의에 새 생명을 불어넣었다. 뉴딜 정책하에서 연방 정부의 사회 장악력과 규제력이 가장 큰 힘을 발휘했으며, 이런 상황은 이미 돌이킬 수 없는 현실이 되어 있었다. 결국 미국의 정치는 집산주의 경향을 강하게 띠게 되었고, 이는 20세기의 다른 국가에도 영향을 주었다. 이런 점에서 루스벨트 시대는 역사적으로 결정적인 시기였다.

남북 전쟁 이후로 변함없던 미국의 정치적 역사가 바뀐 시기가 바로 루스벨트 시대였다. 루스벨트 행정부는 거대한 규모의 공공사업을 벌여 경제에 대한 정부 개입 정책을 최초로 도입함으로써 파시즘과 공산주의에 맞설 민주주의적 대안을 제공했다.

이 업적은 경제학자들이 아니라 민주주의적 과정에 초점을 맞춘 정치인들의 선택 덕분이라는 점이 가장 인상적이다. 물론 일부 경제학자들 역시 자본주의 국가에서도 대규모 중앙 관리 경제 체제를 도입해야 한다고 주장하고 있었다. 그러나 뉴딜 정책의 성공은 미국의 정치 제도가 얼마나 국민들이 원하는 바를 정확하게 실현해 낼 수 있는지를 극명하게 보여 준 미국 정치의 성공 사례라고 할 수 있다.

유럽의 외교 문제

미국의 정치는 외교 정책에 있어서도 대다수의 미국인들이 원하는 방향을 향할 수밖에 없었다. 루스벨트 대통령은 미국이 계속 고립주의를 고수할 때 초래될 수 있는 위험성을 잘 인식하고 있었다. 그러나 그러한 견해를 서서히 드러내야만 했다.

소련과 미국의 협력을 기대할 수 없게 되자 독일의 재부흥 시도를 견제하는 일은 고스란히 서구 유럽 열강의 몫으로 남게 되었다. 어쩔 수 없이 영국과 프랑스가 유럽의 경찰 역할을 해야 할 처지에 놓였다. 그러나 양국은 과거에 러시아가 협력을 했던 때에도 독일을 다루기가 힘들었던 기억이 있었다. 게다가 영국과 프랑스는 1918년 이래로 사이가 좋지 않았다. 또한 양국은 군사적 열세에 있었다.

프랑스는 독일이 재무장을 감행하면 자국이 인력에서는 열세라는 사실을 인식하고 있었기 때문에, 요새화를 통한 전략적 방어 프로그램에 공을 들였다. 그러나 요새는 보기에 웅장하지만 방어가 아닌 공격 상황에서는

루스벨트 대통령의 승인이 떨어지자마자 1934년부터 배포되기 시작한 테네시 강 유역 개발 공사 TVA의 상징 마크. 테네시 강 유역을 개발하겠다는 정부의 야심찬 프로젝트는 수천 개의 일자리를 창출했고, 미국의 전력 생산 수준을 높이 끌어올렸다.

1935년 10월 이탈리아의 에티오피아 침공 당시, 그 지역 사람들이 무솔리니의 초상화에 경의를 표하는 모습. 그들은 무솔리니를 '위대한 백인 지도자'로 생각하고 있었다. 1936년 5월 이탈리아의 에티오피아 병합이 완수되었다. 에티오피아는 1941년까지 이탈리아의 지배를 받았다.

효과적이지 못하다. 영국의 강력했던 해군도 더 이상 무적함대가 아니었고, 1914년처럼 유럽의 해양에만 집중할 수 있었던 때와는 상황이 달라졌다.

영국 정부는 자국의 군사력에 대한 세계적인 저항이 거세지면서 군비 지출 삭감 정책을 오랫동안 펼쳐 왔다. 경제 공황이라는 상황도 군비 삭감을 더욱 부추겼다. 군비 지출로 인한 인플레이션 발생을 우려했기 때문이었다. 많은 영국 유권자들은 독일의 불만이 정당하다고 믿고 있었다. 그들은 독일 식민지를 반환하면서까지 독일 민족 자결주의에 지지를 보냈다.

또한 영국과 프랑스는 이탈리아라는 복병을 맞게 되었다. 1938년이 되자 무솔리니 집권하의 이탈리아가 독일 봉쇄에 협력할 가능성은 완전히 사라져 버렸다.

이탈리아의 에티오피아 침공

1935년 이탈리아가 뒤늦게 아프리카 쟁탈전에 뛰어들면서 이탈리아가 영국, 프랑스와 연합하지 않을 것이라는 추측이 사실로 드러났다. 이탈리아가 에티오피아를 침공했던 것이다. 이러한 이탈리아의 행동으로 인해 국제연맹의 역할 문제가 도마에 올랐다. 국제연맹 내의 한 국가가 다른 국가를 공격하는 것은 분명히 조약 위반이었기 때문이다.

영국과 프랑스는 곤란한 상황에 놓여 있었다. 강대국이자 지중해와 아프리카 대륙의 강자로서 양국은 국제연맹 내에서 이탈리아에 대한 비난을 이끌어야 할 입장이었다. 그러나 양국은 독일 봉쇄 시 이탈리아와 협력할 수 있는 가능성을 남겨 두기 위해서 이탈리아를 강하게 비난하지 않고 유야무야 넘어갔다.

그 결과는 최악이었다. 국제연맹은 무력 방

지라는 목적을 달성하지 못했고, 이탈리아는 영국과 프랑스의 바람과는 정반대로 멀어졌다. 에티오피아의 독립은 그 후 6년이 지나서 이루어졌다.

이데올로기와 국제 관계

국제연맹이 이탈리아의 에티오피아 침공을 막지 못했던 일은 치명적 실수였다. 그러나 돌이켜 보건대 이러한 역사적 사실들이 뒤엉켜 전개될 때 정확히 어느 단계에서 수습 불가의 상황이 되는지를 짚어 내기란 불가능하다. 독일에 급진적으로 세워진 정권은 분명히 주요한 전환점 역할을 했다. 그러나 경제 공황이 이보다 먼저 일어난 사건이었으며 이같은 독일 정권 수립이 가능했던 이유도 경제 공황 덕분이라 할 수 있었다.

경제 공황은 또 다른 중요한 영향을 끼쳤다. 1930년대에 일어난 모든 일들은 이데올로기적 해석의 대상이 되었고 경제 공황으로 인해 계층 갈등이 심화되자 정치인들은 저마다 국제 관계에 따른 사건들을 두고 파시즘 대 공산주의, 좌익 대 우익, 민주 정권 대 독재 정권 같은 대결 구도로 파악했다.

이렇게 이데올로기적 대결 구도로 해석하는 일은 이탈리아가 독일과 연합하여 공산주의 반대 노선을 걷게 된 후 더욱 용이해졌다. 무솔리니는 에티오피아 침공에 대한 영국과 프랑스의 미적지근한 반응에 분개하여 독일과 연합하게 된 것이었다.

그러나 이러한 이데올로기적 해석으로 인해 중요한 점을 놓치게 되기도 했다. 1930년대에 일어난 모든 국제적 사건을 이데올로기적 잣대로 해석하다 보니 정작 가장 중요한 독일 문제의 본질을 짚어 내지 못하게 되어 결과적으로 문제 해결이 더 힘든 상황에 이르렀다.

소련의 상황

소련의 선전 활동도 중요했다. 1930년대 소련의 국내 상황은 불안정했다. 산업화 정책은 무거운 부담과 희생을 낳았고, 힘든 상황은 야만스러운 독재 정권에 의해 통제되고 있었다. 소련의 독재 정치는 갈수록 심해져서 농민들을 대상으로 한 토지 공유화 사업에서뿐만 아니라 1934년 이후로는 정권 내의 핵심 당원들에게까지 공포의 칼날을 들이대고 있었다.

5년 동안 수백만 명의 러시아인들이 숙청되고 감옥에 갇히거나 망명했으며, 때로는 강제 노역에 시달렸다. 소련 법정에서 비굴한 모습으로 괴상한 '자아비판'을 하는 피고인들을 세계인들은 놀란 눈으로 바라보았다. 장군들 중 열에 아홉, 장교들의 반수는 법정에 서게 되었다. 1939년경에는 1934년 당 대회에 참석했던 대표단의 반 이상이 체포되었다. 이렇게 몇 년 사이에 공산당원들의 세대 교체가 이루어졌다.

외국인들은 무슨 일이 일어나고 있는지 확신하기 어려웠지만, 내국인들은 소련이라는

1924년 스탈린이 정권을 잡은 후 공산당이 점점 비민주적으로 변질되는 것을 끈질기게 비판했던 트로츠키. 그의 주장은 많은 적을 만들었고 결국 1929년 소련을 떠나 망명했다. 이후 10년간 스탈린 정권은 수천 명의 소련 시민들을 정치적 반대자라는 이유로 숙청했다. 이를 피해 망명하는 사람도 많았다. 트로츠키는 1940년 멕시코에서 스탈린에 의해 암살당했다.

1936년 프랑스 선거일에 파리의 생 드니에 모여든 투표자들. 이 선거로 좌파 자유주의 인민 전선 연합 정부가 수립되었다. 이 정부는 1938년까지 프랑스를 이끌었다. 프랑스 공산당은 정부를 지지하기는 했지만 직접 정치에 참여하지 않았다. 공산당은 만약 자신들이 정치에 참여함으로써 노동자들 사이의 불안이 현 상태 이상으로 고조된다면, 정국이 혼란에 빠져 프랑스가 파시스트들의 침략 대상이 되고 말 것이라는 점을 잘 인식하고 있었다.

나라가 결코 문명화된 자유 국가가 아닐뿐더러 반드시 강한 우방이 되어 줄 국가는 아니라는 점을 분명히 알고 있었다.

소련의 선전 활동이 국제적 상황에 직접적인 영향을 끼쳤다. 이러한 행동은 항상 외부의 공격이나 압력을 받고 있다는 포위 의식에 사로잡혀 있던 소련의 의도적인 도발이었다. 포위 의식이란 원래 마르크스주의에서 나온 것으로, 항시 긴장을 풀지 않고 우리가 아니면 적이라는 생각을 가지는 것을 뜻한다. 1918~1922년 사이에 벌어졌던 적극적인 선전 활동이 1930년대에도 장려되고 있었다.

포위 의식이 소련을 잠식하고 있는 동안 바깥에서는 코민테른의 국제적 계급투쟁에 대한 설교가 한창이었다. 이로 인한 결과는 예상 가능할 수 있었다. 보수주의자들의 두려움이 더욱 커졌던 것이다. 좌익 세력에 조금이라도 밀리면 바로 소련의 승리로 간주되기 십상이었다. 결과적으로 우익 세력은 더욱 강하게 일치단결하게 되었으며, 이에 맞서 공산주의자들도 계급 갈등과 혁명은 불가피하다는 점을 보여 주기 위해 혈안이 되어 있었다.

공산주의에 거부반응을 보이는 유럽

공산주의자들의 희망에도 불구하고 공산주의 혁명은 단 한 번도 성공하지 못했다. 제1차 세계 대전이 끝난 후 혁명적 위험 요소들은 급속도로 진정되었다. 영국에서는 노동당 정부가 1920년대를 지배했으며, 1931년 경제 불황으로 인해 보수 연합당으로 대체되었다. 보수 연합당 정권은 압도적인 지지를 받았고 점진적으로 사회 행정 개혁을 추진하는 영국의 전통을 충실히 따랐다. 이러한 전통으로 인해 영국은 일찍이 '복지 국가' 대열에 들어설 수 있었다.

스칸디나비아 반도의 국가들도 이처럼 점진적 개혁을 추구하는 방식을 따랐다. 이들 나라는 정치적 민주주의와 실용적 사회주의의 병용을 자랑스럽게 생각했다. 이런 방식은 공산주의와는 달랐다. 크고 활동적인 공산당이 있는 프랑스에서조차 경제 공황이 일어난 후에도 대다수 유권자의 마음을 사로잡지는 못했다.

독일에서 1933년 이전에는 공산당이 더 많은 표를 얻을 수 있었지만, 이제 노동자 계급 운동을 이끄는 것은 사회 민주당의 몫이 되어 있었다. 그 밖의 국가에서 공산주의 혁명이 성공할 가능성은 더욱 적었다. 스페인에서 공산주의자들은 사회주의자와 무정부주의자와 경쟁해야 했다.

스페인의 보수주의자들은 분명히 공산주의를 두려워했으며, 1931년 수립된 공화국 저변에 흐르는 사회주의 혁명 추세도 우려할 만했다. 그러나 그들은 스페인 공산주의보다 더 실질적인 위험이 다가오고 있는 것을 느끼고 있었다.

| 아돌프 히틀러 |

이데올로기적 해석은 공산주의자가 아닌 많은 사람들에게도 큰 영향을 끼쳤다. 독일의 새로운 지배자인 아돌프 히틀러가 정권을 잡

> ### 히틀러의 『나의 투쟁』
>
> 국가 부흥을 위해서라면 어떤 사회적 희생도 불사해야 한다. 오늘날 노동자 계급에게 돌아가는 경제적 몫이 아무리 크더라도 그들이 국가를 위해 더 많은 이득을 돌려준다면 그 모든 이익은 국가 전체의 것이 되는 것이다. 자본가 계급에서 자주 볼 수 있는 근시안적인 멍청이들만이 이를 깨닫지 못하고 있다. 장기적으로 볼 때 국가 내부의 일치단결이 이루어져야만 경제적 발전도, 그에 따른 경제적 이득도 누릴 수 있다는 사실을 말이다.
>
> 제1차 세계 대전 기간 동안 독일의 노동조합들이 노동자 계급의 이득을 가차 없이 보호했다면, 이윤만 밝히는 자본가들에게 몇 천 번이나 파업을 일으켜 노동자 계급의 요구 사항을 관철시켰더라면, 또한 국방 문제에서도 똑같은 열정으로 독일 민족정신을 고수했더라면, 조국에 대한 맹렬한 충심으로 단결했다면 우리는 전쟁에서 지지 않았을 것이다.
>
> *1929년 아돌프 히틀러의 책, 『마인 캄프(나의 투쟁)』에서 발췌*

* **국가 사회주의**
계급투쟁을 부정하고, 국가의 권력을 통해 자본주의의 문제를 해결하려는 사상. 특히 독일 나치의 이념을 가리킨다. 열광적인 민족주의, 대중 선동, 독재정치 등 이탈리아 파시즘과 유사하면서도 이보다 더 극단적인 양상을 보였다.

1936년 독일에 새로이 문을 연 폭스바겐 자동차 생산 공장의 기념식에서 연설을 하고 있는 히틀러(1889~1945).

으면서 이데올로기적 해석은 더욱 강화되었다. 아돌프 히틀러가 정권을 잡은 사실을 보면 그가 정치적 천재라는 사실을 부인할 수는 없지만, 그가 추구하는 목표들을 보면 그가 완전히 제정신이라고 말하기도 어려웠다.

1920년대 초만 해도 히틀러는 정부 전복 시도에 실패한 선동가일 뿐이었다. 그는 최면을 거는 듯한 위력적인 연설에서뿐만 아니라 길고 재미없는 자서전격 책 속에서도 그의 광적인 민족주의와 반유대주의 사상을 펼쳤다.

1933년 '나치', 즉 국가 사회주의* 독일 노동자당이 힘을 얻어 당의 우두머리인 히틀러가 독일공화국의 총리로 임명되었다. 정치적으로 이 일은 20세기의 가장 중요한 결정적인 사건이었다. 이는 독일의 혁명을 뜻하는 것으로, 독일이 다시 침공의 길로 들어서서 끝내는 구유럽과 독일 자체를 붕괴시키고 새

1936년 베를린 올림픽 개최 당시 지도자 히틀러에게 경의를 표하는 군중들. 나치 정권은 올림픽을 계기로 히틀러가 이끄는 독일의 우수성을 온 세상에 알리고자 했다. 독일 선수들은 전 세계에 아리아인의 우수성을 보여주기 위해 최대한 많은 메달을 따야 한다는 과도한 압력에 시달렸다. 그러나 히틀러의 목표는 이루어지지 못했다. 미국인 흑인 선수인 제스 오웬이 네 개의 금메달로 '올림픽 최우수 선수'가 되었기 때문이다.

로운 세계를 탄생시켰기 때문이다.

히틀러의 요점은 간단했지만 그의 접근법은 여러 가지였다. 우선 그는 독일이 처한 곤경의 근본 원인을 설파했다. 파리강화조약이 그 첫 번째이고 국제적 자본주의자들이 두 번째 원인이었다. 그리고 독일 내 마르크스주의자와 유대인들의 반민족적 행위가 또 다른 이유였다.

또한 히틀러는 독일의 정치적 잘못을 바로잡는 일은 독일의 사회와 문화 개혁과 함께 이뤄져야 하며, 이는 독일 사회 내의 비아리아적 요소를 제거함으로써 독일 민족의 순수 아리아 혈통을 지키는 일이라고 말했다.

힘을 얻게 된 나치당

이러한 히틀러의 주장은 1922년에는 힘을 얻지 못했지만 1930년에는 독일 국회에서 77석인 공산당보다 많은 107석을 얻어 냈다. 나치당은 이미 경제 공황의 수혜자였다. 나치당이 정권을 잡게 된 이유는 여러 가지가 있지만 가장 중요한 계기는 공산주의자들이 사회주의자들과의 싸움에 너무 많은 힘을 써 버린 것이었다. 이 내분은 1920년대 내내 독일 좌익 세력의 치명적인 약점으로 작용했다.

다른 이유로는 민주 공화정하에서 반유대 정서가 커진 것을 들 수 있다. 이 상황 역시 경제 공황으로 더욱 악화되었다. 민족주의와 마찬가지로 반유대주의는 계급을 뛰어넘어 모든 독일인에게 큰 설득력이 있었다. 이와 대조적으로 모든 일을 계급투쟁으로 설명하는 공산주의는 모든 독일인의 공감을 얻지 못했다. 공산주의 사상의 본질적 특성상 계급에 따라 의견이 양분되기 때문이다.

1930년경이 되자 나치당은 독일에서 큰 세력으로 등장했다. 그들은 더 큰 지지를 얻었고 많은 지지자들을 갖게 되었다. 지지자들

1933년 2월 27일 베를린의 국회 의사당이 화염에 휩싸인 모습. 이전에 공산주의자였던 한 네덜란드인 정신 이상자가 방화의 범인으로 지목되었다. 나치당은 이 방화 사건을 공산주의 혁명의 전초전이라고 주장했다. 2월 28일 히틀러 총리는 대통령을 설득해서 임시 비상 계엄령을 공표했다. 이 계엄령은 1945년까지 계속되었다.
역사학자들은 이 화재 사건의 진의에 대해 의견이 분분하다. 일부는 히틀러의 친위대가 이 사건을 의도적으로 일으킨 것이라고 믿었고, 다른 이들은 이 방화 사건을 나치당이 권력을 잡는 데 운 좋게 이용한 것뿐이라고 생각했다.

중에는 공산주의를 반대하는 사람들과 파리 강화조약의 개정과 재무장을 원하는 민족주의자들, 정당 대표로서의 히틀러의 가치를 믿는 보수주의 정치인들도 포함되어 있었다. 과반수를 차지하지는 못했지만 나치당은 복잡한 책략을 거쳐 1932년 독일 국회의 제1당

으로 올라섰다.

1933년 1월 히틀러는 합법적으로 공화국의 수장이 되었다. 그 후에 치러진 총선에서 나치당은 라디오 독점과 위협적 선거전에도 불구하고 여전히 과반수 의석을 차지하지 못했다. 그런데 우익 의원의 일부가 나치당의 손을 들어 줌으로써 과반수를 넘게 되어 실질적인 지배력을 가질 수 있게 되었다.

나치당의 지배에서 가장 중요한 점은 비상법령에 따라 정국을 이끌었다는 것이다. 이는 국회와 의회 주권이 힘을 잃게 됨을 의미했다. 이렇게 독재적인 힘을 가지게 된 나치당은 민주주의적 제도를 하나하나 없애 나갔다. 1939년에는 독일 사회의 모든 분야가 나치당의 통제와 억압을 받게 되었다. 보수주의자들도 설 자리를 잃었다. 이들은 나치당이 기존 권위에 대한 간섭을 더욱 강화할 것이라는 사실을 금세 깨닫게 되었다.

히틀러의 야망

소련의 스탈린처럼 나치 정권도 적을 가차 없이 처단하는 공포 정치에 의존했다. 이 위협적인 힘은 유대인에게 여지없이 행사되었고, 유럽인들은 중세 유럽에 있었던 유대인 대학살 사건이 재현되는 것을 목도하게 되었다. 이는 너무나 놀라운 일이어서 독일 바깥의 많은 이들은 이러한 사실을 믿기 힘들어했다. 나치 정권의 본질에 대한 혼란 때문에 나치당의 행동에 대처하기가 더욱 힘들었다.

어떤 사람들은 히틀러를 단순히 조국 재건에 몰두한 민족주의자로 보았다. 다른 사람들은 공산주의에 저항하는 투사로 간주했다. 사람들이 히틀러를 공산주의를 막는 유용한 장벽으로 생각하고 있을 때에도 좌익 세력은 그를 단순히 자본주의에 이용되는 꼭두각시라고 생각했다.

그러나 히틀러나 그의 목표는 정형화된 틀에 맞춰 설명되지 못했다. 히틀러는 독일 사회의 분노를 가장 부정적이고 파괴적인 형태로, 소름 끼칠 정도로 극악무도하게 발산해 냈다는 것이 가장 논리적인 설명일 것이다.

경제적 난국과 정치적 냉소주의, 국제적 압력이 히틀러의 인격과 만나면서 이 모든 일들이 벌어졌다. 혼란스러운 정국 속에서 히틀러는 파괴적인 야욕을 드러낼 수 있었고 이로 인해 전 유럽인들뿐 아니라 종국에는 독일 국민들까지 고통을 겪게 되었다.

스페인 내전

독일이 1939년에 전쟁을 일으키게 될 때까지의 과정은 복잡했다. 제2차 세계 대전이 일어나는 것만큼은 막을 수 있었을 시점에 대한 의견이 지금까지도 사람마다 분분하다. 이전에는 독일의 야욕을 우려했던 이탈리아의 무솔리니가 독일과 연합을 하게 된 사건이 중요한 시점이었다. 무솔리니가 에티오피아 침공 문제로 영국 및 프랑스와 거리를 두게 된 이후, 스페인에서는 내전이 일어났다. 한 무리의 장군들이 좌익 공화국에 반기를 든 것

1935년 '유대인의 물건을 사지 말자'라는 구호가 적힌 판을 들고 있는 나치 군인들. 1935년에 제정된 뉘른베르크법은 독일 내 유대인들의 국적을 박탈하고 유대인들의 직업을 빼앗고 독일인과의 결혼도 금지했다. 이는 유럽에서 모든 유대인을 척결하겠다는 나치의 '최종적 해결'의 첫 단계 조치였다.

이었다.

히틀러와 무솔리니는 스페인의 혁명군 지도자인 프랑코 장군을 지원하기 위해 파병했다. 이 사건으로 인해 유럽이 이데올로기의 색깔에 따라 양분되기 시작했다. 히틀러와 무솔리니, 프랑코는 모두 파시즘을 신봉하는 우익 '파시스트'로 간주되었다. 소련도 각 지역 공산주의자들이 다른 좌익 세력과의 투쟁을 그만두고 우익에 대항하는 '인민전선'을 이루어 스페인을 지원하도록 외교 노선을 바꾸었다.

결과적으로 스페인은 좌익과 우익의 격전지로 여겨졌다. 이는 왜곡된 사실이었지만 이로 인해 사람들은 이제 유럽이 두 진영으로 분열되었다고 생각하게 되었다.

새로이 감행된 독일의 침략

이즈음이 되자 영국과 프랑스는 독일을 제어하기가 어렵다는 것을 인식하게 되었다. 1935년에 히틀러는 파리강화조약을 위반하고 재무장을 시작했다고 이미 밝혔다. 재무

프랑코 장군의 요청으로 독일군 전투기가 1937년 4월 게르니카의 작은 마을을 공습했을 때의 끔찍한 모습에 대한 경악과 공포를 표현한 피카소의 그림. 이 공습으로 많은 사람들이 죽음을 당했다. 그러나 이 같은 인명 살상은 시작에 불과했다.

장이 완수될 때까지 독일은 여전히 약체였다. 재무장의 첫 번째 희생지는 라인란트 지방의 '비무장' 지대였다. 독일의 군대가 파리강화조약에 의해 비무장 지대로 결정된 곳을 침입했던 것이다. 이 움직임을 저지하려는 시도는 전혀 없었다.

스페인 내전의 여파로 영국과 프랑스의 여론이 난국 속을 헤맬 때 히틀러는 오스트리아를 점령했다. 독일과 오스트리아의 합병을 금지하는 파리강화조약의 조항은 지켜지기 힘들었다. 영국과 프랑스 유권자들에게 이 사건은 독일 민족주의에 의한 합당한 일로 받아들여졌다. 오스트리아공화국은 오랫동안 내부 분란을 겪고 있었다. 안슐루스, 즉 독일에 의한 오스트리아 합병은 1938년에 일어났다.

다음 침공은 그해 가을에 일어났다. 체코슬로바키아의 한 지역을 점령한 것이다. 이 또한 민족자결주의에 의한 당연한 영토 권리 주장으로 받아들여졌다. 이 지역은 체코슬로바키아의 국가 안보에 있어서 중요한 요충지였지만, 그 지역에는 많은 게르만인들이 살고 있었다. 같은 이유로 다음 해에 리투아니아의 메멜 지방이 점령당했다.

히틀러는 예전 프로이센이 오스트리아를

1940년 히틀러와 무솔리니가 만나는 모습. 양국의 군사 협력 결정은 국제 관계에 커다란 영향을 끼쳤다.

이겼을 때 잃어버리게 된 오래된 꿈을 조금씩 실현하고 있었다. 이 꿈은 게르만족이 사는 모든 지역을 아우르는 대독일 연방을 수립하는 것이었다.

체코슬로바키아의 분할은 전환점 역할을 했다. 1938년 9월 뮌헨 회담에서 체코슬로바키아 분할이 결정되었다. 이는 히틀러를 만족시키기 위한 영국의 마지막 선물이었다. 영국 수상은 독일의 재무장이 여전히 걱정스러웠지만, 게르만족이 많이 사는 이 지역을 양보함으로써 히틀러의 야욕을 진정시키려고 했다. 이미 이때에는 파리강화조약도 유명무실해져 있었다.

폴란드 침공

그러나 히틀러는 체코슬로바키아의 분할로는 만족하지 못했고 동쪽으로 영토 확장 정책을 펴기 시작했다. 그 첫 번째 단계로 1939년 3월에 체코슬로바키아의 나머지 지역까지 흡수·병합했다. 이로 인해 폴란드의 영토 문제가 수면에 떠올랐다. 히틀러는 독일과 동프로이센을 분리하는 폴란드 회랑* 지대와 그 안의 단치히 지역의 반환을 요구했다. 이 지역들은 파리강화조약에 의해 각각 폴란드령과 중립지로 결정된 곳이었으나, 히틀러는 이에 강한 불만을 품고 있었다.

영국 정부는 주저하기는 했지만 그간의 방침을 바꾸어 폴란드와 동부 유럽 국가들에게

* **폴란드 회랑**
제1차 세계 대전 이후 베르사유 조약에 의해 패전국 독일이 폴란드에 돌려준 서프로이센과 포즈난 북부 지방. 폴란드와 발트 해를 잇는 너비 32~112km의 긴 땅이다. 이 지역은 폴란드가 자유롭고 안전하게 바다로 접근할 수 있는 유일한 통로였다.

1938년 10월 12일, 수데텐란트의 여성들이 독일군이 그 지역을 점령하자 독일군을 환영하는 모습. 독일의 오스트리아 합병이 있은 후 1938년경에는 체코슬로바키아 내에서도 게르만족이 많이 살던 수데텐란트 지방에 친나치 정서가 팽배했다.

독일 침공에 대한 보호책을 제공하기로 약속했다. 또한 영국은 소련과의 신중한 협상을 시작했다.

소련의 정책은 여전히 이해하기 어렵다. 스페인 내전 문제가 독일의 주의를 끄는 한, 소련도 스페인공화국을 계속 지원했던 것 같다. 그러는 한편, 서구 유럽의 공격에 대항할 시간을 벌기 위한 다른 방법들도 찾고 있었다. 스탈린은 영국과 프랑스가 독일을 부추겨 소련을 침략하게 할 것이라고 생각했던 것 같다. 이렇게 되면 영국과 프랑스는 소련으로 인한 걱정에서 벗어날 수 있을 것이므로 물론 양국은 그러한 노력을 기울였을 것이다.

소련이 히틀러를 견제하기 위해서 영국이나 프랑스와 협력할 가능성은 거의 없었다. 소련의 군대가 독일에 닿으려면 폴란드를 지나쳐야 하는데, 폴란드인들이 결코 허락할 리 없기 때문이었다. 따라서 소련의 외교관이 뮌헨 회담의 결정을 듣자마자 프랑스의 외교관에게 말한 대로 폴란드의 분할 외에는 방법이 없었다. 이 조치를 위한 계기가 1939년 여름에 마련되었다.

독일은 소련의 공산주의와 범슬라브주의*에 대해서, 소련은 독일의 파시즘과 자본주의 착취에 대해서 비난하는 선전 활동을 각자 벌이던 양국이 1939년 8월 폴란드 분할에 대해 합의를 보았다. 전체주의 국가들인 만큼 외교 정책을 바꾸기도 쉬웠던 모양이다.

이 협정을 믿고 히틀러는 폴란드 침공을 감행했다. 이로써 1939년 9월 1일 제2차 세계대전이 시작된 것이다. 이틀 뒤 영국과 프랑스가 폴란드 보장 약속을 지키는 입장에서 독일에 선전포고를 하기에 이르렀다.

어쩔 수 없이 가담한 영국과 프랑스

영국과 프랑스 정부는 전쟁 선포에 그다지 많은 열의를 보이지 않았다. 폴란드를 도울 수 없을 것이라는 점이 명백했기 때문이다.

* 범슬라브주의
동부와 중동부 유럽에 있는 슬라브인의 정치적, 문화적 통합을 꾀하는 사상 운동. 특히 제정 러시아 시절, 모든 슬라브족을 러시아의 황제인 차르 아래에 결합시키려 했다. 이는 독일을 중심으로 한 범게르만주의와 충돌하기도 했다.

독소 불가침 조약

1939년 봄 무렵 스탈린은 영국과 프랑스가 정말로 독일과 맞설 것인지 믿지 못했으며, 양국이 소련의 협조를 구하는 것도 그들 대신 소련을 내세워 독일을 막아 보자는 심산일 뿐이라는 결론을 내렸다. 그래서 소련의 외교관은 양측과 따로 협상을 벌여 소련의 중요성을 부각시켰다. 즉, 서구 국가들에게는 소련의 원조를, 독일에게는 소련의 중립을 믿게 했다.

1939년 8월 영국과 프랑스의 대표단이 모스크바에 있는 동안 히틀러도 소련과의 즉각적인 합의에 큰 관심을 보였다. 독일의 갑작스런 합의 노력에서 스탈린은 독일의 공격이 임박했음을 확신했다. 스탈린은 자국이 즉각적인 위험에 처하지 않을 것이라는 점을 알고 있었다. 소련은 독일과 직접 국경이 닿아 있지 않았으며 독일이 소련을 공격하기에는 너무 늦은 계절이었기 때문이다.

사실 독일은 폴란드 공격을 계획하고 있었다. 8월 23일 스탈린은 독일의 외무장관 리벤트로프를 만나서 독소 불가침 조약에 서명했다. 이 비밀 의정서에는 핀란드, 에스토니아, 리투아니아, 폴란드의 넓은 지역, 베사라비아 지역이 소련의 지배권에 들어갈 것이라는 점이 명시되어 있었다. 이는 독일이 폴란드를 침공할 때 소련이 중립을 지키는 대가였다.

독소 불가침 조약에 서명하고 있는 소련의 외무장관 몰로토프. 사진 중앙, 스탈린 옆에 서 있는 사람이 리벤트로프이다.

히틀러가 프랑스를 점령하고 2개월 뒤인 1940년 8월, 개선문을 향해 샹젤리제 거리를 행진하는 독일 병사들.

이 불행한 나라는 전쟁 발발 후 한 달 만에 소련과 독일에 의해 분할되어 사라졌다.

그러나 영국과 프랑스가 이 전쟁에 개입하지 않으면 독일의 유럽 지배를 묵인하는 것이 되어 버리는 상황에서 어떤 국가가 영국과 프랑스의 지원을 바라지 않겠는가? 그래서 유럽의 두 강대국인 영국과 프랑스가 불안한 마음에 어쩔 수 없이 독일의 전체주의 정권과 맞서게 된 것이었다.

제1차 세계 대전 때와는 달리 영국과 프랑스의 국민들도, 정부도 전쟁에 열의가 없었다. 1918년 이후로 자유 민주주의 진영이 쇠퇴하고 있던 추세여서, 양국 모두 제1차 세계 대전 때보다 약세였다. 그러나 계속되는 히틀러의 침공과 약속을 깨는 행동으로 야기된 분노라는 요소 때문에 앞으로 어떤 정국이 펼쳐질 것인지를 예상하기란 힘들었다.

두 차례의 세계 대전 모두 근본적인 원인은 독일의 민족주의 때문이었다. 그러나 독일이 위협을 느껴 참전하게 된 제1차 세계 대전과는 달리, 제2차 세계 대전은 독일의 영토 확장에 위협을 느낀 영국과 프랑스가 어쩔 수 없이 전쟁에 가담하게 된 경우였다. 이번에는 독일이 아니라 영국과 프랑스가 위협을 느낀 것이다.

고립된 영국

전쟁의 양상을 보건대, 놀랍고도 다행스럽게도 폴란드전이 짧게 끝난 후 첫 6개월은 아무런 일도 일어나지 않은 채 지나갔다. 제1차 세계 대전 때보다 기계화된 군사력과 공군력이 더욱 중요해진 것을 명백히 느낄 수 있었다. 잔혹했던 제1차 세계 대전 때의 기억이 여전히 생생한 영국과 프랑스는 봉쇄라는 경제적인 공격만을 계획했다. 히틀러도 평화를 원했기 때문에 양국을 건드리지 않았다.

제2차 세계 대전 중 유럽(1939~1945년)

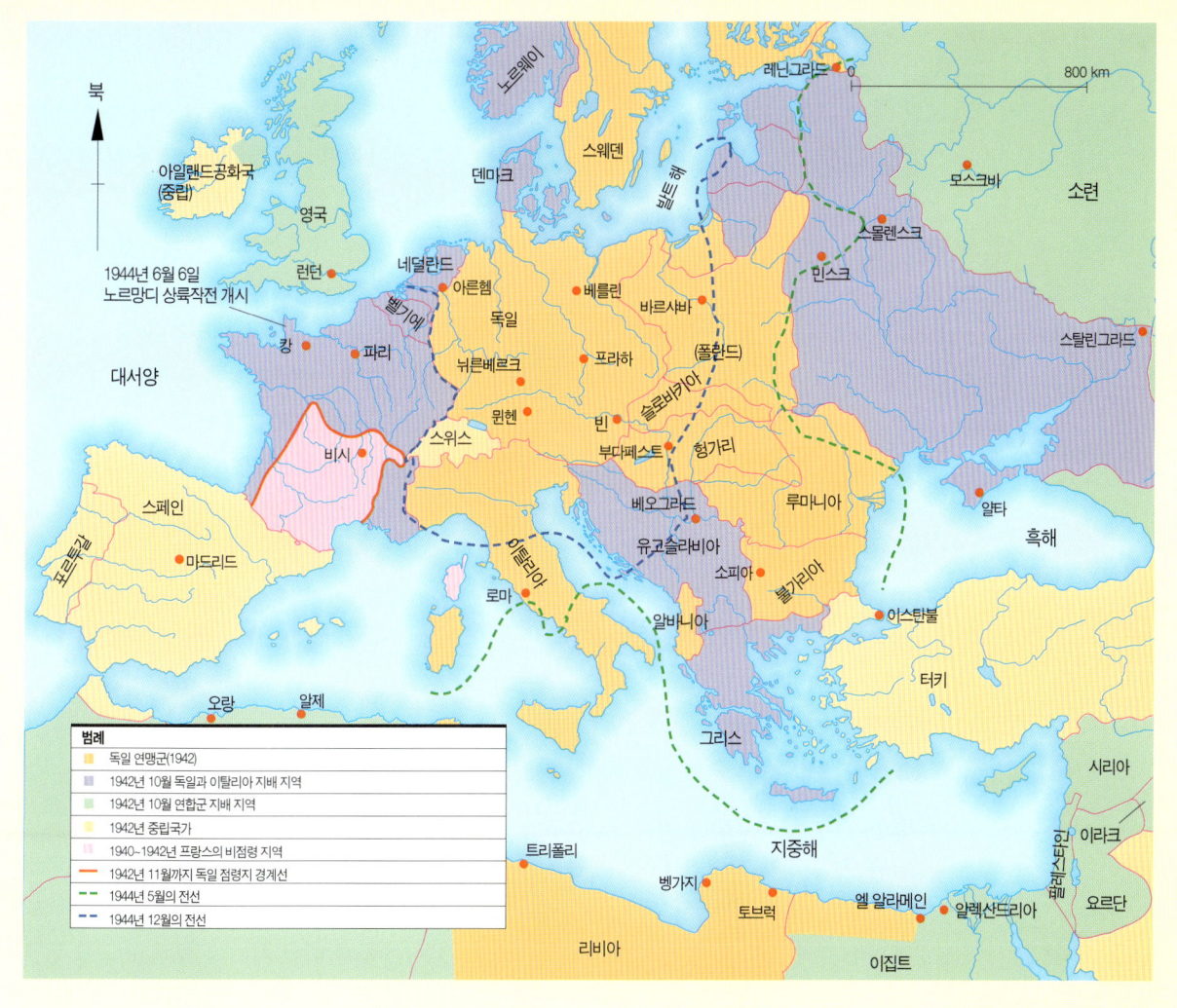

이러한 교착 상태는 영국이 스칸디나비아 해의 봉쇄를 강화하면서 깨지게 되었다. 마침 이 시점이 독일이 광석 공급 노선을 확보하기 위해 노르웨이와 덴마크를 침략·점령한 때와 맞아떨어졌다. 1940년 4월 9일 전투의 포문이 열렸다. 한 달 후 독일은 베네룩스, 즉 벨기에, 네덜란드, 룩셈부르크 지역과 프랑스를 차례로 침공하기 시작했다. 독일은 아르덴 지방을 통한 강력한 무장 공격으로 연합군을 분열시키고 파리를 점령했다.

6월 22일 프랑스는 독일과 정전 협정을 맺었다. 그달 말에 이르자 피레네 산맥에서 노스케이프에 이르는 유럽 해안 전역이 독일의 손에 들어왔다. 이탈리아는 프랑스가 항복하기 열흘 전에 독일의 편에 가담했다. 영국이 프랑스 전투함들이 독일의 손에 넘어갈 것을 우려해서 그 군함들을 확보하거나 파괴시키자 비시 지역에 새로이 들어선 프랑스 정부는 영국과 외교 관계를 단절했다.

프랑스에 제1차 세계 대전 때의 영웅인 프랑스군 최고 사령관을 수장으로 한 임시 정부가 들어서면서 이전의 제3공화국은 사실상

1940년 5월 덴마크의 호르센스에 진입한 독일군.

끝이 났다. 유럽 대륙의 우방국을 모두 잃어버린 영국은 나폴레옹 시대보다 더 극심하게 고립되었다.

반독일 세력 연합

프랑스의 휴전 협정과 항복은 전쟁의 성격을 완전히 바꾸는 전환점이 되었다. 영국이 완전히 혼자인 것은 아니었다. 영국 편을 들어 전쟁에 참가한 군소 지역 세력들이 있었고 황폐화된 유럽 대륙에서 건너온 많은 망명 정부도 있었다. 이들 세력과 노르웨이인, 덴마크인, 네덜란드인, 벨기에인, 체코인, 폴란드인들은 용감하게 싸웠고, 수년간 결정적인 승리를 거두기도 했다.

가장 중요한 망명 정부는 프랑스였다. 당시 프랑스 망명 정부는 공식 정부가 아니라 한 분파만을 대표하고 있었다. 프랑스 항복 전에 프랑스를 떠나 프랑스 비시 정부로부터 사형 선고를 받은 한 장군이 망명 정부를 이끌고 있었다. 샤를 드 골은 '자유 프랑스의 지도자'로서 영국의 인정을 받았다. 그는 자신이 제3공화국의 합법적 후임자이자 프랑스의 국익과 명예를 보호하는 수호자임을 자청했다.

드 골은 곧 프랑스가 독립할 것으로 보았다. 결국 드 골은 제1차 세계 대전을 승리로 이끈 클레망소 이후 최고의 프랑스 지도자가 되었다.

당시 독일의 지배하에 있던 프랑스에서 어떤 일이 일어나고 있는지 알 수 없었기 때문에 드 골의 위치는 중요했다. 그는 그의 동조자를 찾아 계속 투쟁해 나가기를 바랐다. 이렇게 전쟁은 지리적으로 확대되기 시작했다. 이러한 확대 추세는 이탈리아가 참전하면서 더 커졌다. 이탈리아가 참전하게 된 이유는 자국이 점령하고 있던 아프리카 지역과 지중해 항로가 전투에 휘말렸기 때문이었다.

결국 나중에 '대서양 전투'로 불리게 되는 전투가 일어났다. 이는 대서양과 스칸디나비아 해의 제해권을 사이에 둔 투쟁이었다. 독일은 제해권을 손에 쥠으로써 영국과 이어지는 모든 통로가 단절되기를 원했기 때문에 이 전투는 치열할 수밖에 없었다.

윈스턴 처칠

대서양에 대한 독일의 공격이 치열해지면서 영국 도서들이 직접적인 타격을 받게 되었다. 이렇게 힘든 시기에 영국을 구할 인물이 나타났다. 윈스턴 처칠은 오랫동안 다채로운 정치적 경력을 거친 후 총리가 되었다. 영국이 노르웨이 전투에서 패배한 그 당시, 하원의 모든 정당으로부터 지지를 받은 사람이 달리 없었기 때문이었다. 그는 즉시 연합 정부를 구성하여 그 당시 영국에 부족하다고 느꼈던 강력한 리더십으로 정국을 이끌었다.

이보다 더 중요한 것은 처칠이 국민들로부터 그들이 잊고 있었던 자질을 끌어낸 일이었다. 처칠은 끈질기게 라디오 연설을 함으로써 국민들의 사기를 북돋웠던 것이다. 직접 교전에 의한 승리만이 영국이 전쟁에서 벗어날 수 있는 유일한 방법임이 분명해졌다.

1944년 프랑스가 수복된 후 당당히 프랑스로 돌아온 드골 장군(1890~1970)의 모습. 드골은 영국의 지원을 받아 7,000명의 프랑스 망명인들로 구성된 '자유 프랑스 인민군'을 창설했다. 1942년경 이 조직은 '싸우는 프랑스' 군대로 개명하고 프랑스 식민지 지역의 군인들로 보강하여 40만 명의 병력을 보유하게 되었다.

 이는 영국이 8월과 9월에 잉글랜드 남부 상공에서 벌어진 공중전을 영국 과학과 공군의 힘으로 승리한 후 더욱 확실해졌다. 잠시나마 영국은 페르시아 다리우스 왕의 대군을 물리쳤던 마라톤 전투 이후 그리스인이 느꼈을 법한 자부심과 안도감을 만끽했다. 처칠의 유명한 말마따나 "인간의 전쟁 역사상 이렇게 적은 수의 사람들로 인해 이렇게 많은 사람들이 이렇게 큰 혜택을 받은 적은 없었다."는 것은 사실이었다.

 이 승리로 독일의 해상 침략은 불가능해졌으며, 공중 폭격만으로 영국을 패배시킬 수 없다는 점도 입증되었다. 영국 도서 지역의 전망은 어두웠지만 영국의 전투 승리로 인해 전쟁의 향방이 바뀌었다. 이 시기를 기점으로 독일이 다른 쪽으로 주의를 기울이기 시작했기 때문이다. 1940년 12월 독일은 소련 침공 계획을 세우기 시작했다.

| 독일의 소련 침공 |

1940년 말에 소련은 장래 독일의 공격에 대비한 방어벽을 마련하기 위해 서쪽으로 영향력을 넓히고 있었다. 핀란드와의 전투로 소련은 전략적으로 중요한 지역을 차지할 수 있었다. 1940년 소련은 발트 3국, 즉 라트비아, 리투아니아, 에스토니아를 점령했다. 또

1946년 미국 방문 시 '승리의 브이 자'를 보이는 윈스턴 처칠(1874~1965). 제2차 세계 대전 내내 처칠은 히틀러와 끝까지 싸우겠다는 영국 결의의 상징이었다.

한 1918년에 루마니아에 빼앗겼던 베사라비아 지방을 다시 찾았으며 북부 부코비나 지역도 함께 손에 넣었다.

스탈린은 과거 제정 러시아 시대의 영토보다 더 넓은 지역을 차지하려고 하고 있었다. 독일이 소련 침공을 결정한 이유도 부분적으로는 소련의 영토 확장세 때문이었다. 독일은 소련이 발칸 반도와 그 지역 해협에서 손을 떼기를 원했다. 독일이 소련을 침공한 또 다른 목적은 소련을 빠르게 전복시킴으로써 더 이상 영국과 전투를 벌이는 일은 무의미하다는 점을 과시하려는 것이었다.

그러나 소련 침공 결정에는 히틀러의 개인적 요인도 많이 작용했다. 히틀러는 공산주의 사상을 광적으로 혐오했으며, 열등한 인종인 슬라브족은 게르만족에게 동부 영토와 원료를 제공해야 한다고 주장했다. 이는 동부 슬라브족 영토에 서구 문명을 심어야 한다는 튜턴 사람의 왜곡된 옛 사고방식과 똑같았다. 많은 독일인들은 이 주장에 동조했다. 이는 그 어느 시대보다 더욱 잔인한 잔학 행위를 정당화하는 것이었다.

암호명 바르바로사

독일은 큰 참화를 앞둔 전초전으로 봄 전투에서 유고슬라비아와 그리스를 정복했다. 1940년 10월 이후로는 이탈리아도 이들 전투에 가담했다. 영국 군대는 다시 한 번 유럽 대륙에서 밀려났다. 크레타 섬 역시 독일의 맹렬한 공중 강습으로 점령당했다. 이 모든 것들이 '바르바로사'를 위한 준비였다. 바르바로사는 신성로마제국의 황제 이름을 따서 지은 소련 침공의 암호명이었다.

소련 침공은 1941년 6월 22일 감행되었고 초기에 큰 승리를 거두었다. 수많은 소련 군인들이 전쟁 포로로 잡혔고 소련 군대는 멀리 후퇴했다. 독일군의 선발 부대는 모스크바 근처까지 진군했다. 그러나 모스크바까지의 짧은 거리는 좀처럼 줄어들지 못했고, 크리스마스경에 소련의 첫 반격이 성공하자 독일은 옴짝달싹도 못하게 되었다. 독일군은 전략의 방향을 잃어버렸다.

소련과 영국이 조금만 더 버티거나 서로 연합 전선을 유지할 수 있었다면, 새로운 무기의 개발로 기술적인 발전을 이룰 수는 없더라도 미국의 우수한 제품을 보유할 수 있게 되어 군사력은 더욱 강해졌을 것이다. 물론 그렇다고 해서 반드시 독일을 이길 수 있다는 것이 아니라, 다만 좀 더 빨리 독일을 협상 테이블 앞으로 불러들일 수 있었을 것이라는 뜻이다.

일본과 미국의 참전

1940년 이래로 미국 대통령은 미국의 국익을 위해서 국민의 여론과 중립성의 한계 내에서

1941년 8월 14일 영국 군함 프린스 오브 웨일스호에 승선한 윈스턴 처칠과 프랭클린 루스벨트. 이 군함에서 열린 회담으로 대서양 헌장이 만들어졌다. 제2차 세계 대전 동안 두 정상은 아홉 번의 만남을 가졌고, 그 사이 다져진 상호 존중과 우호 관계 덕분에 주요 문제에 대한 입장 차이에도 불구하고 합의를 이뤄 낼 수 있었다.

만 영국을 지원해야 한다고 믿고 있었다. 사실 미 대통령은 그 한계를 넘어서기도 했다. 1941년 여름 무렵에는 히틀러도 실제로는 미국이 드러나지 않은 적이라는 사실을 인지하고 있었다.

그해 3월 미국은 무기 대여법을 제정하여 연합군에게 군수 물자를 제공하기로 하는 중대한 결정을 내렸다. 그 후로 미국 정부는 해군 정찰대를 늘렸으며 자국 선박 보호책을 강화해서 대서양 쪽으로 확대 적용했다.

소련 침공이 있은 후 처칠과 루스벨트는 협상을 가졌고, 여기에서 공동의 원칙을 담은 대서양 헌장*을 발표했다. 이 협상에서 전쟁 중인 한 나라와 공식적으로 참전하지 않고 있던 한 나라가 "나치 독재 정권을 최종적으로 종식시킨 후" 전후 세계에 필요한 요소에 대해 함께 모색했다.

이러한 미국의 행동은 고립주의에서 한참 벗어난 것이었고, 이로 인해 독일은 1941년에 두 번째로 운명적이고도 어리석은 결정을 내리게 되었다. 9월 11일에 미국을 대상으로 선전 포고를 한 것이다. 이보다 나흘 앞서서 일본이 영국과 미국을 공격했다. 이렇게 전쟁은 세계전이 되었다.

영국과 미국이 일본에 대해 선전 포고를 함으로써 두 개의 분리된 전투가 맹위를 떨칠 수도 있었다. 영국만이 이 두 전투 모두에 관여한 채 끝날 수도 있었던 전쟁의 양상이 히틀러의 행동으로 인해 미국의 군사력을 유럽 대륙으로 불러들이는 결과로 바뀌었다. 독일의 선전 포고만 없었어도 미국군은 유럽 대륙에는 상관하지 않고 태평양 전투에만 전념했을 것이다.

미국의 참전으로 인해 유럽만의 문제라는 점이 사라져 버렸다. 이보다 더 확실하게 한 시대의 종지부를 찍게 된 사건은 없었다. 이

* 대서양 헌장
1941년 8월 14일 미국 루스벨트 대통령과 영국 처칠 총리가 대서양 해상의 영국 군함 프린스 오브 웨일스호에서 회담 후 발표한 공동선언. 제2차 세계 대전 후의 평화에 관한 양국 정책의 공통 원칙을 정한 것이다.

미국 전함 웨스트 버지니아 호와 테네시호가 화염에 휩싸인 모습. 후에 하와이의 해군 기지에서 루스벨트 대통령은 일본군의 이러한 갑작스러운 공격을 두고 "오명에 남을 날"이라고 평했다. 진주만 공습이 있었던 같은 달에 일본은 홍콩, 괌, 루손, 보르네오를 점령하고 필리핀의 미군 주둔지와 몰루카 제도의 영국 주둔지 그리고 오스트레일리아까지 위협했다.

제 유럽의 미래는 유럽이 아니라 두 강대국인 소련과 미국에 의해 결정되게 되었다.

일본도 자국 정책의 논리에 따라 미국과의 결전을 피할 수는 없었겠지만, 미국에 선전 포고를 한 것은 성급한 결정이었다. 일본이 독일과 이탈리아의 편에 선 것은 실제로 큰 효과를 발휘하지 못했다. 일본이 성급하게 미국에게 선전 포고를 하게 된 것은 때마침 미국과의 결전이 불가피하다는 결론이 내려졌기 때문이었다.

문제의 핵심은 일본이 중국과의 전쟁을 성공으로 이끌기 위해서는 석유가 필요했다는 점이었다. 일본이 석유를 확보하려면 일본이 중국을 점령해도 좋다는 미국의 암묵적인 동의가 있어야 했다. 그러나 이는 미국 정부로서는 흔쾌히 받아들일 수 없는 사안이었다. 미국 정부는 이에 동의하기는커녕 1941년 10월 일본과의 모든 무역 거래를 중단했다.

진주만 공습

통상 거래 정지 후 일본은 극우 군부 세력의 지휘 아래 마지막 결단을 내리게 된다. 그러나 이 시기의 일본 군사 작전 계획이 온전히 전략적이고 기술적인 차원에서 이루어진 것인지는 의문스러웠다. 일본군에 필요한 군수물자들은 동남아시아에서 조달할 것이었기 때문에 그들이 결정해야 했던 사안은 미국과 벌일 전쟁의 성격과 그 시기뿐이었다. 일본이 승리할 가능성이 극히 희박한 상황에서 미국에 선전 포고를 한 것은 매우 비합리적인 처사였다.

그러나 일단 국가적 명예를 건 주장이 채택되자, 공격 시점과 장소에 대한 사안은 신중하게 계획되었다. 공격 장소로는 미국의 해군력에 가장 큰 타격을 줄 수 있는 곳이 선택되었다. 이러한 결정은 미 해군력이 힘을 잃게 되면 일본군이 태평양과 남중국해에 대한 활동의 자유를 확보할 수 있게 되리라는 것을 계산한 결과였다.

12월 7일 진주만에 정박해 있던 미국 함대에 일본군의 맹공격이 펼쳐졌다. 진주만 공습은 전쟁 역사상 가장 잘 계획되고 성공적으로 실행된 작전 중 하나로 남았다. 운 나쁘게도 일본군은 미 해군의 항공 전력에 밀려 완전한 승리를 거두지 못했다. 그러나 이 공격으로 일본은 몇 달간이나마 전략을 정비할 시간적 여유를 얻을 수 있었다.

일본의 진주만 공습이 실패로 돌아간 일은 일본에게 치명적이었다. 그 후 일본은 결국에는 지게 될 지루한 전쟁을 치를 수밖에 없었기 때문이다. 진주만 사건으로 미국인들은 외교 정책에 대해 일치단결된 모습을 보이게 되었다. 12월 8일 이후로 고립주의는 자취를 감추게 되었다. 루스벨트 대통령은 윌슨 대통령이 결코 얻지 못했던 국민의 지지를 받게 된 것이었다.

세계전의 양상

이제 일본이 미국 본토를 공격했다는 소식도 들려오게 되었다. 이 전쟁이 제1차 세계 대전보다 명실상부하게 세계 대전의 면모를 갖추게 된 셈이었다. 진주만 공습이 있을 즈음, 독일군은 발칸 반도에서 전쟁을 벌이고 있었다. 이제 유럽에서 중립국인 나라는 스페인, 포르투갈, 스웨덴, 스위스, 이렇게 네 나라뿐이었다.

북아프리카의 전쟁은 리비아와 이집트 간에 밀고 당기는 공방전의 형세를 띠었다. 독일군이 도착했을 때는 전쟁이 시리아까지 확대되어 있었다. 독일 전투기의 보호를 받던 이라크의 민족주의 정부가 영국군에 의해 쓰러지자 이라크도 전장이 되었다. 이란은 이미 1941년에 영국과 소련에 의해 점령당한 상태였다. 아프리카 대륙의 에티오피아는 이탈리아 식민지에서 해방되었고, 이탈리아 식민 제국은 붕괴되었다.

동아시아 전쟁의 물꼬를 튼 일본은 그 지역의 식민 제국들을 격파해 나갔다. 몇 달 만에 일본은 인도네시아, 인도차이나 반도, 말레이 반도, 필리핀을 점령했다. 일본군은 오늘날의 미얀마, 즉 버마를 통해 인도 국경선까지 침입했으며, 뉴기니 섬에서 오스트레일리아 북쪽의 다윈항으로 포탄을 날리기도 했

1943년 미드웨이 해전에서 사망한 미군 해병들을 수장하는 모습. 그들은 일본의 가미가제 특공대가 미국 항공모함 렉싱턴에 달려들어 자폭 공격을 감행하는 바람에 사망했다.

1940년 4월 일본의 군사력을 전 세계에 과시하기 위해 도쿄에서 벌어진 일본군의 탱크 행렬.

다. 한편, 해상전에서는 독일군의 잠수함 병력, 항공 전력, 해상 전력이 대서양, 북극해, 지중해, 인도해 전역을 누비고 다녔다.

이 전쟁을 피할 수 있었던 국가는 소수였을 정도로 전쟁의 규모가 커지자 전쟁에 필요한 자원들이 많이 요구되었고, 전 사회의 모든 것들이 총동원될 수밖에 없었다. 여기에서 미국의 역할은 결정적이었다. 명백히 미국의 거대한 산업 제조력 덕분에 '국제연합' 군은 군수물자 면에서 우세를 점할 수 있었다.

승기를 잡게 된 국제연합군

독일, 이탈리아, 일본을 상대로 싸우던 연합국은 1942년 초부터 국제연합군이라 불리고 있었다. 이러한 국제연합군의 물리적 우세에도 불구하고 전쟁은 쉽사리 끝날 기미가 보이지 않았다. 1942년의 전반기에는 전쟁의 양상이 여전히 그들에게 불리하게 돌아가고 있었다. 그때 전환점이 된 네 차례의 전투가 벌어졌다.

6월에 연합군은 미드웨이 제도를 공격하던 일본 함대를 전투기 폭격으로 침몰시켰다. 이 당시 일본군의 손실은 엄청나게 커서, 일본이 다시는 전략적 주도권을 잡지 못하게 되었다. 그리고 오랫동안 태평양에서 반격전을 벌였던 미군의 노력이 결실을 맺기 시작했다. 그 후 11월 초에 영국군이 이집트에서 독일군과 이탈리아군을 상대로 결정적인 승리를 거두었고, 서쪽으로 진군해서 마침내 북아프리카 전역에서 적을 모두 몰아냈다.

엘 알라메인 전투는 영미 연합군의 북아프리카 상륙과 동시에 일어났다. 그 후 영미 연합군은 동쪽으로 진군했고, 1943년 5월 유럽 대륙에서 독일군과 이탈리아군의 저항은 끝이 났다. 이보다 6개월 전인 1942년 말에 소련은 볼가 강 유역의 스탈린그라드에서 히틀러가 이끄는 독일군을 포위하여 굴복시켰다.

2월에는 사기가 꺾일 대로 꺾인 히틀러의

노르망디 상륙 작전

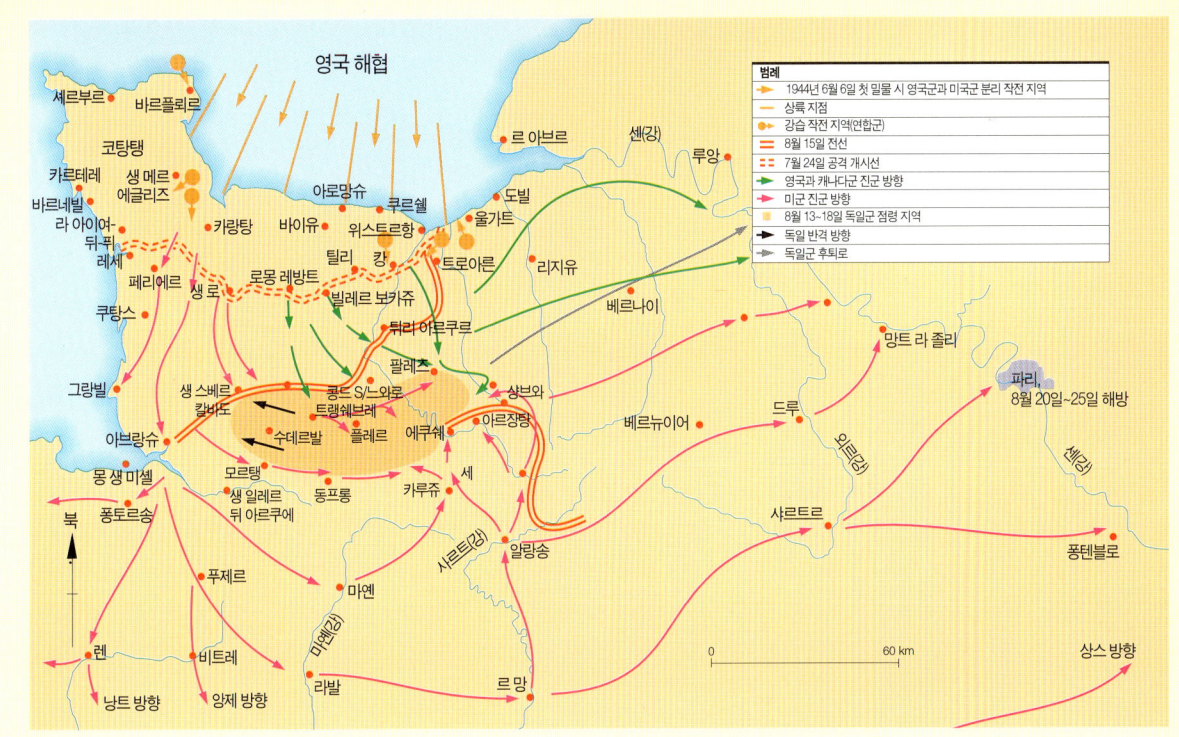

1944년 6월 6일에 일어난 디 데이 작전은 역사상 가장 큰 규모의 군사작전이었다. 약 300만 명의 연합군이 대량의 전투기, 군함, 탱크, 장갑차, 병력 수송 차량을 끌고 영국에 모였다. 연합군 전투기는 프랑스 북부 지역에 무차별 공습을 퍼부어 그곳의 교신 통로를 파괴했다. 해상에서의 공격은 대서양 벽을 돌파했다. 저녁 무렵 독일군의 방어선이 약해지고 연합군의 노르망디 상륙 작전이 펼쳐졌다.

잔당들이 힘을 써 보지도 못하고 항복했다. 이 사건은 석 달간의 눈부신 승전보 중 아주 작은 일부분일 뿐이었다. 이로써 연합군은 동부 전선에서 확실히 기선을 제압했다.

유럽 대륙 내 전쟁의 종식

연합군이 이룬 큰 승리는 정확한 날짜를 댈 수는 없지만 어떤 승리보다 중요한 것이었다. 바로 대서양 전투였다. 1942년 초부터 이 전투가 절정을 이루기 시작했다. 3월에는 거의 85만t의 선박과 잠수함 6척이 파괴되었다. 6개월 후에는 그 수가 각각 56만t과 11척이 되었다.

이때부터 승리의 향방이 연합군 쪽으로 바뀌었지만 전투는 점점 더 치열해졌다. 1942년 말에는 거의 800만t의 선박과 잠수함 87척이 손실되었다. 1943년에는 그 수가 각각 325만t과 237척으로 늘어났다. 연합군에게 이 전투는 미국 생산력의 역량을 보일 수 있었던 아주 결정적인 전투였다.

또한 연합군은 이렇게 제해권을 장악함으로써 유럽 대륙에 다시 들어갈 수 있었다. 루스벨트 대통령은 독일을 물리치는 일을 최우선으로 삼았다. 그러나 프랑스 침투는 소련군의 눈치를 보느라 1944년이 되어서야 결행할 수 있었다. 이 결정은 스탈린을 화나게 했지만, 1944년에 실행된 영미 연합군의 노르망디 상륙 작전은 역사에 길이 남을 대단한 해상 작전이었다.

그즈음에 무솔리니는 이미 이탈리아인들에 의해 쫓겨난 상태였고 이탈리아는 남쪽으로부터 연합군의 공격을 받고 있었다. 이제 독일군은 세 군데 전선에서 전투를 벌이게 되었다. 연합군이 노르망디에 상륙하자마자 소련은 폴란드로 진격했다. 연합군보다 더 빨리 베를린에 닿기 위해 일으킨 소련군의 폴란드 점령은 다음 해 4월까지 계속되었다.

서부전선에서는 연합군이 이탈리아를 무너뜨리고 중부 유럽으로 진격했고, 베네룩스 지역을 통해서 북부 독일로 들어서고 있었다. 곧바로 이어진 대규모의 공습으로 독일 도시들은 처참히 파괴되었다. 이 공습은 전쟁의 막바지가 되어서야 결정적인 전략적 효과를 가져왔다.

4월 30일 이 전쟁을 촉발시킨 주범인 히틀러가 베를린의 한 지하 벙커에서 자살했다. 유럽 대륙도 말 그대로 완전히 폐허가 되었다.

일본의 항복

동아시아의 전쟁은 조금 더 오래 끌었다. 1945년 8월 초에 일본 정부는 자국의 패배를 예감하고 있었다. 많은 일본의 점령지들이 다시 수복되었고, 일본의 도시들은 미국의 폭격으로 폐허가 되었다. 일본군 침략의 기반이었던 해상 전력도 완전히 와해되었다.

이때 두 개의 원자 폭탄이 일본의 두 도시에 투하되어 일본에 끔찍한 결과를 초래했다. 이 사이에 소련이 일본에 전쟁을 선포하자, 9월 2일 일본 정부는 가미가제식 자폭 공격을 포기하고 항복 문서에 서명했다. 이로써 제2차 세계 대전은 완전히 종식되었다.

나치의 끔찍한 실상

전쟁이 막 끝난 시점에서는 전쟁의 여파를 가늠하기가 어려웠다. 가시적으로 보이는 가장 좋은 점 한 가지는 나치 정권이 무너졌다는 사실이었다. 연합군이 유럽 대륙으로 진군했을 때, 공포와 고문으로 점철된 악의 실상이 고스란히 드러났다. 거대한 감옥 수용소 안에서 벌어졌던 무서운 사실들이 폭로되었던 것이다.

이는 다음과 같은 처칠의 말이 진실로 밝혀진 순간이었다. "우리가 진다면 미국을 포함

원자 폭탄의 사용

독일 과학자들이 1938년에 원자 폭탄의 가능성을 발견하긴 했지만 그런 무기 개발은 시일이 오래 걸릴 것이고 전투기가 수송하기에는 너무 무거울 것이라는 것이 당시의 전반적인 생각이었다. 그러나 제2차 세계 대전이 발발한 후 독일에서 영국으로 망명한 두 물리학자가 비교적 빠른 시간 내에 수송용 원자 폭탄을 만들 수 있을 것이라는 보고를 했다. 이에 핵폭탄 연구가 영국에서 시작되었다.

1941년 12월 참전하게 된 미국은 그 즉시 모든 과학력을 동원해 원자 폭탄 개발에 전념했다. 이 '맨해튼 프로젝트'가 결실을 맺어 1945년 7월 16일 첫 핵 실험이 뉴 멕시코에서 실시되었다. 이때 터진 폭탄은 플루토늄 폭탄이었다.

8월 6일 B-29 폭격기가 일본의 히로시마에 우라늄 원자 폭탄을 투하했다. 이 폭발로 8만 명이 즉사하고 7만 명이 부상을 입는 등 도시는 완전히 붕괴되었다. 첫 폭발에서 살아난 수천 명의 생존자들도 그 후 며칠 안에 화상과 상처, 방사능 질병으로 사망했고, 몇 년이 지나서 또 수천 명의 사람들이 암과 방사능 관련 질병으로 목숨을 잃었다.

첫 투하 3일 후, 또 한 대의 폭격기가 나가사키 상공에서 플루토늄 원자 폭탄을 떨어뜨렸다. 4만 명의 사람들이 죽고 2만 5,000명이 다쳤다. 이렇게 엄청난 원자 폭탄의 위력 앞에 일본은 항복할 수밖에 없었다.

히로시마에 원자폭탄을 투하한 미국 폭격기의 조종사(중앙)와 정비사들.

한 우리가 알고 사랑하는 전 세계가 새로운 암흑기의 미궁 속으로 가라앉을 것이다. 이 시대는 비뚤어진 과학의 힘으로 인해 중세 암흑기보다 더 극악하고 오래 지속될지도 모른다."

이러한 위협의 실상은 벨젠 같은 강제 수용소에서 극명하게 드러났다. 정치적 포로와 다른 나라에서 끌려온 강제 노역꾼, 전쟁 포로들에게 행해진 악행의 정도 차이를 논하는 것은 의미가 없는 일이었다.

그러나 세계는 소위 '최종적 해결'이라는 유럽 내 유대인 말살 계획에 경악하지 않을 수 없었다. 독일이 행한 이 시도는 인종 지도를 완전히 바꿀 만한 것이었다. 폴란드의 유대인은 거의 전멸된 것이나 마찬가지였고, 네덜란드의 유대인은 상대적으로 더 큰 고통을 당했다.

전반적으로 어림잡아 약 500만에서 600만 명 정도의 유대인들이 죽음을 당했다. 그들은 강제 수용소의 가스실이나 화장터에서 죽음을 맞이했다. 또한 동부 유럽에서 있었던 소탕전의 현장에서 총격을 받아 즉사하기도 했다. 이외에도 유대인들은 과도한 노동과 기아로 숨져 갔다.

승리의 의미

이렇게 큰 악과 맞서야 한다는 것을 알았기 때문에 어떤 국가도 전쟁에 관여하기를 꺼려했다. 그러나 전쟁이 윤리전 양상으로 흐르자 많은 나라들이 힘을 얻게 되었고, 이렇게 되기까지 선전 활동이 많은 기여를 했다. 영국만이 유럽 내에서 자신의 힘으로 자국의 생존을 위해 싸우는 유일한 국가였다. 영국은 이 전투에서 자국 생존과 나치 정권 타도를 넘어선 목적을 가지고 있었다.

나치 강제 수용소 내의 시체 더미들. 1945년 미군 병사들은 나치 강제 수용소에 쌓인 시체 더미와 굶어 죽어 가는 포로들이 허름한 막사에 붐비는 모습을 보고 경악을 금치 못했다. 수백만 명의 유대인과 다른 '부적격자들'은 이렇게 강제 수용소에 감금되어 무시무시한 의학 실험을 당하거나 가스실로 보내져 죽음을 당했다.

강대국 사이의 협조와 사회적, 경제적 재건을 이룩할 신세계에 대한 바람이 대서양 헌장과 국제연합에 스며들어 있었다. 전쟁 중에 이렇게 장밋빛 계획을 세울 수 있었던 것은 강대국들이 연합군에 대한 감정적 호의만 고려했을 뿐, 각국의 이해관계와 사회적 이상향이 서로 다르다는 사실을 염두에 두지 않았기 때문이다.

종전 후 너무나 빨리 이 문제가 불거졌다. 전쟁이 끝나자 전쟁 시기의 장밋빛 공약들이 부메랑이 되어 각국에 돌아왔고, 실질적으로 지키지 못할 약속으로 환멸만이 남게 되었다.

어쨌든 1939년과 1945년 사이에 일어난 제2차 세계 대전은 한편으로는 윤리적 과제를 남겼고, 여기저기에서 연합군의 승리를 한탄하는 소리가 들려왔다. 연합군의 승리 덕분에 자유주의 문명의 역사상 가장 나쁜 적인 전체주의를 물리쳤다는 사실은 너무나 쉽게 잊혀졌다.

유럽의 붕괴

선견지명이 있는 사람은 나치 정권의 실상을 알 수 있었다. 많은 면에서 독일은 유럽 내 가

1943년 2월 13~15일 800대의 연합군 전투기가 3,500t의 폭탄을 독일의 드레스덴에 퍼붓고 난 후 폐허가 된 도시의 모습. 이 공습에 이어진 두 달간의 공격으로 민간인 수천 명이 목숨을 잃었고 이 도시의 독특한 바로크 건축물들이 완전히 파괴되었다. 이러한 공격에도 연합군은 여전히 군사적 우위를 차지하지 못했다.

장 선진적인 국가에 속했고 그 진취성은 독일 문명에 고스란히 녹아들어 있었다. 그러나 독일이 전체주의의 먹이가 되었다는 사실은 그 문명의 근본에 무언가가 잘못되었다고 밖에는 생각할 수 없었다.

나치의 범죄는 정복에 미친 한때의 변덕이 아니라 체계적이고 과학적이며 구조적으로 이루어진 일이었다. 끔찍한 목적을 제외하고는 절차상 비합리적인 부분은 거의 없었다. 이런 점에서 아시아 지역의 전쟁은 전혀 달랐다.

일본의 제국주의가 다른 서구 제국주의를 대체했지만, 지배당하는 아시아 사람들에게는 별반 다를 일도 없었다. 일본은 그들의 전통적인 군국주의에 따라 행동했을 뿐, 서구 국가가 몰아갔듯이 '파시스트' 국가는 아니었다. 아시아 지역에서는 유럽에서 자행되었던 끔찍한 인종 말살 사건이 거의 일어나지 않았던 것이다.

나치 패망과 더불어 전쟁이 남긴 분명한 결과는 전쟁이 보여 준 전대미문의 파괴력이었다. 독일과 일본의 도시는 전쟁 시기의 대량 공중 폭격으로 인해 완전히 황폐화되었다. 이는 제2차 세계 대전 시 개발된 최신 공격 방법으로, 스페인 내전 때보다 더 많은 살상과 피해를 남겼다. 전쟁 초기 때부터 가공할 만한 공격력으로 인해 공중 폭격만으로도 한 나라를 휩쓸 수 있으리라 예상되었다.

실상은 1940년 초에 영국 공군이 이 공중 폭격을 처음 시도한 후 1942년부터는 미국 공군과 합세하여 연일 밤낮으로 계속 퍼부어 댔지만 독일에 대한 전략적 폭탄 공격은 전쟁의 막바지까지 별로 큰 효과를 내지는 못했다. 일본전에서도 일본의 도시에 포탄 공격을 가하는 것보다 일본의 해군력을 잠재우는 것이 전략적으로 더욱 중요했다.

동서 문제

도시들만 부서진 것은 아니었다. 중부 유럽의 경제와 정치도 심각한 타격을 입었다. 1945년에는 수백만 명의 피난민들이 고향을 찾아 이동하고 있었다. 음식 공급이 어려워서 기아와 질병의 위험도 심각했다. 1918년에 일어났던 똑같은 엄청난 문제들이 유럽 대륙에 되풀이되고 있었다. 이번에는 패전으로 인한 사기 저하까지 해결해야 할 판이었다. 중립국들과 영국만이 이 재난을 피할 수 있었다.

대량의 무기들이 개인의 손에 들어갔고 혁명마저 우려되는 상황이었다. 이 같은 상황은 아시아에서도 마찬가지였지만, 물리적 파괴 정도가 덜했기 때문에 전후 회복에 있어서는 나은 입장이었다.

유럽에서는 전쟁으로 인한 정치적 여파가 컸다. 1914년과 양차 대전 때 형성되어 있던 세력 구조는 1941년 붕괴되었다. 유럽의 주변국이었던 두 강대국이 강한 군사력을 바탕으로 유럽 대륙을 정치적으로 좌지우지하게 되었다.

이런 현상은 1945년 2월에 열린 얄타 회담에서 분명해졌다. 이 회담에서 정식 평화 협정의 기틀이 마련되었고 그 결과 옛 중부 유럽의 모습이 사라지고 유럽 대륙은 트리에스테와 발트 해를 잇는 선을 경계로 동서로 나뉘게 되었다.

여기에 더해 그리스를 제외한 동부 유럽 국가들에 공산주의 정권이 들어서면서 소련의 지배를 받게 되었다. 이들 영토를 침략한 소련군은 무력 사용이 혁명보다 국제 공산주의를 확장하는 데 더 좋은 수단이라는 점을 만천하에 보여 주었다. 발트 3국도 소련의 지배를 벗어나지 못했으며, 폴란드와 루마니아도 소비에트 연방의 일부로 흡수되었다.

세계 경제의 새로운 균형

유럽의 강대국이었던 독일은 사실상 사라졌다. 독일이 위세를 떨치던 시대가 종식되고 비스마르크가 이룩했던 광활한 독일은 소련, 미국, 영국, 프랑스 점령지로 분할되었다. 다른 서구 유럽의 국가들도 종전 후 국가 재건에 힘을 쏟았지만 여전히 미약했다. 무솔리니가 물러난 후 연합군 편에 가담한 이탈리아도 프랑스와 마찬가지로 강력한 공산당이 들어서서 자본주의 전복을 공언하고 있었다.

영국만이 1939년의 지위를 그대로 유지하고 있는 것처럼 보였다. 1940년과 1941년 사이에는 영국의 지위가 더 향상되기도 했다. 영국은 한동안 소련, 미국과 대등한 지위를 누렸고, 형식적으로는 프랑스와 중국도 그러했다. 그러나 대영 제국의 시대는 지나갔다. 영국은 모든 자원과 노력을 동원해서 억지로 예전 지위를 유지할 수 있었지만 독일의 소련 침공과 미국의 무기 대여법이 없었다면, 전략적인 난국을 빠져나올 수 없었을 것이다.

미국의 원조에는 그 대가가 따랐다. 미국은 영국의 해외 자산 매도를 강요했다. 미국의 자본은 영국의 옛 식민지 지역에 투입되었고, 그들 나라는 자국의 힘과 상대적으로 영국이 취약함을 느끼게 되었다. 1945년부터

1945년 2월 9일 얄타 회담장에 모인 '거물 3인방' - 처칠(왼쪽), 루스벨트(중앙), 스탈린(오른쪽)

> ### 얄타 회담
>
> 영국, 미국, 소련은 독일에 우선적 지위를 가진다. 각국은 이 지위를 행사함에 있어 미래의 평화와 안보에 필수적인, 독일의 완전 무장 해제, 비무장화, 영토의 분할 등이 포함된 조치를 취할 것이다.
>
> *1945년 2월 11~14일에 열린 얄타 회담의 조약 중 '독일의 분할' 부분에서 발췌*

이들 나라는 점차 독립 국가의 면모를 띠게 되었다.

한 시대의 종식

이렇게 옛 제국주의 국가들의 위상이 추락하는 데는 몇 년이 걸리지 않았다. 상징적으로 대영 제국이 1944년의 마지막 군사 작전을 펼칠 때에도 실질적인 작전 지휘는 미국 장군이 맡았다. 그 후 몇 달간 미국과 비등하던 영국의 군사력은 전쟁이 끝날 즈음에는 미국에 뒤처져 있었다. 동아시아에서도 영국군이 버마를 재정복했지만, 일본군을 제압한 것은 미국 해군과 공군력이었다.

전쟁이 끝나갈 무렵 처칠의 노력에도 불구하고 루스벨트는 스탈린과 협상을 벌여 대영 제국의 분할에 대해 우선적으로 논의했다. 영국은 유럽 대륙에서 독보적인 승전국의 지위와 윤리적 우위를 지니고 있었지만, 전쟁이 불러온 세력 개편의 영향을 피해 갈 수 없었다. 사실 어떤 면에서 영국은 독일과 처지가 비슷했다.

유럽이 위세를 떨치던 시기가 지나갔다는 점은 주변국에도 분명해졌다. 영국군은 아시아 지역에서 확보했던 예전 네덜란드, 프랑

1945년 7월 베를린에서 북아프리카 지역의 영국군들이 승전 행진을 하는 모습.

스 식민지 영토를 예전 지배국인 네덜란드와 프랑스에게 돌려줘서 그 영토에 반식민주의 정권이 들어서지 못하게 하려고 했다. 그러나 이 시도는 즉각적으로 반식민주의 세력의 반발에 부딪혔다. 이제 제국주의 국가들은 설 자리가 없어졌다.

은밀하면서도 갑자기 권력의 주인이 바뀌기 시작하더니 그 추세는 전쟁이 끝날 때까지 계속되었다. 1945년까지만 해도 실상이 드러나지 않고 있었지만 많은 유럽인들은 이제 유럽 제국의 시대가 막을 내렸다는 사실을 뼈아프게 실감해야 했다.

4 새로운 세계의 형성

세계인들은 제1차 세계 대전 후만 해도 옛 질서가 다시 회복될 것이라는 환상을 갖고 있었다. 그러나 1945년에는 누구도 그런 생각을 가질 수 없었다. 바로 이러한 인식 차이가 제1차 세계 대전과 제2차 세계 대전의 가장 큰 차이점이었다. 전쟁의 승리가 출발점이 아니었다. 여러 사건들로 인해 앞길이 순탄치 않았고, 전후 세계에 대한 중요한 결정들은 전쟁이 끝나기도 전에 이미 결정되어 있었다.

가장 중요한 결정은 세계 평화를 유지하기 위한 국제기구가 창설되어야 한다는 점이었다. 강대국들이 이 기구를 보는 시각에는 차이가 있었다. 미국은 이러한 국제기구가 국제법에 의한 국제 질서 규율의 시초라고 보았고, 소련은 영국, 미국과 대동맹을 유지하는 수단으로 여겼다. 그러나 이러한 견해 차이는 국제기구 창설에 아무런 장애가 되지 않았다. 결국 1945년 샌프란시스코에 국제연합이 창설되었다.

| 국제연합의 창설 |

국제연맹의 실패 요인이 무엇인지 심사숙고하게 된 것은 당연했다. 1945년에는 국제연맹 시절 발생했던 가장 큰 결점이 해결되었다. 미국과 소련이 새로운 조직인 국제연합에 처음부터 참여한 것이다. 이 점을 제외하면 국제연합의 기본 구조는 국제연맹과 비슷했다. 기본 조직은 이사회와 총회였다. 총회는 모든 회원국들이 참여했다. 안전 보장 이사회는 5개의 상임 이사국을 포함한 11개 회원국으로 구성되었다. 상임 이사국은 미국, 소련, 영국, 프랑스, 중국이었다.

안전 보장 이사회는 국제연맹 때보다 더 큰 힘을 가지게 되었다. 이렇게 된 데에는 소련의 의도가 많이 작용했다. 소련은 자국이 51개국이 참여하는 총회에서 미국보다 더 적은 표를 얻을 가능성이 크다고 보고 상대적으로 안전 보장 이사회에 힘을 실었던 것이다. 총회에서 미국은 연합국의 표뿐만 아니라 라틴 아메리카의 여러 위성 국가의 표도 기대할

1950년 뉴욕에 위치한 국제연합 본부 건물을 공중에서 찍은 모습. 국제연합은 전후에 평화의 염원을 담은 상징이었다.

1990년에 열린 국제연합 안전보장 이사회의 모습

세계 강대국들이 1944년 워싱턴 교외의 덤바턴 오크스 회담과 1945년 얄타 회담에서 세계 균형과 평화를 유지하기 위해 국제기구를 설립하기로 합의했다. 1945년 샌프란시스코 회담에서 국제연합 헌장을 채택한 51개국이 첫 국제연합 총회를 준비했다. 첫 총회는 1946년 2월 런던과 같은 해 11월과 12월에 뉴욕에서 열렸다.

국제연합은 총회, 안전 보장 이사회, 경제 사회 이사회, 사무국, 국제 사법 재판소와 그 밖의 여러 보조 기관, 전문 위원회들로 구성되어 있다. 총회는 모든 회원국이 참여하는 국제연합 최고의 토의 기관이다. 이는 정치적으로 국제 협력을 도모하는 방법을 모색하는 토론과 권고의 장으로 일종의 세계 국회이다.

안전보장 이사회는 거부권을 가진 다섯 개의 상임 이사국을 포함한 총 15개국으로 구성된다. 이 이사회의 관할권은 평화 유지와 국제 안보 문제에 국한되어 있다. 경제 사회 이사회는 총회의 자문 기구로서 경제, 사회, 문화, 교육, 그 밖의 다른 분야에 대한 연구와 보고를 준비한다. 총회도 관할권 내의 문제에 대해서는 국제회의를 소집할 수 있는 권한을 가진다.

국제 사법 재판소는 네덜란드의 헤이그에 법원을 두고 있으며, 판사는 국적에 상관없이 선출된다. 이 재판소의 주요 임무는 국가 간 분쟁의 중재와 국제법 사안에 대한 심의이다.

1945년 샌프란시스코 회담의 한 위원회에서 연설하는 네덜란드 대표의 모습.

수 있었다.

약소국들에게는 이 상황이 좋지만은 않았다. 이렇게 언제라도 강대국의 힘으로 쥐락펴락 할 수 있는 기구에 약소국들이 불안감을 느끼는 것은 당연했다. 그렇지만 강대국들이 원하는 대로 조직이 구성되었다. 사실 어떤 조직이라도 그렇게 흘러가기 마련이다.

국제 정치의 신기원

국제연합이 만들어질 때 중대한 논란거리가 된 또 다른 문제는 안전 보장 이사회의 상임 이사국에게 거부권이 주어지는 일이었다. 강대국들이 이 기구에 참여하게 하려면 꼭 필요한 조치였다. 물론 이 거부권에도 약간의 제약이 가해지긴 했다. 어떤 상임 이사국이

연대표(1945~1948년)

1900년	1945년 얄타 회담과 포츠담 회담, 독일과 일본의 항복, 베트남의 독립 선언	1948년 간디 암살, 이스라엘 개국, 제1차 중동 전쟁	1950년
	1946년 중국 내전의 절정기	1947년 인도와 파키스탄의 독립, 마셜 플랜 수립	

새로운 세계의 형성

라도 자국의 이익에 불리하게 직접적으로 행동이 취해지는 일이 아니라면 해당 문제에 대한 조사나 토론까지 막을 수는 없었다.

이론상 안전 보장 이사회는 아주 큰 힘을 가지게 되었지만, 실상은 정치적 현실에 얽매일 수밖에 없었다. 국제연합 창설 후 10년 동안 이 기구의 중요성은 국제 문제에 대한 토론의 장을 마련했다는 데 있었다. 최초로 세계적 공화국이 주권 국가의 행위를 놓고 총회에서 토론을 벌이는 일이 벌어졌다. 이는 너무나 새로운 현상이었다. 국제연합은 즉시 국제 정치의 새로운 장을 열었다.

이렇게 되자 효과적인 문제 해결책이 나오기까지 시간이 훨씬 더 오래 걸리게 되었다. 때로는 국제 논쟁으로 인해 각국 사이에 감정의 골만 깊어져 토론을 벌이면 벌일수록 신랄하고 고집스러운 견해들만이 난무하여 아무런 해답이 나오지 않기도 했다. 그러나 교육적인 효과는 분명히 있었다.

또한 총회가 열리는 국제연합 본부가 뉴욕에 상주하기로 결정한 일은 아주 중요했다. 이로써 국제연합이 미국인들의 관심을 끌 수 있게 되었고, 미국이 오랜 전통의 고립주의를 벗어나는 데도 도움이 되었다.

국제연합 총회는 1946년 런던에서 최초로 열렸다. 즉시 신랄한 논쟁이 벌어졌다. 소련군이 여전히 서남아시아의 아제르바이잔 지방에 주둔하고 있는 것에 대한 불만이 나오자, 소련도 영국이 그리스에 군대를 계속 주둔시키고 있다는 사실에 반격을 가했다. 며칠 만에 소련은 첫 거부권을 행사했다.

그 후 소련은 계속해서 거부권을 행사했다. 미국과 영국이 자국의 특권을 보호하는 특별 수단으로 간주하고 사용하던 거부권은 이내 소련의 외교 술책이 되어 버렸다. 1946년에 이미 국제연합은 소련이 막 형성되기 시작한 서구 진영과 경쟁하는 무대가 되어 있었다.

| 소련과 미국 |

오래전부터 미국과 소련, 양국은 대립의 각을 세우고 있었지만 제2차 세계 대전 후반기에 영국이 보기에는 미국이 소련에게 너무 많이 양보하면서 과도하게 친밀한 태도를 취하고 있었다. 물론 양국 사이에는 항상 이데올로기적 괴리가 존재했다. 소련이 자본주의 국가의 행동에 대해 뿌리 깊은 선입견을 가지고 있지 않았다면 1945년 이후 소련과 전쟁 때 함께했던 연합국인 미국을 대하는 태도가 분명히 달라졌을 것이다.

미국도 소련에 대해 계속 불신하고 있었고, 소련을 위협 세력으로 여겼다. 그러나 그렇다고 해서 이 문제가 미국의 정책 결정에 많은 영향을 미친 것은 아니었다. 전쟁이 끝난 1945년에는 미국의 불신이 덜한 편이었다. 양국 중에서 더 경계했던 쪽은 소련이었다.

그 당시 진정한 의미의 강대국은 미국과 소련, 두 나라뿐이었다. 안전 보장 이사회를 구성할 때 분분했던 법적 의제들에도 불구하고

1990년에 열린 국제연합 안전 보장 이사회의 모습.

영국은 이미 힘을 너무 많이 소진한 상태였다. 프랑스는 이제 겨우 점령에서 벗어나 다시 일어서려 하고 있었으며, 거대 공산당 세력으로 인해 내부 분열 위기에 처해 있었다. 이탈리아는 예전의 불화에 더해 새로운 다툼이 일어나고 있었다. 독일은 모든 것이 다 파괴된 데다가 연합군의 점령하에 있었다.

일본도 연합군에 점령당했으며 군사적으로 무력했다. 중국은 근대에 들어와서는 강대국의 입장에 서 본 적이 없었다. 결과적으로 미국과 소련만이 월등한 지위를 누렸다. 양국만이 진정한 승자였고 전쟁으로 이익을 얻은 유일한 국가들이었다. 다른 승전국들은 기껏해야 전쟁에서 살아남았거나 다시 일어선 정도였다. 제2차 세계 대전이 미국과 소련이라는 새로운 제국을 탄생시킨 것이다.

1945년의 소련

소련은 이러한 지위에 오르기까지 상당한 대가를 치르긴 했지만 제정 시대 때에는 상상조차 하지 못했던 강력한 힘을 가지게 되었다. 소련군은 광활한 유럽 지역을 지배하게 되었다. 그중 많은 부분이 소련의 영토였고, 나머지는 1948년에 위성 국가가 된 나라들이었다. 위성 국가 중에는 주요 산업 지역인 동독도 포함되어 있었다.

이 밖에도 제2차 세계 대전 후 생긴 유일한 공산주의 국가인 유고슬라비아와 알바니아는 1945년에 소련의 연합국이 되었다. 이들 양국은 소련의 점령 없이 자발적으로 공산화를 이룬 국가였다. 소련의 우월한 지위는 소련 군대의 싸움으로 얻은 것이었지만, 어느 정도는 서구 국가들이 자초한 것이기도 했다.

전쟁 막바지에 유럽 연합군 최고 사령관이었던 아이젠하워 장군은 소련군에 앞서 프라하와 베를린으로 진군하기를 거부했다. 그 결과 소련은 중부 유럽 지역에서 전략적 우위를 점할 수 있었다. 1914년 당시 장애물이

1945년 6월 26일 영국의 주미 대사인 핼리팩스 백작이 전쟁 기념관에서 국제연합 현장에 서명하고 있는 모습. 1945년 샌프란시스코 회담이 열린 지 두 달 후 각국 대표들은 국제연합 현장을 만장일치로 통과시키고 모두 서명했다.

미국과 전후 세계의 경제

제2차 세계 대전이 끝난 후 미국의 목표는 자국을 중심으로 한 세계 경제 통합에 있었다. 이는 미국 정부로서는 논리적인 생각이었다. 그 당시 미국은 세계 석유 보유고의 59%, 세계 산업 생산량의 46%를 차지하고 있었다. 세계 대부분의 국가가 부족한 식량, 석탄, 기계, 제조품을 충당하기 위해서는 미국의 원조에 기댈 수밖에 없었다.

었던 합스부르크 제국이 사라지고 이제 독일만이 남아 있는 상태여서 중부 유럽에 대한 소련의 기세는 훨씬 더 위협적이었다.

지칠 대로 지친 영국과 서서히 다시 일어서고 있는 프랑스가 소련군에 맞설 수 있으리라고는 생각할 수 없었다. 미국이 본토로 돌아가 버리면 유럽 대륙에서 소련을 대적할 국가는 없었다.

1945년에 소련군은 터키와 그리스 국경선에 진을 쳤고, 이란 북부를 점령하기도 했다. 동아시아에서도 소련군은 중국의 신장, 몽골, 북한 그리고 오늘날의 뤼순 지역인 아더 항의 해군 기지를 점령했을 뿐만 아니라 일본의 지배를 받던 만주의 나머지 부분도 독립시켜 주었다. 실제로 소련군이 일본으로부터 빼앗은 영토는 사할린 섬의 남쪽 부분과 쿠릴 열도뿐이었다.

동아시아 지역에서 소련이 획득한 영토는 사실상 중국의 영토였지만, 전쟁이 끝날 즈음 중국에는 이미 새로운 공산 국가의 윤곽이 드러나고 있었다. 중국 공산주의자들은 소련 외에는 사상적, 물질적 원조를 기대할 수 있는 나라가 없는 실정이었다. 이제 아시아에서도 소련의 새로운 위성 국가가 만들어지고 있었다.

1945년의 미국

미국이 점령한 영토는 소련보다 적었다. 미국도 전쟁 막바지에는 유럽 대륙 중심부에 자국 군대를 주둔시켰지만, 미국 유권자들은 되도록 빠른 시일 내에 군대를 철수하기를 원했다.

그러나 유라시아 대륙의 곳곳에 포진해 있던 미국군의 기지를 철수하는 일은 또 다른 문제였다. 소련이 최강국인 이 지역에서 미국이 일본의 해군 기지와 섬 비행장들, 군사 훈련 기술 등을 확보한 결과, 태평양 전체를 호령할 수 있게 되었기 때문이다.

무엇보다도 히로시마와 나가사키에 투하한 원자 폭탄의 위력은 미국만의 것이었다. 그러나 미국의 최대 강점은 경제적 능력에 있었다. 소련의 강력한 지상 병력을 제외하면 미국의 압도적인 산업 생산력이 연합군을 승리로 이끈 결정적인 요인이었다. 미국은 자국 군대뿐만 아니라 모든 연합군의 장비를 제공했다.

게다가 다른 나라에 비해 전쟁으로 인한 피해가 적었다. 미국 사상자수는 다른 나라들보다 적었다. 영국 사상자수도 미국보다 많았으며 소련은 엄청났다. 미국 본토는 적의 공격이 미미해서 전쟁의 피해를 거의 입지 않았다. 따라서 미국의 고정 시설은 그대로 남았으며 미국의 경제력은 훨씬 더 강해졌다.

미국인의 생활 수준도 전쟁 기간 동안 실제로 향상되었고, 뉴딜 정책으로도 완전히 해결하지 못했던 경제 공황이 군수 물자 생산으로 해결되었다. 또한 미국은 전 세계에 자본을 투자한 최대 채권 국가였다.

미국과 어깨를 나란히 했던 국가들이 이제는 전쟁 후 국가 재건만으로도 힘든 처지였다. 그들의 경제는 미국의 손에 달려 있었다. 그 결과 전 세계는 미국의 간접적인 영향력 아래에 놓이게 되었고 이런 현상은 전쟁이 끝나기 전부터 시작되었다.

미·소 관계

유럽 대륙에서 전쟁이 종식되기 전부터 세계 권력의 양극화 조짐이 보였다. 이는 소련이 이탈리아 점령 문제에서 제외되고, 영국과 미국이 폴란드 문제를 소련이 원하는 대로 결정할 수밖에 없었던 사실을 보면 분명했다.

그러나 미국은 노골적인 선 긋기를 꺼리는 듯했다. 그 사이 소련은 재빨리 권역을 넓혀 나갔다. 어차피 처음부터 양국의 충돌은 예상하던 일이었고, 종전 몇 년 후에는 이런 양극화 현상이 기정사실이 되어 버렸으므로 이제 와서 양국의 의도 차이를 논하는 것은 불필요한 일이다. 겉모습으로 속내까지 파악할 수는 없는 법이다.

1945년 미국은 자국의 영향력에도 불구하고 그 힘을 정치적으로 사용할 의지가 거의 없었다. 승전 후 미국 군대의 최우선 관심은 전시 상황으로 동원된 모든 것들을 빨리 제자리로 돌려놓는 것이었다. 연합군에 제공하던 미국의 무기는 일본이 항복하기도 전에 이미 공급이 중단된 상태였다.

이는 미국의 간접적 국제 영향력을 감소시키는 일이었고, 결과적으로 종전 후 미국의 우방들을 취약하게 만드는 일이었다. 이들 국가는 미국을 대체할 새로운 안보 시스템을 마련하지 못했다. 게다가 원자 폭탄은 너무나 파괴적이었기 때문에 최후의 수단이었을 뿐 다시 사용할 수도 없었다.

1945년 8월 6일 원자폭탄 투하 후 히로시마의 폐허. 이날 이후 수년에 걸쳐 수십만 명의 사람들이 이 폭발로 인해 죽어 갔다. 미국인들은 이 끔찍한 파괴력에 몸서리를 치면서도 전쟁을 빨리 끝내기 위해서는 어쩔 수 없는 조치였다고 생각했다.

핵무기를 보유하게 된 소련

전후 소련에서 무슨 일이 일어나고 있는지는 확실히 알기 어려웠다. 소련 국민들이 전쟁으로 인해 독일 국민들보다 더 끔찍한 고통을 겪은 것은 확실했다. 추측밖에는 할 수 없지만 어림잡아 2,000만 명이 넘는 소련 국민들이 사망한 것으로 보인다. 전쟁이 끝나자 스탈린이 자국의 강점보다 취약점을 더 잘 인식하게 된 것은 당연했다.

소련은 유럽 지역에서 힘을 행사할 수 있는 강력한 지상 병력을 해제시킬 이유가 없었다. 그러나 소련에는 원자 폭탄이 없었고, 전략적 폭격 병력도 전무했다. 핵무기를 개발하겠다는 스탈린의 결정은 그렇지 않아도 전반적인 경제 재건이 절실했던 소련 경제에 더 큰 부담이 되었다. 전쟁 직후의 몇 년간은 1930년대의 산업화 경쟁 때만큼 힘든 시기였다.

마침내 1949년 9월 원자 폭탄이 완성되었다. 이듬해 3월 소련은 핵무기 보유를 공식적으로 발표했다. 이즈음 국제적 상황은 많이 변해 있었다.

황폐화된 유럽

두 강대국의 관계는 점차 나빠져 1949년경에는 거의 최악이었다. 이는 유럽의 사정 때문이었다. 유럽은 전쟁으로 인한 피해를 복구하는 일이 절실했다. 전쟁 피해 규모는 정확히 계산되지도 못할 만큼 엄청났다. 소련을 제외하고 1,400만 명이 넘는 유럽인들이 죽었고, 살아남은 자들도 폐허 속에서 살고 있었다.

추산한 것에 따르면 독일과 소련에서 약 750만 가구가 파괴되었다고 한다. 공장과 통신 설비들도 완전히 초토화되었다. 유럽은 필요한 물품들을 수입해야 했는데, 이를 지불할 수단이 없었다. 화폐는 무용지물이 되어 연합군이 점령했을 때는 이미 담배나 쇠고기 등 현물이 돈 대신 통용되고 있었다.

1944년 소련 피난민들이 고향으로 돌아오는 모습. 독일의 폭격으로 그들의 집은 이미 사라지고 없었다.

프랑스 여성들이 독일 장병과 관계를 가졌다는 이유로 삭발을 당하고 프랑스 거리에서 벌을 받고 있는 모습. 수백 명의 여성이 똑같은 일을 당했다. 프랑스가 해방된 후 나치에 협력했던 사람들은 이런 식으로 대중으로부터 비난과 창피를 당했다.

유럽 문명사회는 나치가 일으킨 전쟁으로 산산조각이 났다. 나치 치하에서는 거짓말, 사기, 절도 등이 미덕으로 변했기 때문이었다. 그런 행위들은 생존에 필수적이었을 뿐만 아니라 권력과 침략자에 대한 저항 또는 저항 운동을 뜻하는 '레지스탕스' 행위로 영웅시될 수도 있었다.

독일 점령군에 대항한 투쟁은 새로운 결과를 낳았다. 연합군이 들어와 독립을 이룬 각국에서는 총살대가 연합군이 떠난 자리에 들어서서 과거를 청산하기 시작했다. 프랑스에서는 그 '정화'의 정도가 과거 1793년의 공포 정치 때보다 더 심했다.

무엇보다도 1차 세계 대전 후에 비해 가장 결정적인 점은 유럽의 경제 구조가 붕괴되었다는 사실이다. 한때 유럽 경제의 동력은 산업화된 독일에 있었다. 유럽 경제를 다시 회복시키기 위한 산업 설비들이 독일 지역에 있었음에도 불구하고, 처음에 연합국들은 독일 재건을 막기 위해 독일의 산업 생산을 억눌렀다. 설상가상으로 독일은 동서로 분할되었다.

처음부터 소련은 독일의 산업 시설들을 '전쟁 보상금'으로 생각했다. 독일군이 소련에서 후퇴할 때 3만 9,000마일에 해당하는 철도를 모조리 파괴했기 때문이었다. 이로 인해 소련은 총 자본 설비의 4분의 1 정도를 잃어버린 격이었다.

| 동서의 분단 |

동부 유럽과 서부 유럽의 정치적 분단은 전쟁이 끝나기 전부터 확실해지고 있었다. 특히 영국은 폴란드 문제로 인해 경각심을 가지게 되었다. 소련은 동부 유럽에는 소련의 말을 잘 따르는 정부만을 허락하는 듯 보였다. 이는 동부 유럽 국가들이 자유롭게 지도자를 선출하기를 바랐던 미국의 의도와 전혀 달랐다.

그러나 전쟁이 끝날 때까지 미국 정부와 국민들은 소련과 합리적인 합의를 도출할 수 있으리라는 점을 의심조차 하지 않았다. 대체적으로 말하자면, 미국의 루스벨트 대통령은 소련과 우호적 관계를 지속할 수 있으리라고 확신했다. 양국은 독일 부흥을 막고 제국주의를 반대하는 점에서 공통의 이해관계를 가지고 있었기 때문이었다.

미국의 대통령과 대중들 모두 전통적으로 영국과 대립했던 소련의 정책 성향을 잘 알지 못하고 있었다. 그리스에서는 독일이 물러난 후 왕정을 무너뜨리려는 공산주의 게릴라 활동이 한창이었는데, 이에 대항해 그리스에 개입하려는 영국을 소련은 강하게 저지하고 있었다. 결과적으로는 스탈린과 처칠은 영국은 그리스에, 소련은 루마니아에 대한 간섭을 용인하기로 서로 합의를 보았다.

독일 분할

1945년 4월 미국의 루스벨트 대통령이 사망하자 트루먼 대통령이 그 뒤를 이었다. 트루먼 정권은 원치 않았지만 결국 독일은 분할되고 말았고, 이러한 결과는 미국의 정책들이 바뀌는 계기가 되었다.

처음에 소련은 영국과 미국 군대가 베를린에 함께 들어와 공동으로 그 도시를 통치하기로 한 합의를 잘 수행했다. 그들은 1945년 포츠담 회담에서 논의한 대로 독일을 하나의 단위로 지배하기를 원했다. 그렇게 해야지만 독일의 산업 지역인 루르 지방을 그들이 원하는 대로 통제할 수 있을 것이기 때문이다.

그러나 독일 경제는 곧 동서로 갈라졌다. 독일의 재건을 확실히 막기 위해 소련은 자국의 점령 지역을 다른 세 나라의 점령 지역과 분리시키기 시작했다. 처음에 소련이 이러한

해방된 유럽에 대한 선언

소련 서기장과 영국 수상, 미국 대통령은 그들 국민들과 해방된 유럽 지역 국민들의 공동의 이해관계에 대해 서로 협의했다. 이 세 나라는 해방된 유럽 지역의 불안정한 시기 동안 일시적으로 정책 공조를 도모할 것을 선언한다. 이는 나치 독일과 그 추축국들에게서 해방된 유럽인들이 그들의 급박한 정치적, 경제적 문제들을 민주적인 방법으로 해결할 수 있도록 돕기 위함이다.

1945년 2월 11~14일, 얄타 회담

조치를 취한 이유는 독일에 확실하고 믿을 만한 공산주의 기지를 구축하기 위해서였을 것이다. 애초에 독일을 분할하려는 의도나 계획은 전혀 없었지만 결국 분할이 독일 문제의 해결책으로 떠올랐다.

동부 지대를 제외한 서부 점령 지대는 경제적 이유 때문에 통합되었다. 한편 소련의 점령 정책은 불신을 야기했다. 소련이 독일 점령 지대에 공산주의 기지를 구축한 일은 다른 나라에서도 그대로 반복되는 것 같았다.

1945년 당시 공산주의자가 다수를 차지했던 나라는 불가리아와 유고슬라비아가 유일했고, 다른 동유럽 국가들에서 공산주의자들은 연합 정부를 구성하는 한 축일 뿐이었다. 그런데 이들 정부도 점점 소련의 꼭두각시처럼 행동하기 시작했다. 1946년에 이미 공산권이 형성되고 있었다.

전후 소련의 외교 정책

소련의 동기를 단지 이데올로기 탓만으로 몰아붙이는 것은 성급한 일이다. 분명히 스탈린은 자신이 통제할 수 없는 정부하에서 독일이 다시 단합하게 될 것을 두려워했다. 소련은 과거에 독일로부터 공격을 너무 많이 받아서 통일 독일을 신뢰할 수 없었다.

전쟁 후 폐허가 된 점령지 베를린의 모습. 1944년 11월부터 독일은 네 지역으로 분할되어 각각 프랑스, 영국, 미국, 소련의 지배를 받게 되었다.

통일 독일이 소련을 공격할 가능성은 그 어떤 위성 국가들보다도 컸다. 이 점은 소련의 이데올로기에 상관없이 항상 그럴 것이었다. 물론 통일 독일이 자본주의 국가라면 소련에게 더 나쁘기는 할 것이다.

소련은 독일을 제외한 다른 지역에서는 조금 더 유연한 모습을 보여 주었다. 동부 독일을 소련의 위성국으로 만드는 데 조급해하던 소련이 중국에서는 여전히 국민당을 지지하고 있었다. 반면 이란에서는 소련군 철수가 이미 합의되었음에도 계속 미적거리다가 이란의 인근 국가인 아제르바이잔에 공산주의 정권이 수립된 후에야 완전히 철수했다. 이 공산주의 정권은 이란인들이 1947년 미국의 군사 원조를 받아 무너뜨렸다.

안전 보장 이사회에서 소련의 거부권은 다른 연합국들을 방해하기 위해 점점 더 많이 이용되었다. 서구 유럽의 공산당들은 분명히 소련의 사주를 받고 있었다. 그러나 스탈린의 속내는 여전히 의심스러웠다. 아마 스탈린은 자본주의 세계의 경제가 스스로 붕괴되기를 예상하고 기다리고 있었을지도 모른다.

철의 장막

연합국 사이에서는 여전히 소련의 의도를 좋게 바라보고 있었다. 1946년 처칠이 '철의 장막'이라는 말로 유럽의 동서 분리 문제에 주의를 환기시켰을 때 일부는 그를 비난했다. 1945년 영국 노동당 정권이 수립되자 처음에는 '좌익과 좌익은 통한다'라는 희망적인 분위기가 팽배했다. 이러한 상황은 곧 회의적으로 변했다.

영국과 미국의 정책은 1946년을 기점으로 공동의 기조를 표명하기 시작했다. 영국이 그리스에 개입하면서 그리스에서는 자유선거가 가능했다는 점이 분명해졌고, 미국 공직자들이 소련 정책의 경향을 파악하게 되었으며, 트루먼 대통령도 소련에 대해 이전의 대통령들과는 다른 견해를 가지고 있었다. 게다가

새로운 세계의 형성

영국은 인도에서 물러날 계획을 하고 있었다. 이는 미국의 의견을 반영한 일이었다.

트루먼 독트린

1947년 2월 미국의 트루먼 대통령은 중대한 결정을 내린다. 이는 영국 정부가 미국과의 대화에서 오랫동안 부인해 오던 사실을 인정했기 때문이었다. 영국은 더 이상 세계를 호령하는 강대국이 아니라고 인정했던 것이다. 영국 경제는 전쟁 때의 과도한 지출로 심각한 부채에 허덕이고 있었다. 영국은 국내 투자가 절실히 필요했다.

탈식민화에는 경제적 대가가 따랐다. 1947년경 영국은 재정 균형을 맞추려면 그리스에서 군대를 철수하는 수밖에 없었다. 트루먼 대통령은 즉시 미국이 그 틈을 메우기로 결정했다. 미국은 그리스와 터키에 재정적 원조를 함으로써 양국이 소련의 압력에서 벗어나도록 했다. 트루먼은 의도적으로 이 조치에 양국을 지원하는 이상의 의미를 부여했다.

트루먼은 터키와 그리스에 원조를 제공하면서 세계의 모든 '자유 국민들이 외세의 압력이나 무장 세력에 종속되지 않도록' 미국이 앞장서서 도울 것이라는 사실을 강조했다. 이는 1945년에 취했던 미국의 고립주의 정책과는 정반대인 조치였다. 이로써 미국은 전통적인 외교 정책에서 완전히 멀어졌다. 이 같은 소련 '봉쇄' 결정은 미국 외교사상 가장 중대한 결정이라 할 수 있었다.

결과적으로 이 선언은 미국의 한계를 넘어서는 비현실적인 것이었고 이때가 바로 비평가들이 말하는 새로운 미국 제국주의가 탄생한 순간이었다. 이 당시에는 뚜렷하지 않았지만 미국의 정책은 유럽을 넘어서서 확장되고 있었다.

이런 미국의 변화는 지난 18개월 동안 소련의 행동과 정책이 야기한 두려움과 영국의 약세로 인한 것이었다.

마셜 플랜

트루먼 대통령은 세계의 '자유 국민들'에 대한 지원을 공표한 몇 달 후, 많은 고심 끝에 계획 하나를 내놓았다. 이는 '트루먼 독트린'을 완성하는 조치로서 경제 재건에 온 힘을 쏟고 있는 유럽 국가들에게 미국이 경제 원

마셜 플랜

1947년 6월 5일 미국의 국무장관 조지 마셜 장군은 유럽의 경제 회복을 위해 반드시 필요한 미국 주도의 계획을 발표했다. 소련과 그 위성 국가들은 참여를 거부했지만 오스트리아, 벨기에, 덴마크, 프랑스, 영국, 그리스, 아이슬란드, 아일랜드, 이탈리아, 룩셈부르크, 네덜란드, 노르웨이, 포르투갈, 스웨덴, 스위스, 터키는 모두 이 계획에 찬성의 뜻을 밝혔다.

마셜 플랜을 실행에 옮기기 위해 유럽 경제 협력 기구가 수립되었다. 1947년 9월 15일에서 1948년 4월 1일에 걸쳐 유럽 경제 부흥 계획이 완성되었다.

1953년에 노벨 평화상을 받은 조지 마셜(1880~1959)의 모습.

조를 제공하는 계획이었다. 이 계획은 이를 발표한 미국 국무장관의 이름을 따서 '마셜 플랜'이라고 불렸다. 이 계획의 목적은 비군사적, 비침략적 봉쇄 방법의 구축에 있었다.

모두들 이 계획에 놀라움을 감추지 못했다. 영국 외무 장관은 마셜 플랜의 진의를 제일 먼저 파악한 유럽 정치인이었다. 프랑스와 함께 서구 유럽이 이 계획안을 받아들이도록 역설했다. 물론 마셜 플랜은 전 유럽을 상대로 한 계획이었지만, 소련은 참여하지 않았고 위성 국가가 받아들이는 것도 허락하지 않았다. 오히려 마셜 플랜을 맹공격했다.

그 시점까지만 해도 유일하게 동부 유럽에서 완전한 공산주의 정부가 아닌 연합 정부를 구성하고 있어서 소련의 위성 국가로 간주되지 않고 있던 체코슬로바키아마저도 마셜 플랜을 고사했다. 체코슬로바키아도 소련의 영향력을 완전히 배제하지 못한 상황인 듯 보였다. 체코슬로바키아의 독립성에 대한 신뢰는 1948년에 일어난 공산주의자들의 쿠데타로 모두 사라졌다.

또 다른 소련의 비타협적 면모는 전쟁 전에 선전 활동 전초 기지 역할을 했던 코민테른을 1947년 9월 코민포름이란 이름으로 다시 부흥시킨 점에서도 볼 수 있었다. 코민테른은 즉각적으로 마셜 플랜을 규탄하기 시작했다. 코민테른은 마셜 플랜을 "미국 제국주의를 전 세계에 뿌리내리기 위한 뻔뻔하고도 대담한 침략적 영토 확장 정책"이라고 비난했다.

마침내 서부 유럽이 마셜 플랜을 실행하기 위해 유럽 경제 협력 기구를 수립했을 때 소련은 동부 유럽에 경제 상호 원조 회의라는 '코메콘'을 결성함으로써 화답했다. 이 조직은 소련 주도의 동구권 경제 통합을 목표로 생겨났으나 실제적으로는 소련에 의한 동구권 경제 계획 기구나 다름없었다.

1948년 무장 노동자 단체가 세력을 과시하며 프라하의 블타바 강에 놓여 있는 카를 교를 행진하는 모습. 체코슬로바키아의 공산주의 쿠데타는 사전에 행정부, 경찰, 군대를 제압하는 등 치밀한 준비와 계획하에서 실행되었다. 내전을 피하는 데 절실했던 대통령은 공산주의 정부 수립을 받아들였다.

| 냉전의 도래 |

1947년 무렵부터 이른바 냉전이 시작되었다. 이 시점에서 전후 유럽의 역사가 한 단락 끝을 맺었고 새로운 냉전시대가 1960년대까지 계속되었다. 세계는 미국과 소련, 양 강대국의 편으로 갈라져서 전후 시기의 여러 위기를 헤쳐 나갔다. 양 진영은 전쟁을 제외한 모든 방법과 수단을 동원하여 각자 나름대로의 안보를 구축했다. 가장 많이 이용된 방법이 이데올로기를 강조하는 것이었다.

서구 진영에 속하게 된 일부 나라에서는 냉전이 내전 같은 분쟁이나 자유, 사회 정의, 개인주의 같은 가치들에 대한 논쟁의 형태로 나타났다. 양 진영의 경계선에 위치한 나라들에서는 선전 활동과 전복 시도 혹은 미국이나 소련의 사주를 받은 게릴라 운동 등이 활발히 일어났다.

다행히도 그들은 항상 전쟁 직전에 싸움을 멈춰 전쟁에까지는 이르지 않았다. 이제 전쟁이 발발하면 양측 모두 핵무기를 사용하지 않을 수 없을 것이고, 엄청난 파괴력을 지닌 핵무기를 사용하게 되면 패전보다도 인류의 멸망을 걱정해야 하는 사태가 벌어질 것이기

1956년 10월 23일 헝가리의 부다페스트에서 공산주의 체제에 대한 폭동이 일어났을 때 부다페스트에 진입한 소련군 탱크의 모습. 헝가리 공산당에서 축출된 반체제 인물이 새로운 정부의 수장을 자처하면서 소련군의 철수와 바르샤바 조약의 철폐를 주장했다. 이에 소련군은 재빨리 응수해서 24시간도 안 되어 반란군을 완전히 제압했다.

때문이었다.

따라서 냉전은 경제적 힘 겨루기가 주를 이루게 되었다. 양 진영의 대표주자로서 경제적 힘을 과시하지 않을 수 없었던 미국과 소련은 위성 국가와 중립 국가에게 경제 원조를 제공했다. 이 과정에서 흑백 논리에 따른 독단과 기회주의가 나타났다. 이는 불가피한 현상이었지만 냉전으로 인해 세계는 30년 넘게 범죄와 부정부패로 몸살을 앓게 되었다.

냉전의 영향

지금 와서 보면 양측의 신랄한 언어적 공방에도 불구하고 냉전은 16~17세기 유럽의 종교 전쟁과 닮아 있다. 그 시대 역시 이데올로기로 인한 폭력과 열정이 넘쳐났지만, 이데올로기만으로는 그 당시의 복잡하고 혼탁한 상황들을 완전히 수용할 수는 없었다. 무엇보다도 이데올로기는 민족적 이익 앞에서는 힘을 쓰지 못했다.

그러나 어떤 특정한 다툼이 재앙의 상황으로 비화되지 않고 가라앉더라도, 그때 나온 말들과 허구적 사실들은 그 다툼보다 오래 회자되어서 현실과 동떨어진 언어만이 남아있는 형국이 되곤 했다.

미국과 소련 양측 중 어느 쪽에도 가담하지 않는 국가들이 늘어나면서 냉전이 끝나는 조짐이 보였다. 1945년 이후 몇 년간 많은 신생 국가들이 식민지 해방의 결과 새로이 탄생했다. 이들 국가는 국제 관계에 냉전만큼 큰 지각 변동을 가져왔다. 국제연합 총회는 냉전을 공고히 하는 선전 활동의 무대가 아니라 반식민주의를 펼치는 장으로서 더욱 중요해졌다.

전쟁 후의 아시아

상황과 시기에 많은 차이가 있었지만 전체적으로 아시아의 민족주의 운동은 성공적 결과가 보장된 상태였다. 전쟁으로 인해 일본이 패망하고 유럽의 제국주의가 모래성처럼 무너졌기 때문이다. 이런 현상이 처음으로 뚜렷해진 곳은 동남아시아와 인도네시아였다. 그러나 이 여파는 일본 제국주의의 지배를 받지 않던 지역에도 작용했다. 여기에는 인도 반도도 포함되어 있었다.

1942년 6만 명에 이르는 영국, 인도, 자치령 연합군이 싱가포르에서 항복한 일은 아시아에서 유럽 제국이 운명을 다했다는 사실을 알리는 포문이었다. 누구도 이러한 재앙을 되돌리는 노력을 할 수 없었다. 이렇게 체면이 깎이는 사건으로 인해 동아시아 지역의 모든 유럽인들은 예전의 자신감과 위세가 꺾였다.

일본이 새로운 정복지에서 가끔씩 잔인한 행위를 벌이는 것은 문제가 되지 않았다. 식민지의 국민들은 예전부터 저항 수단으로 사용되었던 민족주의를 영국이나 프랑스, 네덜란드 등 이전 식민지 지배자들에게 대항할 때에도 이용했다. 게다가 유럽에서 벌어진 폭격, 다툼, 노동력 강제 징용, 기아, 질병에 비하면 아시아의 생활은 비교적 평안했다. 그러나 그 여파는 분명히 존재했다. 1945년경에는 아시아 지역에도 큰 변화의 가능성이 도사리고 있었다.

결국 몇 년 지나지 않아 아시아를 지배하던 제국은 모두 사라졌다. 그러나 영토에 대한 지배력이 모두 위험에 처했던 것은 아니었다. 유럽은 미·소 양 진영으로 뚜렷이 나뉘어져서 1948년의 경계선이 거의 40년간 변함없이 유지되었지만, 동아시아에서는 강대국들 사이의 역학 관계가 그렇게 확실하게 결정되지 못하고 오랫동안 혼란이 지속되었다.

인도의 상황

인도는 언제나 자치 정부를 가지게 되면 그 즉시 아시아의 지배적 강국으로 떠오를 것이라고 여겨졌다. 1939년 이전에도 인도에서 제국주의 지배가 사라질 것은 토론거리도 되지 않는 명백한 사안이었다. 남은 문제는 그 시기와 어떻게 권력을 이양하느냐 하는 것이었다.

영국인들 중에서 인도의 독립을 찬성하는 사람이 있더라도, 그들은 인도가 영국 연방의 한 국가로 남는 형태로 독립하기를 원했다. 영국 연방은 1926년 대영 제국 회의 이래로 영국 제국을 일컫는 말이 되었다. 이 회의에서 최초로 '자치령 지위'에 대한 공식적인 정의가 내려졌다. 자치령은 영국에 충성을 맹세한 영국 연방 소속 독립 국가로서 완전한 자치와 독립적 외교가 보장되는 국가를 말했다.

자치령 지위를 얻는 것이 인도가 생각할 수 있는 가능한 목표였다. 영국 정부는 1940년 전에는 이를 인정할 수 없었지만, 그전에도 어느 정도의 진전은 드물게 이뤄졌다. 이러한 사실은 인도에서 중국처럼 서구에 대한 강한 반감이 일지 않았던 이유이기도 했다.

양차 대전 사이의 인도

제1차 세계 대전이 끝난 후 인도의 정치인들은 매우 실망했다. 그들은 영국의 편에 서서 적극적으로 전쟁을 도왔다. 인도는 병력과 물자 등 많은 기여를 했고, 나중에 인도의 국부로 여겨지게 되는 간디도 전쟁에 동원할 것을 열심히 독려했다. 그들은 이런 일이 나

평화를 상징하는 '미국의 비둘기'를 조롱하는 내용의 1953년 소련판 선전 만화. 미국 언론에는 이와 비슷한 반공 만화들이 실렸다.

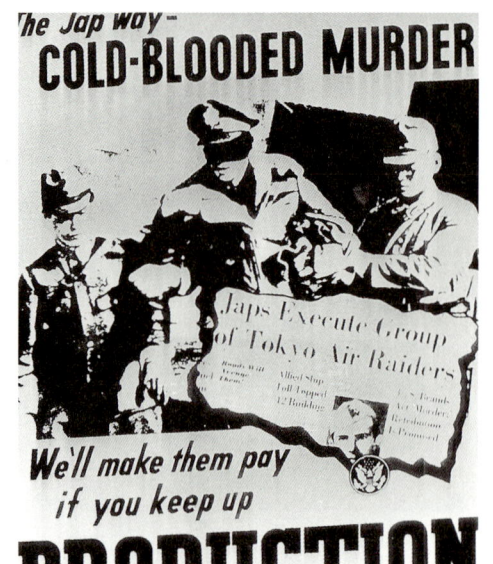

전쟁 동원에 사용되던 선전용 포스터. 전쟁 포로에 대한 일본군의 잔학성이 알려지자 영국과 미국은 크게 분노했다. 아시아 식민지 지역에서 일본군에게 쫓겨나거나 감금된 외국인 공직자들로 인해 공석이 된 행정적, 경제적 자리는 그 지역 엘리트들이 차지하게 되었다.

중에 큰 보답으로 돌아올 것이라고 믿었기 때문이었다.

1917년 영국 정부는 인도 정부에 대해 점진적으로 내정 자치를 인정하는 정책을 펼 것이라고 밝혔다. 이 내정 자치안은 인도인들이 요구하기 시작한 자치령 지위에는 못 미치는 것이었다. 1918년에 이루어진 개혁도 매우 실망스러운 것이었다. 몇몇 온건파들은 이 정도에도 만족감을 표시했지만 이런 개혁의 성과마저도 곧 유야무야 사라졌다.

국제 무역 상황이 악화되자 경제적 문제가 제기되었다. 1920년대에 이미 인도 정부는 영국에 특혜를 주는 상업적, 재정적 관례들을 철폐하자는 인도인들의 요구를 지지하고 있었다. 또한 인도는 영국 제국주의 군사력에 기여하는 만큼 정당한 보수를 요구하기 시작했다. 세계적으로 공황이 닥치자 영국은 더 이상 인도의 관세 정책을 영국 산업에 유리하도록 유지할 수 없게 되었다.

간디와 인도의 민족주의

인도 내 영국인 공동체가 계속 인도인들을 소외하는 정책을 펴는 것은 인도의 발전을 저해하는 중요한 요인 중 하나였다. 인도 민족주의가 열망에 찬 몇몇 지식인들만의 문제라고 치부한 영국인들은 소련의 음모에 강력하게 대처하는 데에만 관심을 두고 있었다. 행정가들에게는 소련의 볼셰비키 혁명이 커다란 충격이었던 것이다. 그래도 1923년이 될 때까지는 인도 공산당이 창당되지 못했다.

결국 모든 인도인 입법 의원들의 바람과는 반대로, 소련의 음모에 맞서기 위해 정상적인 법적 보호안의 제정이 연기되었다. 이에 간디의 평화적 시민 불복종 운동이 처음으로 시작되었다. 폭력을 피하려는 간디의 노력에도 불구하고 무력 봉기가 일어났다.

1919년 암리차르에서 영국인들이 공격당해 그들 중 몇 명이 죽자, 어리석은 장군 한 명이 군중들을 무력으로 분산시켰다. 영국인의 강한 의지를 보여 주기 위해 벌인 이 사태로 인도인 400명이 죽었고 1,000명 이상의 인도인들이 총상을 입었다. 그 유명한 암리차르 대학살이 일어난 것이다.

그런데 인도 내 영국인 거주인들과 몇몇 입법 의원들은 영국의 명성에 돌이킬 수 없는 먹칠을 한 이 사건에 도리어 크게 갈채를 보냈다. 이로 인해 영국의 명성은 더욱 금이 갔다.

민족주의자들 사이의 분열

암리차르 대학살 이후 영국 제품 불매 운동과 시민 저항 운동이 불처럼 일어났다. 이때 간디의 의견이 국민회의파에 의해 채택되었다. 간디는 비폭력 운동을 강조했지만 무질서가 뒤따랐고, 1922년 간디는 처음으로 체포되어 구금되었다. 그러나 그는 감옥에서 죽을지도 모르는 위험성 때문에 곧 풀려났다.

간디의 체포로 그 후 몇 년간 중대한 저항은 일어나지 않았다. 1927년이 되자 서서히 영국 정책은 다시 진전 양상을 보이기 시작했다. 조사 위원회가 인도로 파견되어 헌법적 변화의 실효성에 대해 조사했다. 이 실사단에 인도인이 한 명도 포함되어 있지 않아 더 많은 문제를 야기하기도 했다.

민족주의자들 사이에 통합을 유지시켜 주던 열정은 많이 사라지고 서로 간에 틈이 벌어지고 있었다. 민족주의자들은 완전한 독립을 주장하는 이들과 자치령 지위에 만족하는 이들로 분열되어 간디의 노력과 신망에 의존해 겨우 한데 묶여 있는 상태였다. 국민회의파는 말만큼 군건한 조직이 아니었다. 국민회의파는 대중에 깊게 뿌리내린 정당이라기보다는 지방 거물들의 연합체 같은 것이었다.

1930년 영국의 소금 독점과 영국 정부의 높은 관세에 저항하는 불복종 운동의 일환으로 385km에 이르는 단디 행진을 벌인 간디의 모습. 간디는 단디 해안까지 걸어가서 바닷물을 끓여 소금을 추출했다. 이 불법적 행위로 간디는 체포되었지만 가난한 이들의 지지를 얻을 수 있었다.

결과적으로 힌두교와 이슬람교 사이의 분열은 더욱 심화되었다. 두 공동체의 지도자들은 1920년대에 상호 관계가 급격히 악화되어 폭동과 유혈 사태로까지 번졌다. 1930년에 이슬람 정치 연맹의 수장은 앞으로 인도의 헌법적 변화에는 북서쪽에 이슬람 독립 국가를 수립하는 사안도 포함되어야 할 것이라고 주장했다.

국민회의파의 역할

1930년은 격동의 한 해였다. 영국 총독은 인도의 자치령 지위 획득을 위한 회의를 발족한다고 발표했다. 그러나 이는 영국 내의 반대에 부딪혀 무의미해지고 말았다. 그래서 간디도 참여하지 않았다. 두 번째 회의가 소수자 대표 문제로 틀어지자 시민 불복종 운동이 재개되었고 세계 경제 공황으로 인한 좌절로 더욱 열기를 띠게 되었다.

시골의 경제 상황은 훨씬 더 심해서 민족주의자들의 호소는 시골 대중들에게 더욱 잘 먹혔다. 시민 불복종 운동이 대중의 이익에 주의를 기울이게 되자 국민회의파의 일부는 운동에서 멀어져 갔지만, 간디는 인도 대중의 폭넓은 지지를 받는 최초의 정치인이 될 수 있었다.

인도청은 1927년의 실사단 조사와 많은 논의를 거치면서 변화하고 있었다. 진정한 의미의 권력 이양은 1935년에 시작되었다. 이 해에 국방과 외교를 제외한 자치 정부 수립안이 포함된 인도 통치법이 통과되었기 때문이다. 이 법에 제시된 국가 권력 이양이 전부 시행되지는 못했지만, 이 법은 영국 입법의 최고봉이라고 할 수 있었다. 이 법은 효과적인 국내 정치의 틀을 제공했다.

인도인들 사이의 결정적인 투쟁들은 국민회의파 내에서 일어나고 있는 것이 분명해졌지만, 국민회의파 자체도 이미 큰 소용돌이 속에 놓여 있었다. 1935년의 법령은 공동체별 대표 원칙을 재확인하는 것이었다. 거의 즉각적으로 이루어진 법령의 발효로 인해 힌두인과 이슬람인 사이의 적의는 더욱 심화되었다.

국민회의파는 거의 모든 점에서 힌두인 단체였다. 그런데도 이슬람 연맹이 이슬람 대표들만으로 구성되는 것은 인정하지 않고 있었다. 국민회의파는 내부 문제로 인한 내홍도 겪고 있었다. 독립을 주장하는 파와 영국 정부와의 협력하에 새로운 제도를 만들기를 바라는 파로 나뉘어져 첨예하게 대립하고 있었던 것이다. 영국과의 협력을 주장하는 것은 일본의 공격성에 경각심을 가졌기 때문이

1931년 힌두-무슬림 간의 분쟁이 일어난 후 칸푸르 지방의 모습. 사진 오른쪽의 폐허는 부유한 힌두인 은행가의 저택으로 이슬람인들에 의해 붕괴되고 약탈당했다.

인도 독립 투쟁의 두 주요 인물인 마하트마 간디(1869~1948)와 자와할랄 네루(1889~1964)의 모습. 1946년 봄베이에서 열린 인도 국민회의에서 토론을 벌이고 있다.

 기도 했다.

 영국이 실제로 권력을 양도하고 있다는 사실이 인도인들 사이의 불화를 더욱 부채질하는 요인이 되고 있었다. 다른 이해관계를 지닌 단체들이 불안한 미래로부터 자기 단체를 지키기 위해 여러 방책들을 모색하기 시작했다.

영국의 대응

1941년 무렵에는 표면 아래에서 변화의 물결이 빠르게 일어나고 있었다. 근 20년 동안 인도는 지역 정부의 대표단 제도와 고위 공직에 인도인 비율을 점차적으로 늘리는 정책을 펴 왔기 때문에 인도 엘리트들의 동의 없이는 제대로 다스릴 수 없는 국가가 되어 있었다. 또한 인도는 민주주의가 아니더라도 자치에 대해 상당히 많은 준비를 해 왔다.

 전쟁이 다가오자 영국은 인도 군대의 필요성이 더욱 커진 것을 알았지만 인도에 군비를 부담시키려는 시도조차 하지 않았고, 1941년에는 인도 군대의 근대화 비용을 직접 부담했다. 그 후 일본의 공격으로 영국 정부는 완전히 손을 들게 되었다. 전후에 영국 정부는 민족주의자들에게 자치권과 영연방 탈퇴권을 부여했다. 그러나 이는 너무 늦은 조치였다. 그때에는 이미 인도인들이 즉각적인 독립을 요구하고 있었기 때문이다.

 인도인 지도자들은 수감되고 영국의 인도 통치는 계속되었다. 1942년에 일어난 폭동은 신속하게 무력으로 진압되었지만, 영국이 평화적으로 해결하기를 원했더라도 영국 측에 남은 시간은 얼마 없었을 것이다.

 새로운 압력 요소는 미국이었다. 루스벨트 대통령은 비밀리에 스탈린과 만나 인도의 독립과 다른 아시아 지역의 독립에 대한 준비, 프랑스령 인도차이나 반도의 신탁 통치안에 대한 필요성을 논의했다. 이러한 미국의 관

1947년 간디와 마지막 인도 총독인 마운트배튼 경 (1900~1979)과 그 아내의 모습.

여는 다른 국가의 문제에 혁명적인 변화가 일어날 것이라는 점을 암시했다.

인도와 파키스탄

1945년 인도와 버마의 독립을 오랫동안 주장했던 노동당이 영국의 정권을 잡았다. 1946년 3월 14일 인도가 힌두인과 이슬람인들 사이의 분쟁으로 분열되고 정치인들이 인도의 미래에 대해 제각기 언쟁을 벌이고 있을 때 영국 정부는 완전 독립안을 내놓았다. 1년 후에 영국이 1948년 6월까지는 권력을 이양하겠다고 발표하자, 인도인들은 공동체 간의 충돌을 멈추고 분할 문제를 가시화했다.

이제까지의 정부가 해체되고 인도 대륙은 1947년 8월 15일 파키스탄과 인도로 분리되었다. 파키스탄은 이슬람교 국가였고 인도 북단의 두 지역으로 나뉘어져 있었다. 인도는 공식적으로는 국교를 표방하지 않았으나 인구 구성과 문화에 있어서 힌두교의 영향력이 압도적이었다.

인도 반도를 분할하는 것은 불가피했다. 영국조차도 인도 반도를 하나의 대상으로 놓고 전체적으로 지배하지는 못했다. 오래전부터 힌두교와 이슬람교 사이에는 불화가 심해서 그 괴리는 점점 더 커지고 있었다. 이 분할의 대가는 엄청났다.

간디가 힌두교 광신자에게 암살당한 일은 많은 민족주의자들에게 심리적 상처를 남겼다. 종교적 소수자가 사는 지역에서는 엄청난 학살이 일어났다. 200만 명의 사람들이 광신도들이 없는 곳으로 도망갔다.

인도 반도가 분할된 사실이 독립 이후의 인도 반도에 끼친 좋은 영향이라면 공동체 간에 피를 부르는 종교적 반목이 해결되었다는 점뿐이었다. 이를 제외하면 신생 국가들의 자산이라고는 강대국들이 보여 준 호의적인 정책이 유일했다. 독립 전에 이미 공직은 거의 인도인들의 차지가 되었고 제도와 서비스 같은 중요한 사회 간접 자본이 남아 있었다. 그러나 이런 자산들은 파키스탄보다 인도에 편중되어 있었다.

인구 증가

신생 국가인 파키스탄과 인도는 식민시대의 자산을 물려받았지만 경제적, 사회적 후진성을 극복할 수 없었다. 가장 큰 문제는 인구 증가였다. 영국이 통치하던 시대부터 인구는 꾸준히 증가해 왔다. 때때로 벌어진 참사로 인구가 일시적으로 감소하기도 했다. 제1차 세계 대전 후에 독감 발병으로 500만 명이 죽었고 제2차 세계 대전 후에 벵골에 닥친 기아로 수백만 명이 목숨을 잃었던 것이다.

1951년에는 인도에, 1953년에는 파키스탄에 또다시 기근이 닥쳤다. 이 여파는 1970년대까지 이어졌다. 20세기에 큰 성장을 보인 인도의 산업은 이러한 위험을 해결하지 못했다. 인구 증가에 비해 일자리와 소득은 턱없이 모자랐다. 신생 인도에 산업 시설이 편중되어 있었지만, 이 점에 있어서는 인도의 문제가 파키스탄보다 더욱 심각했다. 대도시들을 제외하면 대부분의 인도인들은 시골에 사는 땅 없는 소작농이었다.

새로운 인도공화국의 지도자들은 평등주의에 입각한 통치를 원했지만, 불평등은 그 어느 때보다 극심했다. 여당인 국민회의파에 자금을 대고 여러 위원회를 꿰찬 지주들은 문제 해결책일 수 있는 토지 개혁 승인을 방해하고 있었다. 많은 면에서 과거는 민주주의, 민족주의, 정교분리주의, 물질적 발전 등 서구적 가치를 표방하는 신생국의 큰 부담으로 남아 개혁과 발전의 길을 가로막고 있었다.

중국의 상황

중국은 오랫동안 여러 제국주의 국가들과 투쟁해 왔다. 제2차 세계 대전 덕분에 중국은 일본을 물리치고 오래된 개혁을 완성할 수 있었다. 이런 정치적 변화의 발단은 1941년 중일 전쟁이 세계전으로 비화되면서부터였다. 이로써 중국에게는 강력한 원군이 생겼고, 중국의 국제적 입지도 새로워졌다. 무엇보다도 영국, 프랑스, 미국과 맺었던 '불평등 조약'의 흔적이 말끔히 사라졌다. 중국에는 이 사실이 연합군의 군사적 원조보다도 더욱 중요했다.

사실 연합군은 각자 오랫동안 자국의 재난을 벗어나기에도 바빴던 터라 중국에 도움은 많이 주지 못했다. 오히려 중국군이 일본으로부터 버마를 방어하는 데 도움이 되었다. 중국군은 연합군과의 소통로가 공중이나 미얀마 로드밖에 없는 봉쇄 상황에서도 오랫동안 버텨 냈다. 그런데 중국 내부에서 결정적인 변화가 일어났다.

처음에 중국은 일본의 공격에 맞서 일치단결하여 대응했다. 그러나 이후로는 5·4운동을 제외하고는 민족적 단결력을 보이지 못했다. 공산주의자와 민족주의자로 나눠져서 전쟁을 벌이기도 했지만, 1941년까지는 서로 간에 통합의 여지가 남아 있었다.

미국이 일본의 주요 대적국이 되고 결과적

1947년 런던에서 열린 인도 회의에 참석한 간디의 모습. 이 회의에서 인도의 독립 조건이 결정되었다.

으로 일본을 무너뜨릴 것으로 예상되자, 국민당 정부의 태도가 조금씩 바뀌기 시작했다. 국민당은 연합국의 승리가 분명해 보이자 인력과 자원을 일본과의 싸움에 사용할 필요가 없다고 생각하게 되었다. 인력과 자원은 승전 후에 벌어질 공산당과의 싸움을 위해 아껴 두려 했던 것이다. 금세 국민당은 공산당과의 싸움을 재개했다.

양측으로 갈라진 중국

두 개의 중국이 나타났다. 민족주의를 표방한 중국은 점점 더 무기력과 이기주의, 부정부패가 판을 치게 되어, 1930년대 초반부터 국민당은 오명을 얻게 되었다. 국민당 정권은 억압적이고 비판을 허용치 않았다. 이 때문에 지식인들은 국민당을 떠났고, 국민당의 군대도 잘 관리되지 못해 무질서가 만연했다. 국민당의 군인들은 농민들에게 일본인만큼 공포의 존재가 되어 있었다.

공산주의 중국은 전혀 달랐다. 공산당이 지배하는 지역에서는 온건하고 분명한 개혁과 절제된 행동으로 넓은 지지층을 확보하고자 했다. 지주들에 대한 노골적인 공격은 피하는 반면, 임대료를 낮추고 고리대금을 철폐함으로써 소작농들의 호의도 얻게 되었다.

한편 마오쩌둥은 장래에 공산주의 요원들을 길러 내기 위해 이론 저서들을 펴냈다. 공산당과 군대가 수적으로 꾸준히 늘어나면서 정치적 교육의 필요성이 커졌기 때문이다. 1945년 일본이 항복했을 때 중국 공산당의 군인 수는 거의 100만 명에 이르렀다.

국민당의 부패에 이어 연합군의 갑작스러운 승리는 중국 공산당 혁명을 마무리 짓는 두 번째 요인이었다. 중국의 많은 지역이 재점령당하고 재통합되었다. 그러나 1945년 이전에 이미 많은 지역이 공산당의 지배하에 있었고, 공산당이 자리를 잡기 전에는 국민당 군대가 미칠 수 없었던 지역도 있었다.

미국은 몇몇 항구에 군대를 보내어 국민당이 이양 받을 수 있을 때까지 보호했다. 일부 지역에서는 국민당 정부가 다시 권력을 찾을 때까지 일본군이 떠나지 못하도록 하기

1949년 5월 상하이에서 중국인 경찰이 공산주의자들을 처형하는 모습. 그 뒤로 국민당 군대가 서 있다. 이 도시는 곧 공산주의자들의 손에 넘어가게 된다.

도 했다. 그러나 이런 노력에도 불구하고 공산당 혁명의 마지막 군사적 작전이 펼쳐지자 공산당의 압도적 승리로 돌아갔다. 많은 지역의 중국인들이 공산당 통치가 결코 듣던 만큼 나쁘지 않다는 사실을 인식했기 때문이었다.

국민당의 붕괴

의도하지는 않았지만 일본이 국민당 정권을 공격함으로써 결국 중국 공산당에게 혁명의 승리를 가져다준 격이 되었다. 국민당이 외세 침략으로 힘이 분산되지 않고 그로 인한 피해가 없었다면, 단기적으로 볼 때 국민당이 중국 공산당을 굴복시킬 수도 있었다. 1937년에도 국민당은 여전히 많은 중국인들의 애국적 충성심에 기댈 수 있었다. 대부분의 중국인들은 국민당이 중국을 이끌어 갈 진짜 정부라고 믿고 있었기 때문이다.

전쟁으로 인해 이런 지지 여론을 이용할 기회를 잃어버렸지만, 전쟁은 중국이 세계 강국으로 도약할 마지막 기회를 제공하기도 했다. 중국은 오랫동안 세계 강국으로 발전할 잠재력을 지니고 있었지만 처음에는 유럽 열강에 의해, 후에는 일본에 의해 그 시도가 좌절되었다. 이러한 중국 민족주의의 오랜 좌절이 끝나는 듯 보였지만 그 수혜자는 공산당이었다.

국민당이 붕괴하기까지 3년이 걸렸다. 일본은 국민당이나 미국을 상대로 항복했지만 공산당이 새로운 지역의 지배권과 일본군이 내놓은 무기를 차지했다. 소련군은 일본이 항복하기도 전에 만주로 쳐들어가 나중에 중국 공산당이 일본군의 무기를 획득하는 데 도움을 주었다.

마오쩌둥은 의도적으로 온건 정책을 표방했으며 계속 토지 개혁을 추진했다. 이 덕분에 1949년까지 이어진 국공 내전 때 공산당이 큰 지지를 얻을 수 있었다. 본질적으로 이 내전의 승리는 도시 기반 정권에 대한 시골의 승리라고 볼 수 있었다.

중화인민공화국의 탄생

미국은 장제스 정부의 부정과 부패가 드러나자 점점 더 환멸을 느끼게 되었다. 1947년 미국은 자국 군대를 중국에서 철수했고, 두 개의 중국을 중재하는 노력도 포기했다. 이듬해에 중국 북부 지역 대부분이 공산당의 손에 넘어갔고 미국은 국민당에 대한 재정적, 군사적 원조를 줄이기 시작했다. 이때부터 국민당 정부는 군사적으로나 정치적으로 쇠락의 길을 걷게 되었다.

점점 더 많은 국민당 정부 공무원과 지방 관리들이 공산당과 타협하기 시작했다. 새로운 시대가 밝았지만 이런 범죄적 행위는 계속 늘어가기만 했다. 12월 초 무렵에는 중국 본토에 건전하게 남아 있는 국민당 군대는 하나도 없었다. 이에 장제스는 타이완으로 패퇴하기 시작했다. 장제스가 후퇴하는 동안 미국은 모든 원조를 중단했고, 공개적으로 국민당 정권을 비난했다.

쑨원의 커다란 초상화 앞에서 손을 흔드는 장제스의 모습. 장제스는 1947년까지 중화민국 총통을 지냈다. 그는 쑨원의 후계자를 자처했다.

새로운 세계의 형성 **107**

1949년 10월 1일 중화인민공화국이 베이징에서 공식적으로 출범함으로써 세계에서 가장 큰 공산주의 국가가 탄생하게 되었다. 다시 한 번 중국의 '천명'이 다한 것이다.

동남아시아와 인도네시아의 상황

다른 지역과 마찬가지로 동남아시아와 인도네시아에서도 제2차 세계 대전이 식민 통치를 종식하는 데 결정적인 역할을 했다. 그 속도는 영국 식민지보다 네덜란드와 프랑스 식민지에서 더 빨랐다. 1939년 이전에 네덜란드가 인도네시아에 대표단 제도를 허가했지만, 이 정도로는 민족주의 정당의 성장을 막지 못했다. 비슷한 시기에 공산주의 운동도 나타나기 시작했다.

인도네시아의 일부 민족주의 지도자들은 1942년에 일본이 인도네시아의 여러 섬들을 점령했을 때 일본에 협력했다. 이 지도자들 가운데는 나중에 인도네시아 초대 대통령이 되는 수카르노도 포함되어 있었다. 그들은 일본이 항복했을 때 권력을 잡을 수 있는 좋은 입장에 서 있었다. 그래서 네덜란드가 되돌아오기 전에 인도네시아 독립을 선언했다.

그 후 2년 동안 다툼과 협상이 계속된 결과 인도네시아공화국을 수립하되 계속 네덜란드령에 소속되어 있기로 했다. 그러나 이 합의는 실행되지 못하고 다툼이 다시 계속되었다. 네덜란드가 평화와 질서 등을 위한 치안 활동인 '경찰 행동'을 강제적으로 추진하자 네덜란드는 공산주의자들의 저항과 국제연합의 반식민주의 비난에 처하게 되었다.

인도와 오스트레일리아가 이 경찰 행동 문제를 안전 보장 이사회에 제기했다. 오스트레일리아는 인도네시아와의 관계를 돈독히 해 두는 것이 훗날을 위해 현명한 조치라고 생각했다.

마침내 네덜란드는 경찰 행동을 포기했다. 암스테르담의 동인도 회사에서 시작된 역사가 350년 동안 이어지다가 1949년 인도네시

제2차 세계 대전 막바지에 관시성의 인민들을 일본으로부터 구하기 위해 진군하고 있는 중국 공산군의 모습.

아연방공화국의 탄생으로 끝이 났다. 인도네시아연방공화국은 수백 개의 섬과 수십 개의 인종과 종교, 1억 명이 넘는 인구가 조합된 나라였다. 네덜란드와의 사이에는 네덜란드-인도네시아 연합이 성립되었지만 5년 후에 이 연방은 해체되었다.

호치민과 베트남공화국

한동안 인도차이나 반도에서 프랑스는 네덜란드보다는 더 잘 버티는 듯 보였다. 제2차 세계 대전 동안에 이 지역에서 벌어진 일은 말레이시아나 인도네시아와는 다소 달랐다. 1941년 이래로 일본이 이 지역의 군사력을 완전히 장악했지만, 1945년 초까지 공식적으로 프랑스의 자리를 대체하지는 않았다.

일본은 안남과 코친차이나, 통킹 지역을 합병해 안남 왕국의 지배를 받는 새로운 베트남 국가를 탄생시켰다. 프랑스가 베트남 식민지를 세 지역으로 나누어, 하노이 지방을 통킹(반보호령), 사이공 지방을 코친차이나(직할령), 그 중간 지방을 안남(보호령)으로 불렀다. 일본이 항복하자마자 공산당 연맹인 베트민의 수장이 하노이에 정부를 세우고 베트남공화국을 선포했다. 이 사람이 공산당과 유럽에서 경험이 많은 호치민이었다. 공산 혁명 운동은 급속히 퍼졌다. 프랑스가 다시 식민 통치를 바란다 하더라도 쉽지 않을 것이 분명해졌다.

인도차이나 반도에 큰 규모의 원정군이 급파되었고 프랑스 연방 내의 자치 국가로서 베트남공화국을 승인하는 선에서 타협이 이루어졌다. 그러나 코친차이나 분리 문제가 수면 위로 떠올랐고 이 문제를 해결하기 위한 협상 노력이 모두 결렬되었다.

그러는 동안, 프랑스 군인들이 저격당하고 호송 차량이 공격당하는 사건이 일어났다. 1946년 말에 하노이 거주민들도 공격을 받아

1954년 북베트남 대통령으로서의 첫 해에 찍힌 호치민(1892~1969)의 모습. 호치민은 1960년에 재당선되었고 이후 10년 동안 남베트남과 미국을 상대로 한 전쟁에서 주도적 역할을 했다.

많은 이들이 사망했다. 프랑스 군대가 하노이를 구해 냈고, 호치민은 달아났다.

베트남 전쟁

호치민의 패퇴와 함께 전쟁이 시작되었다. 이 전쟁에서 공산주의자들은 통일 국가 수립이라는 민족주의적인 목표를 가지고 있었고, 프랑스는 베트남을 다른 인도차이나 반도의 국가들처럼 프랑스 연방에 속하도록 만드는 것이 목표였다. 1949년이 되자 프랑스도 코친차이나를 포함한 베트남을 원했고, 캄보디아와 라오스도 '연합 국가'로 간주하게 되었다.

그런데 이 호치민과 프랑스 사이의 전쟁에 새로운 외부 세력들이 개입하기 시작했다. 소련과 중국은 호치민 정부를, 영국과 미국은 프랑스가 수립한 안남 왕국을 베트남의 유일한 정권으로 인정했다.

이렇게 되니 아시아의 비식민화 과정이 루스벨트가 생각했던 만큼 간단할 수가 없게 되었다. 영국이 다시 찾게 된 옛 식민지 유산을 청산하기 시작하자 상황은 훨씬 복잡해졌다. 버마와 실론, 즉 오늘날의 스리랑카 지역

이 1947년에 독립되었다. 그 다음 해에는 공산주의의 지원을 등에 업은 게릴라전이 말레이 반도에서 시작되었다.

비록 공산주의 게릴라전은 성공하지 못했고 1957년 독립을 이루는 데 아무런 장애도 되지 못했지만, 이는 탈식민시대에 최초로 미국 정책을 곤란하게 만든 문제들 중 하나였다. 공산주의 세계에 대한 반감이 반식민주의 감정을 넘어서게 되었다. 베트남 전쟁이 처음에는 식민주의를 반대하는 전쟁으로 시작되었지만, 어느새 공산주의와 자유주의 세계 간의 싸움으로 비화되었다.

| 중동의 상황 |

1948년 미국에게는 중동의 상황만이 분명해 보였다. 그해 5월 신생 국가인 이스라엘이 팔레스타인에 들어서게 되었다. 이 일을 계기로 영국과 프랑스가 이 지역을 관리하기 위해 합의를 계속해야 했던 40년의 세월이 끝을 맺게 되었다.

처음 영국과 프랑스 양국은 이 지역을 관리하는 것이 그렇게 어려울 것이라고는 생각하지 않았다. 1939년 프랑스는 시리아와 레바논의 통치를 맡고 있었고 영국은 팔레스타인 지역을 책임지고 있었다.

아랍 영토의 다른 곳에서는 영국의 영향력이 나라에 따라 그 정도는 다르지만 곳곳에 미치고 있었다. 이는 영국이 아랍의 개별 국가들과 협상을 벌인 결과였다. 이 지역에서 가장 중요한 이라크에는 주로 공군으로 구성된 영국 군대가 주둔하고 있었고, 이집트에도 수에즈 운하를 보호하기 위한 주둔군이 상주하고 있었다. 수에즈 운하는 1930년대에 이탈리아가 영국에 대한 적대감이 심화되면서 더욱 중요한 요충지가 되었다.

반식민주의 정서

1939년에 발발한 제2차 세계 대전은 다른 곳과 마찬가지로 중동에도 변화를 초래했다. 처음에는 그 변화가 분명하지 않았지만 이탈리아가 참전한 후 수에즈 운하 지대가 영국군의 전략에 가장 중요한 요충지가 되었고, 이집트는 갑작스럽게 서구 진영의 최전선이 되어 있었다. 이집트는 거의 전쟁 끝까지 중립국으로 남아 있었지만 사실상 영국군의 기지나 다름없었다.

전쟁으로 인해 걸프만과 특히 이라크로부터의 석유 공급을 안전하게 확보하는 일이 중요해졌다. 1941년에 이라크에서 민족주의 쿠데타가 또 한 번 일어나서 이라크가 친독일 방향으로 돌아서려고 했을 때 연합국이 개입한 이유도 모두 석유 때문이었다. 같은 해에 영국과 드 골 장군의 망명 군대인 자유 프랑스 인민군은 독일이 시리아에 손을 뻗지 못하도록 하기 위해서 시리아를 침공했다. 이로 인해 시리아는 독립을 주장하게 되었다. 그 후 곧바로 레바논도 독립을 선포했다.

전쟁이 끝날 무렵 프랑스가 다시 식민 통치권을 되찾으려고 했지만 성공하지 못했다.

1949년 프랑스군 기지가 베트남 인민군에 의해 파괴된 모습.

1948년 이스라엘 북서부의 하이파항에 정박한 배의 갑판을 가득 메운 유대인 난민들. 이스라엘 국가 수립 후에 일어난 팔레스타인과의 전쟁에서 하이파는 아랍인과 유대인 사이의 투쟁 중심지였다.

1946년에는 시리아와 레바논에서 외국 주둔군이 모두 철수되었다. 프랑스는 서쪽에서도 똑같은 곤경을 겪게 되었다. 1945년 알제리에서 반식민 전쟁이 터졌던 것이다. 그곳의 민족주의자들은 프랑스 연방하의 자치를 주장하고 있었고, 1947년 프랑스도 그 방향으로 일을 추진했다. 그러나 이것으로 모든 일이 끝난 것은 아니었다.

영국의 영향력이 컸던 곳에서는 영국을 반대하는 감정에 호소하는 것만으로도 많은 사람들이 집회에 몰려들었다. 이집트와 이라크에서는 전쟁이 끝난 후 영국 점령군에 대한 적개심이 더 커졌다. 1946년에 영국은 이집트 철수를 준비한다고 발표했지만, 새로운 협정을 기초로 한 협상이 결렬되자 이집트는 이 문제를 국제연합에 제기하게 되었다.

이 무렵 아랍 세계는 팔레스타인 지역에 무력으로 민족 국가를 수립하겠다는 유대인의 결정으로 인해 예상치 못한 방향으로 흘러가고 있었다.

팔레스타인 지역의 분쟁 위기 고조

팔레스타인 문제는 지금까지도 계속되고 있다. 이 문제를 촉진한 사건은 독일의 나치혁명이었다. 유대인의 국가 설립을 두둔한 발포어 선언이 발표된 시점에 팔레스타인에는 60만 명의 아랍인과 8만 명의 유대인이 살고 있었다. 숫자만으로도 아랍인들은 이미 위협을 느끼고 있었다. 그러나 이후로 몇 년 동안 팔레스타인으로 이민 오는 유대인보다 팔레스타인을 떠나는 유대인의 수가 더 많았다.

그러자 발포어 선언에서 밝힌 대로 "팔레스타인에 이미 존재하는 비유대인 공동체의 시민적, 종교적 권리"를 존중하는 선에서 유대인의 '민족 국가' 수립 약속이 타협을 맺는 조짐이 보이기도 했다. 그러나 히틀러가 이 상황을 바꾸어 놓았다.

나치의 박해가 시작되자 팔레스타인으로의 이주를 원하는 유대인 수가 늘어났다. 전쟁 기간 동안 유대인 말살 정책이 펼쳐지기 시작했다. 이렇게 되자 영국은 이러지도 저러지도 못했다. 이민을 제한하고자 하는 영국의 정책은 유대인들에게 받아들여질 수 없었고, 팔레스타인을 분할하고자 하는 정책은 아랍인들이 거부했다.

이 상황은 전쟁이 끝나자마자 극적으로 돌아갔다. 세계 시온주의 의회가 팔레스타인이 즉각적으로 100만 명의 유대인들을 받아들여 주기를 요구한 것이었다.

다른 새로운 요인들도 작용하기 시작했다. 1945년 영국은 이집트, 시리아, 레바논, 이라크, 사우디아라비아, 예멘, 요르단 동쪽 트랜스요르단 등이 모인 '아랍 연맹' 결성에 호의적인 태도를 보였다. 영국의 정책에는 항상 착각이 존재했다. 그것은 범아랍주의와 아랍 국가들 사이의 정책 조율로 모든 중동 문제의 해결책이 제시될 것이라는 생각이었다. 실제적으로 아랍 연맹은 팔레스타인 문제에만 파묻혀 그 밖의 일에는 신경도 쓸 수 없었다.

시온주의자들을 위한 지지

팔레스타인 문제에 던져진 또 다른 새로운 요소는 냉전이었다. 전쟁이 막 끝난 시점에서는 스탈린은 여전히 영국이 국제 자본주의 시스템의 주요 제국주의 기반이라는 옛 공산주의적 시각을 견지하고 있는 듯 보였다. 따라서 영국의 지위와 영향력에 대한 공격이 이어졌고 중동에서도 영국과의 대립은 러시아의 전통적인 이권과 연계되어 있었다. 그러나 소련 정부는 1919년에서 1939년까지는 중동 지역

1949년 팔레스타인 난민 위기

1948년 이스라엘이 창설되면서 팔레스타인에서 태어난 아랍인들은 곤경에 처하게 되었다. 팔레스타인 분할을 반대했던 아랍 국가들이 전쟁을 일으켰다. 유대인들은 이 전쟁으로 얻게 된 지역을 식민지로 만들었을 뿐만 아니라 인근 지역으로 확장 정책까지 폈다.

1948년에 시작된 유대인 이민 열풍과 더불어 전쟁은 50만 명이 넘는 아랍 난민들을 남겼다. 1949년 전쟁이 끝나갈 무렵에는 16만 명의 아랍인들만이 이스라엘 점령 지역에 남게 되었다.

국제연합이 팔레스타인 주민들의 지역으로 지정했던 영토는 사라져 버렸다. 이 중 일부 지역, 특히 네게브 사막 지역은 이스라엘 영토로 흡수되었다. 다른 곳은 팔레스타인 편에서 싸웠던 아랍 국가들의 영토로 넘어갔다. 가자 시는 이집트에 의해 점령당했고 웨스트 뱅크는 요르단에 합병되었.

땅을 잃은 팔레스타인 주민들에게 닥친 첫 번째 문제는 어디로 가야 할지 알 수 없다는 점이었다. 고대 유대나 사마리아, 가자에 친척이 있는 사람들은 그리로 갔다. 나머지는 임시 난민촌에 자리를 잡았다. 난민촌의 환경은 너무나 끔찍해서 국제연합이 팔레스타인 난민들의 생존을 보장하는 기구를 창설하기에 이르렀다.

팔레스타인 난민들 중 일부는 요르단, 이집트, 시리아, 이라크, 아랍에미리트 연합 등의 나라에서 일자리를 찾아 주거 환경을 개선하기도 했다.

1993년 팔레스타인 난민촌의 모습. 국민으로서의 정체성을 잃지 않기 위해 팔레스타인 난민들은 다른 아랍 국가의 국적을 취득하지 않는다. 팔레스타인 국적은 한 세대를 거쳐 다음 난민 세대로 이어지고 있다. 계속 그 수가 늘어나는 팔레스타인 난민들 중 다수는 가자 난민촌의 열악한 환경 속에서 살아가고 있다.

1948~1967년의 이스라엘(왼쪽)과 1982~1993년의 이스라엘(오른쪽)

1948년에서 1967년까지 수백 번에 이르는 팔레스타인 주민들의 공격에도 불구하고 이스라엘은 그 지역을 통합하고 중요한 외국의 지지를 얻었다. 1967년의 6일 전쟁에서 이스라엘은 이집트, 요르단, 시리아를 상대로 큰 승리를 거두어 새로운 영토를 얻었다.

1973년의 욤 키푸르 전쟁에서 이스라엘은 이집트와 시리아로부터 더 많은 영토를 빼앗았다. 1982년 이스라엘은 레바논을 침공하고 팔레스타인 해방 기구의 군대를 격파했다. 가자와 웨스트 뱅크에서 팔레스타인 봉기인 인티파다가 벌어진 지 6년이 지나자 이스라엘은 팔레스타인 해방 기구와 팔레스타인 점령지에서 제한된 자치를 허용하는 협정을 맺었다.

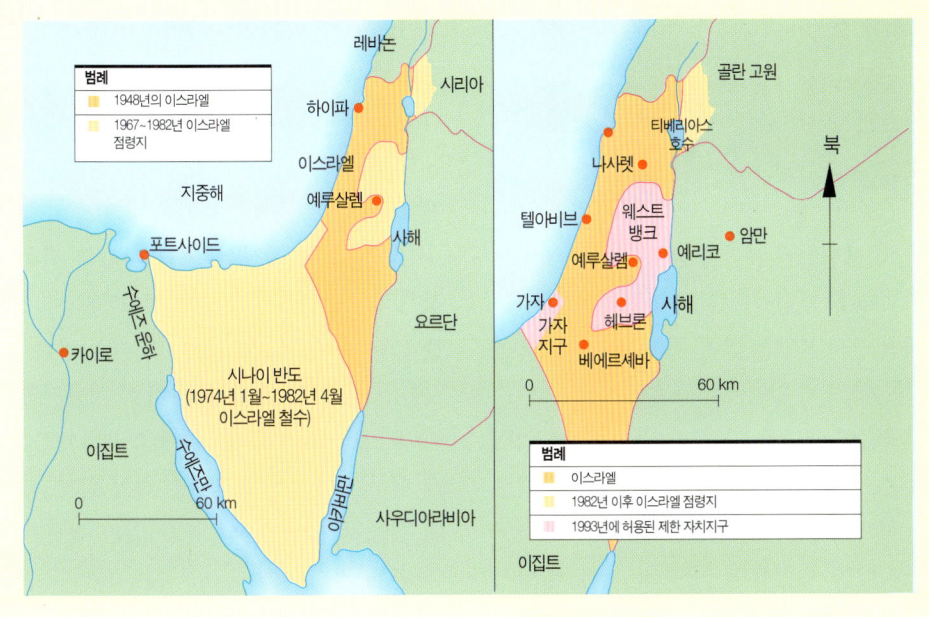

에 그다지 관심을 보이지 않았다.

터키의 해협 지역에 냉전의 압력이 가해졌고, 소련은 중동 지역에서 가장 많은 분열을 일으키고 있는 시온주의에 대해 드러내 놓고 지원을 보냈다. 이렇게 소련이 옛 오스만 제국의 영토에 다시 관심을 가지게 된 이유는 뻔했다. 그러나 똑같은 시기에 미국도 반영국 정책, 아니 친시온주의 정책으로 돌아서고 있었다.

미국의 정책 변화는 피할 수 없는 일이었다. 1946년에 있을 중간 선거에서 유대인의 표가 중요했기 때문이다. 루스벨트 대통령의 혁명적 압승 이래로 민주당 대통령은 누구라도 반시온주의 입장을 취하는 것은 상상도 하지 못할 일이었다.

이스라엘 탄생

영국은 성지인 팔레스타인에서 발을 뺄 수 있기를 바랐다. 1945년부터 영국은 팔레스타인에서 유대인과 아랍인의 테러와 게릴라전에 노출되어 있었다. 영국 정부가 위임 통치를 끝내기 위해 유대인과 아랍인, 양측이 받아들일 수 있는 방법을 계속 찾는 동안, 아랍인과 유대인, 영국 경찰은 수수방관하고 있었다. 미국의 트루먼 대통령은 시온주의 편에 서 있었기 때문에 미국의 도움은 소용이 없었다.

결국 영국은 이 문제를 국제연합으로 가져

1948년 하이파항을 떠날 준비를 하는 영국 군대와 이를 지켜보는 이스라엘 초대 총리 벤 구리온의 모습.

갔다. 국제연합은 분할을 권고했지만, 아랍인들이 수용할 가망성은 전혀 없었다. 아랍인과 유대인 간의 분쟁은 더욱 격화되었고, 영국은 더 이상의 노력 없이 철수를 결정했다.

영국군이 철수한 1948년 5월 14일에 이스라엘은 국가 수립을 선포했다. 이스라엘은 즉각적으로 미국의 승인을 받았다. 소련도 이스라엘을 승인했다. 중동 문제에 있어서 이렇게 미국과 소련 양국이 같은 의견을 보인 사건은 향후 25년간 없었다.

이스라엘은 국가 수립과 동시에 이집트의 공격을 받았다. 이집트 군대는 국제연합이 유대인의 땅으로 제안한 팔레스타인 지역으로 침입해 들어갔다. 요르단과 이라크 군대는 아랍인의 땅으로 제안된 지역에서 팔레스타인 아랍인들을 지지했다. 그러나 이스라엘은 적들을 물리쳤고 국제연합의 감독하에 휴전 협정이 맺어졌다.

1949년 이스라엘 정부는 예루살렘으로 이동했다. 로마 제국 시대 이래 처음으로 다시 유대 민족의 수도를 찾은 것이었다. 예루살렘 시의 반은 요르단 군대가 점령하고 있었다. 그러나 이는 장래에 해결되어야 할 산적한 문제들 중에 아주 작은 문제일 뿐이었다.

미국과 소련의 외교적 지지와 미국의 자본으로 유대인은 25년 전만 해도 아무런 기반이 없던 곳에서 새로운 민족 국가를 수립하는 데 성공했다.

그러나 그 대가는 엄청났다. 아랍 국가들의 실망과 치욕은 이스라엘에 대한 적대감을 증가시켰고, 강대국이 개입할 여지를 남기게 되었다. 게다가 극단적 시온주의자들의 행동과 1948년과 1949년 사이에 이스라엘군이 보여 준 화해와는 거리가 먼 행위로 인해 아랍 난민들이 많이 생겨났다. 이집트와 요르단의 난민촌에는 7만 5,000명의 난민들이 살게 되었다.

이러한 난민 문제는 이들 나라의 사회적, 경제적 문제가 되었고 세계인의 양심에 가책을 불러일으켰을 뿐만 아니라 아랍 민족주의자들의 군사적, 외교적 무기로 이용되었다. 이스라엘 초대 대통령이 재빨리 과학자들에게 핵무기 개발 프로그램을 지시했다는 소문이 사실일지라도 그리 놀랄 일은 아닌 상황이었다.

오래된 문제들

항상 세계 역사의 초점이 되는 지역에서는 많은 사건들이 이상하고 모순적인 방향으로 전개되어 혼란을 야기하곤 한다. 수세기 동안 피해자였던 유대인이 이제는 아랍인들에게 가해자로 여겨지고 있었다.

이 지역 사람들이 맞서야 했던 문제들은 여러 역사적 사건과 사고들로 인해 더욱 악화되었다. 그 사건, 사고들에는 오스만 제국의 해체, 제국주의와 냉전, 민족주의와 종교의 결합, 선진국들의 석유 의존 강화 등이 있다.

20세기에 이스라엘의 탄생만큼 역사적인 사건은 없었다. 20세기 후반의 역사 이야기를 시작하기 전에 잠깐 쉬어 가기에는 이 시점만큼 적당한 때도 없다.

1949년 1월 신생국 이스라엘의 첫 총선에서 투표를 하고 있는 유대인의 모습. 이 선거로 뽑힌 제헌 의회는 선거 한 달 후에 이스라엘의 입법부를 단원제로 결정하고 선포했다. 이 국회는 나중에 '크네세트'로 불린다.

새로운 세계의 형성

5 발전과 성장의 20세기 —경제와 과학, 환경

우리가 1917년을 1919년보다 더 중요한 전환점으로 생각하든지, 1931년 일본의 만주 침공을 1939년 독일의 폴란드 침공보다 더 새로운 출발점으로 생각하든지에 관계없이 20세기는 인류의 새로운 장을 연 시기였다. 정치적으로는 '포스트 유럽'이라고 부를 수 있는 시기였다. 즉, 1945년 이후로는 유럽 열강들이 정치적, 군사적 힘의 우위를 과시하던 시대가 끝이 났다는 사실을 부인할 수 없었다.

또한 세계는 이전과는 전혀 다른 세상이 되어 버렸다는 점도 분명해졌다. 통신의 발달로 세계 인류는 더욱더 친숙하고 빠르게 서로 영향을 주고받을 수 있게 되었다. 이로써 세계는 공통의 문명을 공유하게 되었고, 이 문명은 더욱 폭넓게 퍼져 나가게 되었다. 이렇게 확산된 보편적인 문명은 유럽의 문명에 그 기원을 두고 있었다.

| 세계적 패권 |

세계적 상호작용은 당연히 일어나는 일이지만 여전히 우리를 놀라게 한다. 오토바이를 모는 사람들은 중동에 비상사태가 일어나면 유가가 급증하는 것에 익숙해져 있을 것이다. 그러나 얼마 전까지만 해도 인도인들이 남태평양에서 일어나는 일에 대해 시위를 하거나 중국 정부가 아랍과 이스라엘 사이의 전쟁에 우려를 느낀다는 것은 전혀 생각지도 못한 일이었다.

세계 어디에서 무슨 일이 일어나더라도 전 세계에 빠르게 영향을 미칠 수 있다. 세계의 지도자들이 이데올로기나 속셈, 아니면 단순히 두려움 때문에 어떤 일을 벌이든 간에 그들은 그 일이 세계적으로 영향을 끼칠 수 있다는 사실을 인식하고 있는 것처럼 보인다.

이렇게 세계가 서로 가깝게 이어지고 있는 이유는 경제적, 기술적 상호 의존성이 증가하고, 이와 함께 정보 교환도 더욱 빠르게 일어나고 있기 때문이다. 전 세계적으로 인류

1984년 4월 7일 우주 왕복선 챌린저호가 배치한 '장시간 노출 위성(LDEF : 장시간 동안 우주 공간에 배치되어 지구 궤도를 도는 위성)'의 모습. 이 위성은 전자 시스템이 우주 공간에 장시간 노출되면 그 결과가 어떨지를 시험해 보기 위해 고안된 것이었다. 최근 통신 위성의 발달로 세계적 통신이 혁명적인 발전을 이루었다.

의 근본적인 태도 변화가 일어난 것이다. 이는 전혀 새로운 일이 아니며 수천 년의 역사를 거치면서 늘 되풀이되던 일이다.

선사시대에 인류는 가장 원시적인 기술로 가장 단순하지만 어려웠던 문제를 해결함으로써 그 다음 단계로 도약했고, 그 상태로 수천 년을 유지하다가 여러 갈래의 분기점을 맞아 다양한 삶의 형태를 보이게 되었다. 이 여러 갈래 길은 수세기 전부터 다시 하나로 합쳐지기 시작했다. 이것이 바로 유럽에서 시작된 '근대화'이다.

1945년 이후로 근대화가 세계 역사의 가장 중요한 주제가 되었다. 여러 개의 길은 다시 하나가 되었으며, 인류는 다시 한 길을 걷게 되었다. 전 세계 인류의 생활상이 모두 비슷해지기 시작한 것이다.

근대화

물론 일반적으로 절대적인 것은 있을 수 없다. 세계 변화의 양상을 너무 과장해서는 안 될 것이다. 부유한 사회와 빈곤한 사회는 분명히 사는 모습이 다르며 위대한 문화와 전통들은 여전히 나름의 가치와 생활 양식을 고수하고 있다. 사람들은 유럽에서 건너온 개인주의와 쾌락주의를 경계했다. 그들은 아무리 힘들더라도 종래의 사회적 질서를 여전히 가치 있는 것으로 보고 지키려고 했다.

이 모든 노력에도 불구하고 18~19세기에

최근 다시 인기를 누리고 있는 일본의 게이샤. 세계 대중매체의 획일성에 대한 반발로 많은 나라에서는 다시금 문화적 전통에 관심을 기울이고 있다. 게이샤의 인기도 이러한 현상의 좋은 예이다.

정치적 정점에 서게 된 유럽의 힘과 발전된 통신 기술의 힘이 합쳐지면서 세계인들은 더욱 공통적인 경험과 생각들을 공유하게 되었다.

근대화는 부를 보장하고 있었기 때문에 매력적으로 보였다. 물질적 성장에 대한 낙관과 발전의 가능성은 그 근원인 유럽에서 세계로 퍼져 나갔다. 이렇게 유럽의 낙관론이 세계적으로 퍼질 수 있었던 것은 지난 200년이 부를 창출하는 황금의 시기였기 때문에 가능했다.

자원 소비가 급속히 늘어나면서 인류는 물질적 풍요를 누릴 수 있게 되었고 수명도 늘

연대표(1900~1969년)

| 1800년 | 1900년 플랑크의 양자론 | 1903년 라이트 형제의 첫 비행 | 1904년 노벨 생리, 의학상을 받은 파블로프 | 1905년 아인슈타인의 특수상대성이론 | 1916년 아인슈타인의 일반상대성이론 | 1938년 핵분열 발견 | 1950년 | 1953년 DNA 구조 발견 | 1957년 소련의 스푸트니크 1호 발사 | 1969년 인류 최초의 달 착륙 |

어났다. 성장 악화와 빈곤의 문제가 여전히 남아 있었지만 인류는 이 지구상에서 그 어느 때보다도 많은 성공을 거두고 있었다.

사람들이 이러한 발전으로 인한 손실과 앞으로의 문제를 걱정하기 시작한 지는 얼마 되지 않았다.

세계의 분쟁과 평화

지난 반세기 동안 우리가 지금 '환경' 문제라고 부르는 것과는 다른 문제들이 세계인을 더욱 힘들게 해 왔다. 그중 하나는 평화를 제대로 유지할 수 없었던 점이다. 1945년 이후로 강대국들이 대놓고 분쟁을 벌이지는 않았지만 유엔 기구 창설에 대한 그 모든 희망과 미사여구에도 불구하고 유엔 회원국들 사이에서도 여러 번 전쟁이 일어나곤 했다. 19세기 말의 평화로웠던 국제 관계로는 되돌아갈 수 없을 만큼 멀리 와 버린 것이다.

게다가 우리는 사람 간의 분열이 얼마나 영속적일 수 있는지를 충분히 경험해 왔고, 세상이 여전히 불안정하다는 사실을 시시각각 느끼고 있다. 국적, 이데올로기, 경제적 이해관계 등이 여전히 인류를 분열시키고 있다. 그러나 이와는 다른 의견들도 있다.

제2차 세계 대전이 인류에게 많은 변화를 가져다주었고, 그 변화는 아직 끝나지 않았다. 지난 25년간 인류의 판단은 날마다 번복되었다. 1973년 중동에서 전쟁이 일어났을 때 어떤 관점에서 보면 이 전쟁은 오스만 제국이 붕괴된 후 항상 일어났던 소규모 분쟁의 연속일 뿐이었다. 그러나 다른 관점에서 보면 석유 때문에 산업 사회들이 이슬람 세계에 의존하고 있음을 드러낸 첫 번째 사건이었다.

이후 10년이 흘러 다시 생각해 보면 이 사건이 그렇게 영속적이지도, 중요하지도 않은 것으로 느껴진다. 견해가 다시 한 번 바뀐 것이다. 그리고 난 후 1990년 걸프전과 그 지역

1991년 걸프전에서 이라크가 쏘아 올린 예광탄과 대공포가 바그다드의 하늘을 밝히고 있는 모습. 제2차 세계 대전 이래로 전 세계의 무기 개발 과학자들은 국가를 위해 더욱 강력한 무기를 개발하는 데 전력을 다해 왔다. 걸프전이 벌어지는 동안 미국의 미사일은 전례 없는 정확도로 구체적인 목표물을 명중시켰다.

소말리아의 굶주린 어린이들이 외국 원조 기관들로부터 식량을 얻기 위해 기다리는 모습. 20세기의 마지막 10년 동안 내전과 기근으로 인해 700만 명에 이르는 소말리아 국민들이 극심한 고통을 겪었다.

의 다른 전쟁들이 벌어졌다.

우리가 현대 역사를 볼 때 해야 할 일은 사건의 추이들을 역사적으로 이해하려고 노력하는 일이다. 그렇게 해야만 매일 일어나는 사건들의 파도 속을 잘 헤쳐 나갈 수 있을 것이다.

| 세계 인구의 성장 |

1974년 루마니아에서 인구에 대한 세계회의가 처음으로 열렸다. 인구 성장에 대한 불안 때문에 인류는 처음으로 인구 전망에 대해 함께 생각해 보기 위해 회의까지 연 것이었다. 세계 인구는 지난 2세기 동안 의도치 않게 계속적으로 늘어나서 이제는 세계적인 문제가 되고 말았다. 이 문제의 정확한 본질은 여전히 불투명했다.

인구를 정확히 계산하는 것은 여전히 어려운 일이다. 우리는 1~2억 명 내의 오차로 인구를 정확히 추산할 수 있을 뿐이다. 그러나 이만한 오차는 현실을 왜곡할 만큼 중대하지는 않다. 대략 1750년에는 세계 인구가 7억 2,000명 정도였는데, 1900년경에는 두 배가 되어 약 16억 명이었다. 따라서 150년 동안 8억 5,000명 정도가 늘어난 것이었다.

그 후 8억 5,000명이 늘어나는 데에는 50년 밖에 걸리지 않았다. 1950년경에 세계 인구는 25억 명이었다. 게다가 또다시 8억 5,000명이 늘어난 때는 1960년대 중반으로, 고작 20년도 채 걸리지 않았다. 이제 세계 인구는 50억 명을 넘어서고 있었다.

호모 사피엔스가 1840년에 10억 명이 될 때까지 최소한 5만 년이 걸렸지만, 이 10억 명에 다시 10억 명이 더 늘어나기까지는 15년 정도밖에 걸리지 않았다. 인구 성장 속도가 점점 더 빨라졌던 것이다.

1960년대 이후로 몇몇 나라에서는 성장률이 둔해지기도 했지만, 최근 추산으로는 인류가 한 해에 1.63% 정도로 증가하고 있다

중국 정부가 추진하는 한 자녀 갖기 캠페인의 포스터. 이 정책은 중국의 거대한 인구 성장을 제한하기 위해 시작되었다.

고 한다. 이는 20세기가 끝나기 전에 세계 인구가 60억 명이 넘을 것이라는 사실을 의미한다.

인구 성장 억제 노력

현재의 빠른 인구 성장률은 경각심을 가지기에 충분하다. 맬서스의 인구론에 따른 재앙이 다시 살아난 듯했다. 다행스럽게도 맬서스는 이렇게 말했다. "미래의 인구에 대한 추산이란 현재의 증가·하락 속도로 예상한 것이므로 믿을 만한 것이 못 된다."

무엇으로 인구 성장률의 가속을 막을 수 있을지 확신할 수 없다. 일부 국가에서는 인구의 구성 형태와 성장 크기를 의식적으로 제한하는 노력을 기울이고 있다. 엄격히 말하면 이는 새롭게 나타난 생각이 아니다.

오랫동안 몇몇 지역에서는 희소한 자원에 대한 초과 수요를 줄이기 위해 살인과 낙태가 관습적으로 이용되어 왔다. 중세 일본에서는 아기들이 버려져 죽기도 했고, 인도에서는 150년 전에 성행했던 여자 아기 살해가 최근 중국에서 다시 나타나고 있다.

새로운 사실은 이제 정부가 나서서 인간적인 인구 억제 방편을 고안해 시행하고 있다는 점이다. 그 목적도 새롭다. 이는 단순히 식량 부족으로 인한 가족적, 개인적 재앙을 피하는 것이 아니라, 적극적으로 경제 발전을 위해 자원을 개발하는 것을 목표로 하고 있다.

지역에 따라 다른 인구 성장률

모든 정부가 인구 성장 억제에 나선 것은 아니다. 인구 증가는 전 세계적인 현상이지만 그 형태와 결과는 모두 달랐기 때문이다. 19세기에 유럽에서 출생률은 감소하지 않는데 사망률은 계속 감소했던 것처럼, 많은 비유럽 국가들에서도 이런 일이 그대로 벌어졌다. 그렇다고 선진국에서 일어난 인구 성장 결과가 그대로 반복되리라는 예상은 성급한 생각이다.

어느 지역이나 사회에서 보이는 출생률 감소 패턴이 다른 곳에서 똑같이 반복될 것이라고 단순하게 생각할 수 없다. 또한 그렇지 않다고도 생각할 수 없다. 인구 성장이나 감소의 원동력은 너무나 복잡하기 때문이다. 그 원동력은 무지나 사회적, 개인적 태도에 의해 제한된다. 그래서 원동력은 조작되기는커녕 측정하기도 어려운 것이다.

현재 많은 나라에서 일어나고 있는 일은 다양한 여지를 남기고 있다. 최소한 가난한 국가들은 오랫동안 출생률과 사망률의 균형을 맞추지 못할 것으로 보인다. 지난 세기를 지나면서 겨우 출생률이 떨어지기 시작했다. 이는 몇몇 국가에서 경제적 발전으로 인해 많은 남녀들이 더 작은 가정을 원하게 되었기 때문이었다. 오늘날 빠르게 성장하고 있는 국가들은 이러한 경지에 오르지 못하고 있다.

의학적 발전과 영양 상태의 호전, 위생학적 진보로 인해 상황은 더 악화될 것으로 보인다. 19세기 이래로 많은 발전이 이루어졌지만 1800년에서 1900년 사이에 유럽에서 일어난 것처럼 급속도로 많은 지역에서 사망률이 감소되지는 않고 있다. 사망률이 그처럼 빠르게 줄어들면 세계 인구는 훨씬 빨리 증가할 것이다.

예상 수명 증가

앞으로 인구가 증가할 가능성을 보여 준 표식으로 유아 사망률을 들 수 있다. 1970년 이전 100년 동안 선진국의 영아 사망률은 평균 1,000명당 225명에서 20명 이하로 급격하게 떨어졌다. 1988년 방글라데시와 일본의 상대적 수치를 보면 118명 대 5명이었다. 부국과 빈국 사이의 이런 격차는 계속되어 과거보다 그 차가 더욱 벌어졌다.

이와 유사한 차이는 예상 수명에서도 나타난다. 선진국의 경우, 출생 시 예상 수명은 1870년에 40세에서 100년 후인 1970년에는

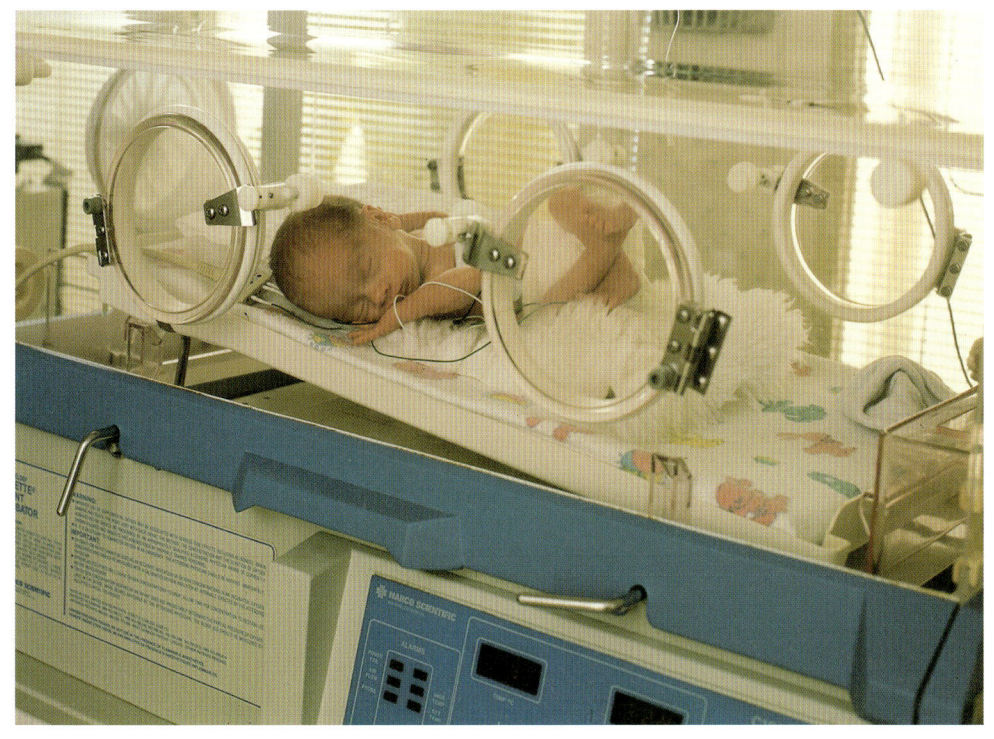

영아 중환자실의 인큐베이터 안에서 치료받고 있는 조산아의 모습. 이렇게 출산 직후의 치료 기술이 발전함으로써 선진국의 영아 사망률은 현저히 감소했다. 선진국의 영아 5~10% 정도는 임신 37주 이전에 출산된다. 28주 만에 태어난 영아들은 특별 치료 덕분에 생존율이 거의 80%에 이른다.

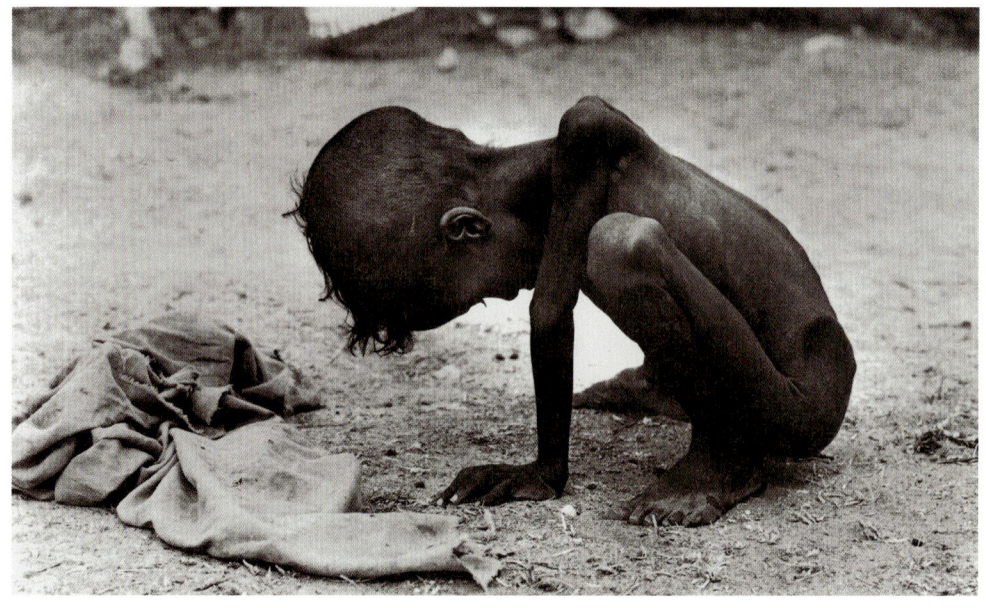

1995년 가뭄에 찌든 소말리아의 난민 수용소에서 탈수에 시달리고 있는 어린이의 모습. 영아 사망률은 한 나라의 사회 경제적 수준을 측정하는 가장 분명한 척도이다. 중앙아프리카 같은 저개발 국가들에서 영아 사망률은 1,000명당 126명에 이를 만큼 높다.

70세로 증가했다. 이 같은 추세는 전 세계적으로 비슷해지고 있다. 예를 들어, 1987년에 미국과 영국, 소련의 출생 시 예상 수명은 각각 76, 75, 70세였다. 에티오피아의 41세와 인도의 58세에 비해 그 차이는 무시할 수 있을 만한 수준의 것이었다.

인도 영아의 예상 수명은 20세기가 막 시작되었을 때보다도 훨씬 나아진 전망을 보이고 있다. 그렇지만 이렇게 향상의 실마리를 보이고 있다고 해서 인구 증가에 대한 우려가 모두 불식된 것은 아니다.

가까운 미래에 이 같은 상황은 여러 지역에서 각자 다른 문제를 초래할지도 모른다. 인간 역사상 대부분의 기간에 모든 사회에서 젊은 층이 가장 많고 나이가 들수록 수가 줄어드는 피라미드형이었다. 이제 선진국의 사회는 끝이 서서히 가늘어지는 기둥 모양을 닮아 가고 있다. 예전보다 나이 든 사람이 차지하는 비율이 커지고 있는 것이다.

가난한 나라에서는 이와 반대의 상황이 벌어지고 있다. 케냐 인구의 반 이상이 15세 이하이며, 중국 인구의 3분의 2가 33세 이하이다. 이것이 의미하는 바는 너무 복잡해서 여기에서 논하기 어렵지만 전반적인 인구 성장은 모호한 개념이라는 사실을 보여 준다. 세계 인구가 급속도로 증가하고 있는 것은 사실이지만, 이는 각국에서 여러모로 다른 기원을 가지고 매우 다른 역사적 결과를 빚어 내고 있다.

인구 분포

인구 성장이 빚어 내는 다양한 역사적 결과들 중에는 인구 분포의 큰 변화들도 포함된다. 19세기 중반부터 유럽 인구가 세계 인구

인구분포도

1990년 초 세계 인구는 다음과 같이 분포되어 있었다.

인구 단위 : 100만
- 유럽(소련 제외) 549
- 소련 285
- 아시아(소련 제외) 2943
- 아프리카 610
- 남아메리카와 카리브 해 430
- 북아메리카 272
- 오스트랄라시아와 오세아니아 26

총 퍼센트 비율

의 4분의 1도 차지하지 못하게 된 것은 충격적이다. 1920년대까지 유럽은 많은 인력을 해외, 특히 아메리카 대륙으로 보내고 있었다. 1920년대 들어 미국으로의 이민을 제한하면서 이민자의 수가 줄어들었고 세계 공황기에는 더욱 감소했으며 그 이후로는 이전의 추세로 돌아가지 못했다.

반면에 카리브 해 지역과 중·남부아메리카, 아시아 대륙에서 미국으로 이주하는 사람의 수는 지난 20년간 급속히 증가했다. 여

인구 밀도

세계에서 가장 인구가 많은 지역은 아시아다. 가장 인구밀도가 높은 곳은 마카오, 싱가포르, 홍콩 등지이다. 예상 수명이 가장 높은 곳은 부유하고 산업화된 국가들로, 이곳에서는 영아 사망률도 가장 낮다. 예상 수명이 가장 낮은 곳은 개발도상국들로, 이곳의 영아 사망률은 가장 높다.

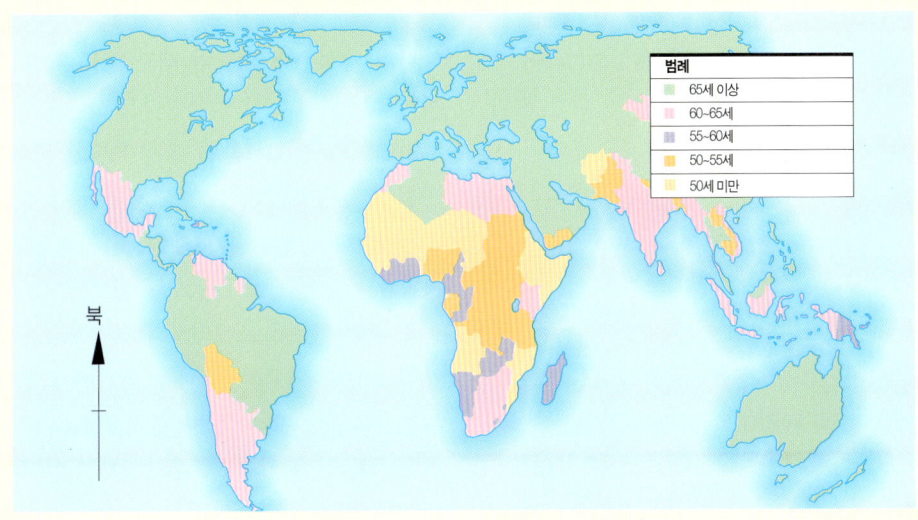

1900~1995년 전 세계 예상 수명 : 수년간의 평균 수명을 기준으로 했음

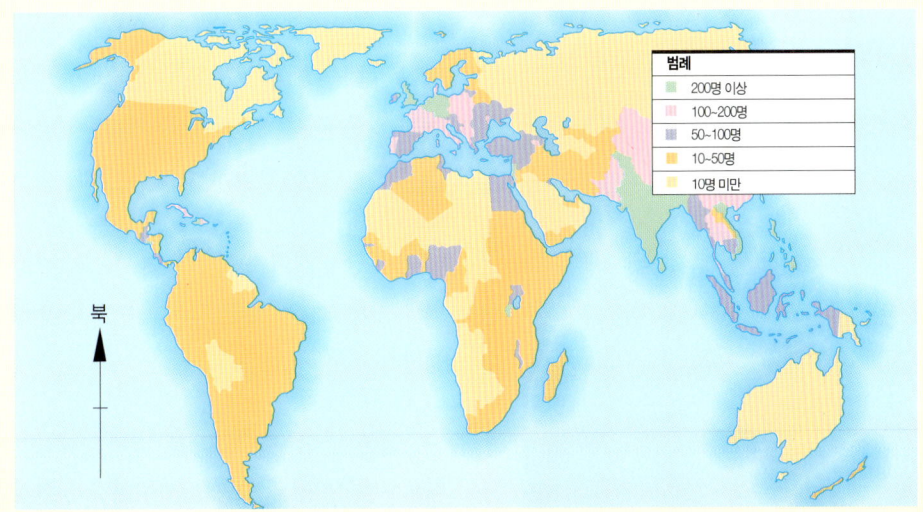

1993년도 전 세계 인구 밀도 : 1km²당 인구수를 기준으로 했음

전히 일부 유럽 국가에서는 다른 나라로 이민 가는 사람들이 많았다. 1970년대 초까지 매년 자국을 떠나는 영국인들이 영국으로 들어오는 이민자의 수보다 많았다. 그러나 1950년대 이래로 북아프리카인, 터키인, 아시아인과 서부 인도인들이 자국에는 없는 일자리를 찾기 위해 유럽 대륙으로 몰려들기 시작했다.

가장 빠른 인구 성장 지역들

현재의 세계 인구 분포가 오랫동안 바뀌지 않을 리가 없다. 아시아에 세계 인구의 반이 살고 있고, 그중에서도 중국에 5분의 1이 산다. 이곳의 인구 성장률은 높지만 다른 지역들도 만만치 않다. 세계 인구 증가율이 1년에 1.6%를 넘는다 하더라도 1960년대 초에 브라질은 이미 이 증가율의 두 배를 넘어섰다. 브라질 외의 다른 라틴아메리카 국가들에서도 생활 수준이나 예상 수명은 유럽의 수준에 크게 못 미치지만 높은 인구 성장률이 지속되었다.

출생률은 꾸준히 증가했고 이로 인해 사망률이 조금만 떨어져도 그 효과는 배가 되었다. 천주교 교회가 오랫동안 피임과 낙태를 반대해 왔다는 사실만으로는 라틴아메리카의 이 모든 현상들이 설명될 수 없다. 라틴아메리카 남성들의 태도와 대가족을 강요하는 사회적 분위기 때문에 여성들은 그대로 따를 수밖에 없다. 이 같은 문화는 복잡한 역사적 근원을 가지고 있다.

무엇보다도 이슬람 세계의 인구 성장률이 가장 위협적이다. 요르단의 한 해 인구 성장률은 3.9%이며, 이 추세대로라면 앞으로 16년 안에 요르단 인구는 두 배로 증가하게 된다. 한편 이란의 인구 성장률은 3.5%이고, 사우디의 성장률은 5.6%이다.

피임을 통한 산아 제한

인구 성장을 막기 위해 정부가 나서서 의식적인 노력을 하는 지역에서 그 결과를 예상하는 일은 매우 어렵다. 오랫동안 공산주의 국가들은 인구 안정이나 인구 감소 정책을 마뜩치 않아 했다. 그러나 중국과 소련은 역사적 배경이 전혀 다름에도 불구하고 1960년대에 국민들에게 결혼을 늦추고 아기를 적게 낳도록 권장함으로써 인구 성장 제한에 나서기 시작했다.

중국은 법적 규제와 세제 혜택, 사회적 압력으로 어느 정도 성공을 거두었지만 결과적으로 여아 살해라는 용인할 수 없는 비윤리적 관습이 다시 모습을 드러냈다. 다른 가난

피임

수세기 동안 전반적으로 영아 사망률이 높았기 때문에 각국 정부는 인위적인 방법으로 출산율을 낮출 필요가 없었다.

제2차 세계 대전 이후, 직장을 가지는 서구 여성들이 늘어나자 한 가정당 평균 자녀수가 줄어들기 시작했다. 의학적 발전으로 인해 특히 여성을 위한 피임법들이 다양해졌다. 그중에서도 경구용 피임약과 자궁 내 피임 기구, 질격막제와 살정제 등은 부부들이 언제 아이를 가지고 몇 명이나 가질지 선택하는 데 도움을 주었다.

이러한 방법을 사용하기 시작하면서 선진국의 몇몇 국가에서는 출산율이 급격히 떨어졌다. 그러나 인도나 중국 같은 개발도상국에서는 정부가 나서서 자녀수 제한이나 가족계획과 피임에 대한 조언을 해 주는 정책을 펼쳤지만 여전히 출산율이 매우 높았다.

중국 상해의 산부인과 병원에서 여성들에게 가족계획 방법을 설명해 주는 모습.

한 국가들에서는 인구 과잉에 대한 서구적 해답인 피임을 권장하기도 했지만, 일반적인 결과를 얻지는 못했다.

인도는 인구 억제에 많은 돈을 들였지만 그 효과가 크지 않은 듯했다. 일본처럼 산업화 혁명이 일어나지도 않았고 중국처럼 전통적 관습에 정치적 칼을 대지도 않았던 인도는 여전히 농경 사회에서 벗어나지 못하고 있다.

영국과 인도 정부는 오랫동안 사회적 전통을 존중해 왔다. 이러한 경향으로 인해 인구 제한을 어렵게 하는 보수주의적 사상과 제도가 좀처럼 없어지지 않았던 것이다. 아주 소수의 인도 엘리트들을 제외하면 남성과 여성 사이에 사회적 지위나 직업에 있어서 여전히 전통적인 불평등이 크게 자리 잡고 있다.

유럽이나 북아메리카에서 당연히 여겨지는 여성에 대한 인식이 인도에서 조금이라도 통용되었다면, 인도 여성의 결혼 평균 연령이 높아지고 평균 자녀수도 크게 줄어들었을 것이다. 그러나 이러한 변화는 인도 사회의 근본적이고 불가능할 것 같은 혁명적 변화를 전제로 하는 것이다. 즉, 여성에게 새로운 직업의 기회를 주고 가정과 마을 내에서 여성 지위가 향상되는 것 등, 1947년의 인도 독립보다 훨씬 더 급진적으로 과거와의 단절이 일어나야 한다.

어떤 나라도 이렇게 많은 것을 쉽사리 떨쳐 버릴 수는 없을 것이다. 또한 문명의 전통은 고통 없이는 없앨 수 없는 법이다.

그러나 그렇다고 해서 너무 우울해할 필요는 없다. 인구 성장에 대한 해답은 결국 서구의 경험에서 찾을 수 있을지 모른다. 서구의 많은 나라에서는 경제적 상황이 향상되면서 사망률이 줄어드는 경향을 보였다. 불행히도 인도는 독립 이래로 자국민들을 위해 경제적 발전을 이루어 내지 못했다. 라틴아메리카조차도 경제 성장이 출산율의 감소로 이어진다는 사실을 보여 주었다.

세계적으로 확산되고 발전되고 있는 유럽 전통의 문명에는 여전히 혁명적 힘이 존재하고 있다. 이 힘은 전통적 구조를 붕괴시킬 가장 강력한 요소가 되었다. 종교 문화가 약해지고 공장이 들어서고 여성이 해방되는 등, 현대 문명의 구성 요소는 굉장히 크게 확장될 수 있다. 인구 구조의 변화는 이러한 현대 문명에 불가피하게 수반되는 현상으로 보인다.

자이푸르 출신의 젊은 인도 무용수. 인도의 많은 부분에서 여성의 지위는 수세기 동안 거의 변하지 않았다. 오래된 전통은 인도인들의 행동을 지배하고 있었다.

신성한 강인 갠지스 강과 야무나 강에서 목욕을 함으로써 영혼을 정화하기 위해 매해 이곳을 찾는 수백만 명의 힌두교 순례자들. 1980년대 후반에 인도는 세계에서 두 번째로 인구가 많은 나라였다. 유엔은 인도가 최소한 2000년까지는 이 순위를 유지할 것이라고 내다봤다.

인구와 국력

인구 차이와 그 차이의 변화는 상대적 국력에 영향을 미친다. 물론 이것이 단순하게 국력의 차이로 받아들여지는 것은 아니다. 자원과 문화도 국력의 요소에 들어간다. 또한 어떤 한 분야에서 힘으로 여겨지는 것들이 다른 분야에서는 그렇지 않을 수도 있다. 그러나 인구와 힘은 어떤 식으로든 연관되어 있다.

1988년 말에 6,100만 명의 인구를 가진 서독은 유럽에서 가장 인구가 많은 나라였다. 어떤 식으로든 당시 인구가 많은 10대 국가들에 세계에서 가장 국력이 강한 강대국 3국이 포함되어 있었다. 이제 다시 국제 관계의 한 축으로 돌아온 중국은 거대한 인구만으로도 강대국이 되고 남았다. 인구가 많은 중국은 군사력의 측면에서 볼 때 거의 무적에 가까웠다. 또한 중국은 사회 혁명으로 국가의 부가 증가되기 시작했다.

인구가 많은 국가들이 강성해지려고 할 때 걸림돌로 작용하는 것이 극복할 수 없어 보이는 빈곤 상황이다. 이 빈곤은 방글라데시처럼 천연자원이 부족한 데서 오는 절대적인 상황이거나 인도와 인도네시아처럼 인구 성장이 너무 빨라 천연자원이 고갈되는 데서 오는 상대적인 상황일 수도 있다. 이들 나라에서는 인구 성장의 속도가 해외 원조나 기

1988년 인구수별 10대 국가

1988년 말에 가장 인구가 많은 국가들을 차례대로 열거하면 다음과 같았다.

단위 : 100만

국가	인구
중국	1104
인도	796
소련	283
미국	246
인도네시아	175
브라질	144
일본	123
파키스탄	105
나이지리아	105
방글라데시	104

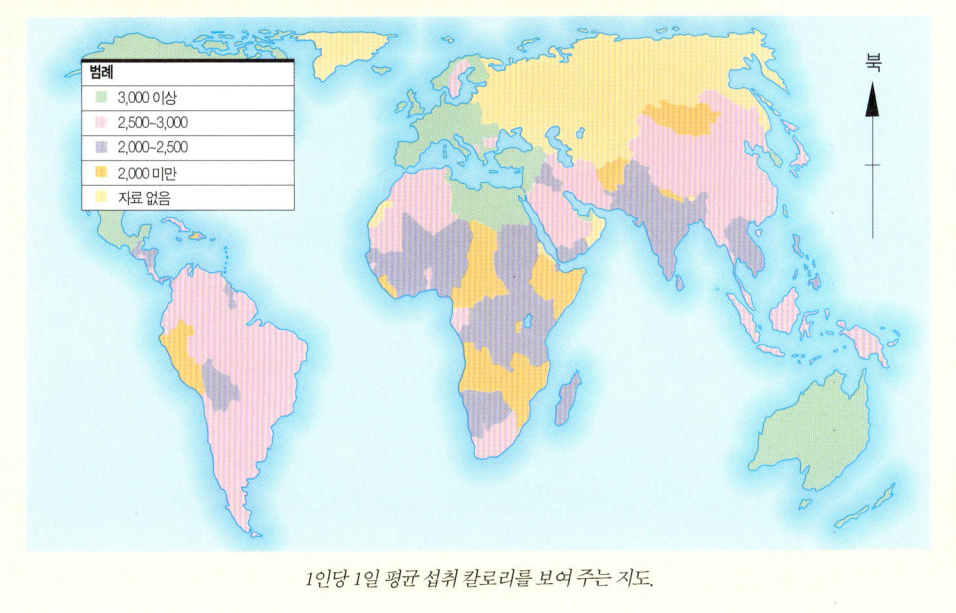

1992년 전 세계 1일 칼로리 섭취량

세계에서 경작 가능한 땅을 가장 많이 차지하고 있는 아프리카와 남아메리카 대륙은 비율적으로 따져 볼 때 경작된 땅은 가장 적다. 이 지역에서 현존하는 경제적, 사회 정치적 장애물들이 제거될 수 있다면, 또한 지속 가능한 농경법이 도입된다면, 이 지역이 생산 가능한 열량은 하루 1인당 4,000~5,000칼로리로, 세계 인구의 열 배는 먹여 살릴 수 있게 될 것이다.

1인당 1일 평균 섭취 칼로리를 보여 주는 지도.

술 향상, 투자 계획으로는 따라잡을 수 없을 만큼 빨랐다.

이들 나라에서 새로이 창출된 부는 금세 소진되곤 했다. 그러나 일반화하기는 어렵다. 1970년대 초 인도는 곧 식량의 자급자족을 이룰 수 있을 것이라고 여겨졌다. 인도의 농업 생산량이 1948년과 1973년 사이에 2배가 증가했던 것이다. 그러나 이렇게 국가의 부가 증가했어도 1달에 100만 명씩 늘어나는 인구를 감당하는 데 급급해서 국력은 겨우 현상 유지만 하는 정도에 머물러 있었다.

| 세계 자원의 증가 |

빠른 인구 성장은 세계 자원의 증가라는 또 다른 사실을 불러왔다. 세계 식량의 총생산량은 급속도로 증가했다. 세계적으로 많은 이들이 굶주리고 있었지만, 더 많은 이들이 살아가고 있었다. 지역적으로 수백만 명이 기근으로 죽어 갔지만 여태까지 전 세계적으로 몰아닥친 재앙은 없었다. 계속 증가하는 인구를 먹여 살릴 수 없었다면 인류의 수가 이만큼 늘어나지도 않았을 것이다. 이런 상태가 계속 유지될 수 있는가 하는 것은 또 다른 문제다.

전문가들은 인류가 상당한 기간 동안 증가하는 인구를 먹여 살릴 수 있을 것이라고 결론지었다. 어떤 이들은 인구 정책이 효과적으로 도입되어 지속 가능한 공급 수준에 수요를 맞춰 안정화시킬 수 있을 것으로 희망했다. 이러한 문제는 추정할 수밖에 없는 영역의 문제이다.

역사학자들은 이러한 희망과 열망이 존재한다는 사실 자체를 중요하게 생각했다. 역사학자들은 현재와 지금 상태가 앞으로 어떤 일이 일어날지를 결정짓는 중요한 요인이라고 말한다. 현 상황에서 사람들이 가지는 희망과 열망의 정도를 염두에 두면서 지난 반세기 동안 일어난 또 다른 현상에 주의를 기울일 필요가 있다. 그것은 바로 전례 없는 경제적 성장이다.

경제 성장

텔레비전을 통해 기근과 빈곤으로 얼룩진 비참한 현실을 자주 접할 것이다. 그러나 1945년 이래로 적어도 선진국에서는 경제적 성장이 당연한 현상으로 여겨지게 되었다. 경제 성장은 장애와 걸림돌이 있는 비포장도로를 달리는 격이기는 하지만 '일상적인' 일이 돼 버렸다. 따라서 조금이라도 경제 성장 속도가 느려지면 경각심을 불러일으키게 된 것이다.

게다가 인구 성장에서도 그렇듯이 '저개발' 국가에서도 실제적으로는 경제 성장을 보였다. 1930년대의 경제 공황기를 돌이켜보면 이 같은 상황은 혁명적으로 느껴질 수도 있을 것이다. 사실 경제 성장은 제2차 세계 대전이 끝난 후에도 시작되지 않았다. 1950년 이후 수십 년간 성장의 황금 시기였지만, 세계 인구 성장이라는 부담을 성공적으로 잘 버텨 낸 세계적 경제 성장을 이해하려면 20세기 전체를 돌아볼 필요가 있다.

1900년 이후 세계의 부는 계속 증가하다가 두 차례의 세계 대전으로 인해 잠깐 주춤하더니 크게 하락했고, 1930년대의 세계 경제 공황을 맞아 매우 퇴보했다. 1945년부터 경제 성장이 재개되어 그 이후로 거의 멈추지 않았다.

물론 1975년 이후 몇몇 나라에서 경제 성장이 크게 둔화되었고, 선진국들 사이에 격차가 크게 벌어지기도 했다. 전반적인 경제 성장률은 1950년대와 1960년대의 절정기를 지나 현재 둔화된 상황이지만 계속 증가 추세에 있는 것이 사실이다.

1994년 이웃나라인 자이레의 피난민 수용소에서 울고 있는 르완다 어린이의 모습. 옆으로 보이는 이 아이의 부모는 이미 사망한 상태다. 아프리카의 소말리아와 르완다 같은 국가에서는 부족 간 전쟁으로 식량 부족이 악화되었고, 수천 명의 난민이 생겼으며, 이미 침체되어 있던 국가 경제가 붕괴되었다.

전 세계 국내 총생산(GDP)

한 해에 생산된 최종 재화와 서비스의 총시장 가치인 GDP는 한 국가의 부를 측정하는 유용한 기준이다. 세계 무역이 가장 많이 일어나는 분야는 제조업(1992년 57%)이지만 1960년 이후로 GDP에서 가장 빠르게 성장하는 부분은 서비스 분야(21%)이다. 이는 식량과 원료의 무역량(22%)과 거의 맞먹는다.

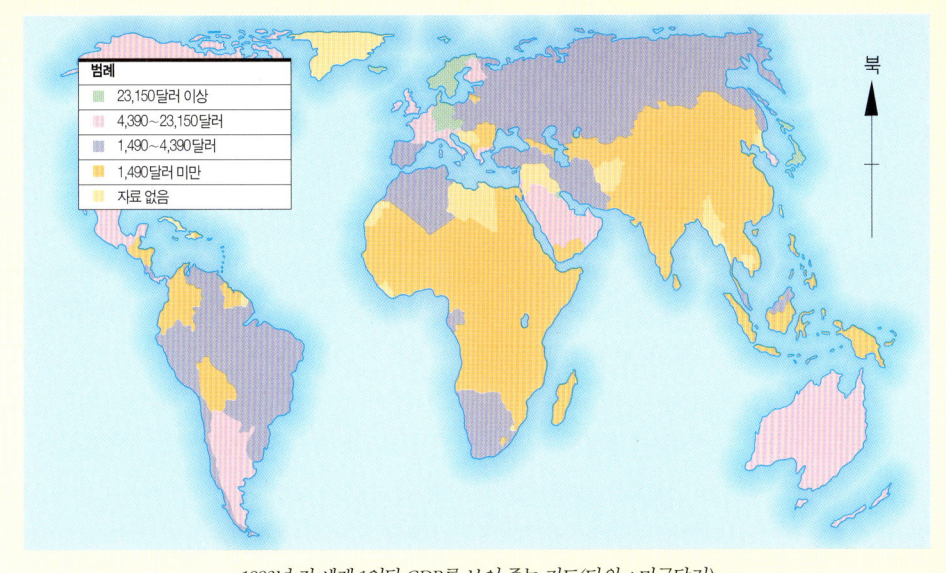

1993년 전 세계 1인당 GDP를 보여 주는 지도(단위 : 미국달러).

부의 격차

일부 국가들은 경제 성장에서 커다란 격차와 퇴보를 보이기도 했지만 경제 성장은 전 세계적인 현상이었다. 1960년 이후로 국내 총생산 GDP는 거의 모든 지역에서 증가했다. 1인당 GDP도 올랐다. 새로운 부가 창조되고 배분되는 격차는 있었지만 세계는 점점 부유해졌다.

일부 국가들은 여전히 걱정스러울 정도로 가난했다. 1988년에 아프가니스탄, 마다가스카르, 라오스, 탄자니아, 에티오피아, 캄보디아, 모잠비크는 1인당 GDP가 150달러를 넘

20세기 GDP 변화 양상

최근 계산에 따르면 20세기에 1인당 GDP가 다음과 같은 변화 양상을 보였다.
(단위 : 1988년도의 미국달러)

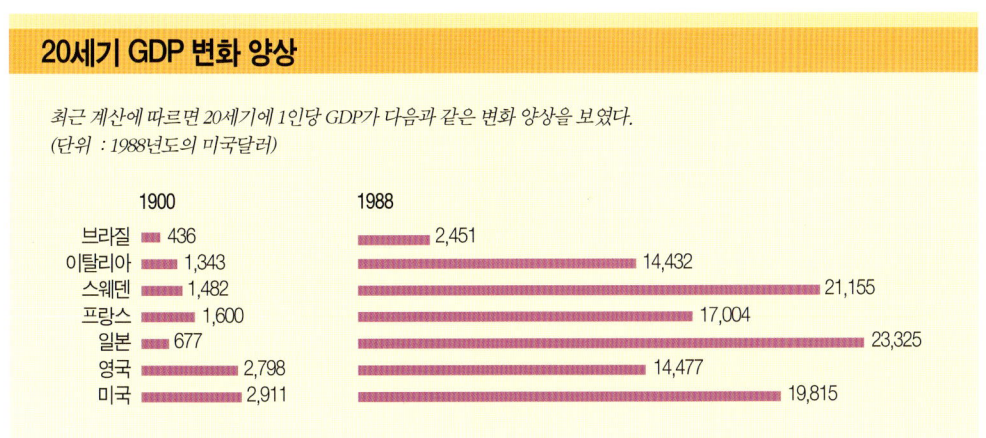

세계은행 IBRD(위)과 국제통화 기금 IMF(아래)의 로고.

지 못했다.

그렇지만 주요한 사실은 세계 경제가 성장하고 있다는 점이다. 경제적 부가 계속 늘어나고 있는 이유를 들자면 주요 산업국들 사이에 평화가 오래 유지되었다는 사실이다. 1945년 이후 수십 년간 소규모 분쟁들이 산재했고, 날마다 유사 전쟁에서 사람들이 죽어 나갔으며, 강대국들이 그들을 대신하여 싸움을 하기도 했다. 국제적인 긴장 상태가 오래 지속되었던 것이 강대국들 사이의 전반적인 평화 유지에 큰 영향을 끼치지는 못했다.

양차 대전만큼 인간의 생명과 자본을 파괴시킨 전쟁은 일어나지 않았던 것이다. 대신 국제 경쟁 관계로 인해 많은 나라에서 경제 활동이 유지되었고, 다른 나라에서는 경제 활동을 유도하기도 했다. 국제적 경쟁으로 인해 많은 기술이 파급되었고 정치적 목적에 의해 자본 투자나 자본 이동이 이루어졌다. 이로 인해 많은 국가들이 실질적으로 부유해지기 시작했다.

세계 경제 질서

자본 이동이 처음으로 일어난 때는 1940년대 후반이었다. 이때 미국은 유럽이 산업 생산의 중심지로 복귀할 수 있도록 많은 원조를 해 주었다. 유럽의 재건을 위한 전력을 대기 위해서는 미국이라는 발전기가 반드시 필요했던 것이다. 전쟁 기간 동안 엄청나게 확대된 미국 경제가 이를 가능하게 했다. 미국 본토가 전쟁으로 인해 물리적 해를 입지 않았기 때문에 미국은 전쟁 전의 경제 공황 상태에서 더욱 빨리 벗어나 경제적으로 다시 일어설 수 있었다.

미국이 원조를 제공한 까닭은 복잡하게 얽힌 다른 요인들에서 찾아야 한다. 이 요인들에는 미국의 이익이 걸려 있는 국제적 상황들이 포함되어 있었다. 그중에는 냉전도 중요한 한몫을 하고 있었다. 미국의 정치인들과 사업가들은 기회라고 생각하고 있었고 오랫동안 이 같은 규모의 자본 지원이 없었던 데다가 다른 나라의 많은 사람들은 전쟁이 끝나기 전부터 국제 경제를 규율하는 협력 제도를 구축하려고 노력하고 있던 상황이었다.

세계인들은 다시는 1930년대 같은 경제적 공황 상태를 겪지 않으려는 결의에 차 있었다. 그들의 노력으로 국제통화기금IMF과 세계은행IBRD, 관세무역일반협정GATT이 생겨났다. 1945년 이후 비공산권 국가들의 성공적인 경제 회복과 그 뒤를 이은 현저한 경제 성장은 이러한 제도들 덕분이라 할 수 있다.

이렇게 이룩한 경제적 안정은 그 후 20년간 세계 무역이 한 해에 7%의 성장률을 보이게 된 토대가 되었다. 1945년에서 1980년대 사이에 제조 상품에 대한 평균 관세는 40%에서 5%로 떨어졌고 세계 무역량은 다섯 배 넘게 증가했다.

이러한 제도들이 1914년 이전의 경제 질서 기반이었던 '자연스러운' 경제적 조율과 1914년에서 1945년 사이에 무질서에 가까웠던 경제 질서를 대신하여 세계 경제를 관리하고 규율하는 역할을 떠맡게 되었다. 그렇다고 해서 이러한 제도들이 세계의 모든 경제적 문제를 해결할 수 있다는 의미는 아니지만 적어도 세계 경제 질서를 향상시킬 수는 있었다.

| 과학적 발전 |

경제 성장에 기여한 또 다른 인간적 요소는 덜 형식적이고 눈에 덜 띄며 훨씬 장기적으로 이루어졌다. 바로 과학자들과 공학자들의 공헌이었다. 이들이 기술을 통해 과학 지식을 끊임없이 응용하고 효율성을 더욱 높이기 위해 여러 과정과 체계를 향상시키고 합리화하는 일은 1939년 이전부터 눈에 띠었다. 이 같은 과학적 발전 사항들은 1945년 이후에 본격적으로 모습을 드러내고 새로운 영향력을 발휘하기 시작했다.

농업상의 진보

산업화가 뚜렷한 현상이 되기 오래전부터 시작되었던 농업의 향상은 과학 지식이 성공적으로 응용된 가장 좋은 사례임에 틀림없다. 수천 년 동안 농부들은 새로운 땅을 개간하고 경작함으로써 그들의 수확량을 조금씩 늘려 왔다. 지금도 적당한 투자를 하면 곡식을 많이 거둬들일 수 있는 여지는 많이 남아 있다. 지난 25년간 인도처럼 인구 밀도가 높은 나라에서도 새로운 땅을 이용하기 위해 많은 일들이 행해져 왔다.

그러나 최근 세계의 농업 생산량이 급격하게 증가한 것은 이 방법을 통해서가 아니었다. 그 근간은 지속적인 농업 혁명에 있다. 이는 초기 근대 유럽에서 시작되어 17세기부터는 뚜렷했던 현상이었다. 그 후 250년이 지나면서 농업 혁신의 속도는 가속적으로 증가했다.

기후 조건 때문에 밀이 전혀 자랄 수 없었던 땅에 1939년 이전부터 밀농사를 성공적으로 지을 수 있게 되었다. 이는 곡식의 새로운 종자를 개발한 식물 유전 공학자들 덕분이었다. 이는 이전 시대에 시행착오를 거치며 이뤄 낸 농업 '혁신'에 필적하는 20세기의 첫 과학적 업적이었다.

세계 식량 공급에 더 큰 공헌을 한 것은 더 좋은 화학 비료 덕분에 곡식이 잘 자랄 수 있었던 기존의 농토였다. 토양이 비옥해지면서 수확량이 전례 없이 늘어났다. 이러한 현상은 농업이 발달한 국가에서는 당연한 일이 되었다. 여기에는 그 대가도 따랐다. 발달한 서구 농업의 생산성을 유지하려면 그만큼 많은 에너지가 들었고, 그 밖에 다른 생태학적 결과도 나타나기 시작했다.

비료는 계속 일어나는 농업 혁신에 일부분일 뿐이었다. 효과적인 제초제와 살충제가

펜실베이니아 주 랭카스터 지방의 농경지를 공중에서 내려다본 모습. 이 지역은 미국에서 가장 많은 수확량을 자랑한다. 북아메리카의 상업 농장들 대부분은 고도로 기계화되어 있다. 발달된 관개 시스템과 비료, 종자 선택, 윤작 등 모두가 생산성 향상에 상당히 기여했다.

밭에서 일하고 있는 볼리비아의 아이마라족 여성들. 아이마라족은 안데스 산맥의 티티카카 고원에 살고 있다. 이곳은 토양이 척박하고 기후가 거칠다. 이런 힘든 환경에서 그들의 주식인 감자, 옥수수, 콩, 밀 등을 기르려면 높은 강도의 노동력이 요구된다.

1940년대와 1950년대에 상용화되기 시작했다. 동시에 선진국에서는 농업의 기계화가 이루어졌다. 1939년경에는 영국의 농업이 가장 기계화되어 있었다. 그러나 영국 농부들은 여전히 말을 이용해서 경작을 했다. 미국에서는 이미 흔한 기계였던 콤바인이 드물었기 때문이다.

농경용 말은 현재 여러 농업 선진국에서 흥미로운 골동품처럼 여겨질 뿐이지만, 연료비가 올라서 트랙터를 사용하지 못하는 경우에 한해 일부에서는 다시 이용되기도 했다. 그렇지만 농경은 기계화된 농업의 일부분일 뿐이었다. 전기의 발명으로 인해 우유 짜기와 곡식 건조, 탈곡, 가축우리의 겨울철 난방 등이 자동화되었다.

이제 컴퓨터와 자동화 덕분에 인간의 노동력에 의존하는 일이 훨씬 줄어들기 시작했다. 미국과 서구 유럽에서는 면적 단위당 생산량은 늘어나고 있는 반면 농업 인력은 계속 줄어드는 현상이 일어났다.

농업 생산 수준의 격차

전 세계적으로 1900년보다 오늘날 자급자족 농민들이 존재한다는 더 많이 사실은 역설적이다. 이는 현재 더 많은 사람들이 살고 있기 때문이다. 농경지가 차지하는 상대적 크기와 생산물의 상대적 가치가 하락했다. 200년 전 영국과 마찬가지로 유럽에서 작은 농장을 일구는 농부들이 빠르게 사라지고 있다. 그러나 이러한 변화가 평탄하고 쉽게 일어나고 있지는 않다.

러시아는 전통적으로 거대한 농경 국가였지만, 근대라 할 수 있는 1947년경에도 심각한 기근이 닥쳐서 식인 풍습이 되살아나기도 했다. 인구가 급성장하고 지역적 재난이 끊이지 않는 것 같은 나라에서는 자급자족 농업이 보통이며 그 생산량도 낮다.

제1차 세계 대전이 발발하기 바로 전에 영국의 면적 단위당 밀 생산량은 이미 인도의 2.5배를 넘어섰고 1968년경에는 거의 다섯 배가 되었다. 같은 기간 동안 미국의 쌀 생산량은 면적 단위당 2.25t에서 거의 12t에 육박할 정도로 증가했다. 반면 '아시아의 식량고'라고 불리던 미얀마는 겨우 3.8t에서 4.2t으로 늘어났을 뿐이었다.

이러한 사실들을 측정하는 또 다른 방법은 여러 나라에서 한 농부가 얼마나 많은 가정을 먹여 살리고 있느냐를 비교해 보는 것이다. 1968년에 이집트는 한 가정을 겨우 넘었고 뉴질랜드의 경우 그 수치는 마흔 가정을 넘어섰다.

에티오피아의 새로이 만들어진 배수 시스템. 물 부족은 많은 개발도상국들이 기근과 같은 고통을 겪게 되는 기본적인 원인이다. 사진과 같은 배수 시설만으로도 많은 사람들의 삶을 근본적으로 향상시킬 수 있다.

미국의 포트앤젤레스에 있는 목재 처리 공장의 모습. 이곳에서는 통나무에서 목재 칩과 펄프, 종이를 생산한다. 북아메리카는 세계에서 목재와 종이 생산품을 가장 많이 소비하는 지역이다. 서구 국가들은 최근에서야 삼림 벌채로 인한 환경적 비용이 크다는 점을 인식하고 대규모의 종이 재활용 프로젝트를 실시하고 있다.

가장 진보된 농업 방식은 다른 분야에서도 발달된 나라들에서 볼 수 있다. 석유 같은 천연자원이나 특별한 농업 기술이 없는 나라에서는 농업 생산성 향상이 절실해도 다른 선진 산업국보다 더 값싸게 농산물을 생산하기가 매우 어려웠다. 여기에서 아이러니한 상황이 벌어졌다. 소련, 인도, 중국처럼 쌀을 비롯한 곡식 생산이 많은 나라에서 미국과 캐나다의 밀을 사들이게 된 것이다. 수십 년간 선진국과 후진국 사이의 격차가 더욱 벌어졌다.

자원의 이용

선진국과 후진국 사이의 격차를 가장 극명하게 드러내는 기준은 세계 자원의 상대적 소비량이다. 인류의 반이 세계 생산량의 약 7분의 6을 소비하고 나머지 반이 7분의 1을 소비한다. 더군다나 부유한 국가들 사이에서도 큰 편차를 보인다.

1970년에 미국인의 수는 세계 인구 100명당 여섯 명꼴이었지만 미국인들이 소비하는 석유량은 전 세계 석유 100배럴당 40배럴이었다. 미국인들 각자가 한 해에 소비하는 종이량은 총생산량의 거의 4분의 1t인 반면 중국인의 소비량은 20파운드였다. 그 당시 한 해에 중국에서 사용되는 총 전력량은 미국의 에어컨 전력량을 대기에도 급급한 양이었다고 한다.

1955년 아시아아프리카 회의

아시아아프리카 회의는 다음 사항들을 권고한다. 경제 발전을 위한 유엔 특별 기금의 조기 조성, 세계은행의 재건 발전 자원 제공을 아시아아프리카 국가들에게 보장, 국제금융공사의 조기 설립, 국제금융공사는 활동 영역에 주식 투자 업무와 아시아아프리카 국가들 간의 공동 사업 증진 도모를 포함해야 한다.

1955년 4월 18일에서 24일까지 인도네시아 반둥에서 열린 아시아아프리카 회의의 최종 성명서 A3항.

세계의 에너지 자원

천연 광물의 세계 생산량 중 80%는 20개국에 집중되어 있다. 주요 수입국은 일본과 미국, 서구 유럽이다. 서구 유럽은 소비량의 3분의 2 이상을 수입한다. 주요 수출국은 라틴아메리카와 아프리카, 중동, 동남아시아, 러시아이다. 수출 목록에는 원유, 철, 구리, 주석, 인산염, 석탄이 포함된다.

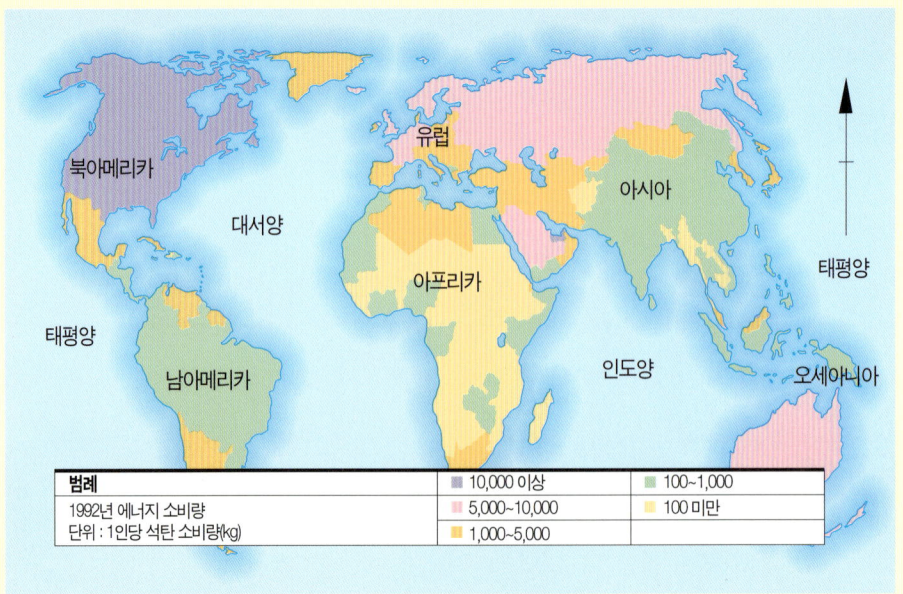

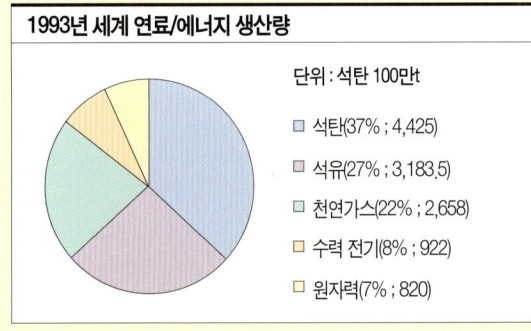

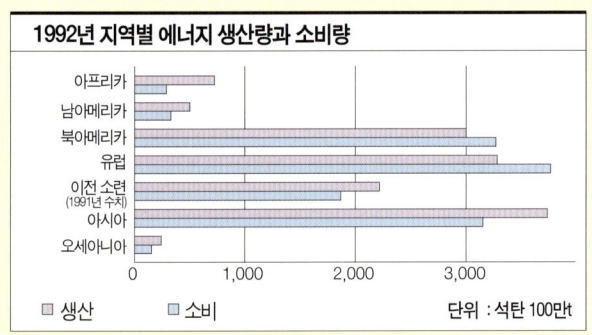

위 지도는 세계 에너지 자원 사용도를, 왼쪽의 원형 도표는 세계 연료와 에너지 생산량을, 오른쪽의 그래프는 지역에 따른 에너지 생산량과 소비량을 보여 준다.

사실 전력 생산량은 국가별 상대적 격차를 분명하게 보여 주는 좋은 예이다. 전력은 국제적으로 거래되지 않고 대부분 생산된 국가에서 모두 소비되기 때문이다. 1980년대 말 미국의 전력 생산량은 인도의 40배, 중국의 23배나 되었고 스위스보다는 1.3배 높았다.

빈부 격차

1945년 이래로 세계의 모든 부분에서 부유한 나라와 빈곤한 나라의 격차가 점점 더 벌어졌다. 이는 빈곤한 나라가 더욱 빈곤해졌기 때문이 아니라 부유한 나라가 더욱 부유해졌기 때문이었다.

이 현상의 유일한 예외로 상대적으로 부유한 국가였던 소련과 동부 유럽을 들 수 있다. 이들이 실행한 정부 주도의 계획 경제가 잘못 관리되고 절박한 상황으로 전개되는 바람에 성장이 위축되었다. 이렇게 됨으로써 이들 나라보다 가난하지만 발전을 거듭하던 개발도상국과의 격차는 점점 좁아졌다.

이런 예외도 있었지만, 눈부시게 급속도로 높은 성장을 보이는 국가들도 나타났다. 일부 아시아 국가들은 1952년과 1970년 사이에 유럽과 북아메리카보다 높은 농업 생산량을 보였다. 그러나 이런 성장에도 불구하고 가난한 나라들은 부유한 나라에 비해 그 지위가 크게 향상되지는 못했다. 인구 성장이 초래하는 문제 때문만이 아니라 애당초 부유한 나라들은 더 높은 수준에서 출발했기 때문이다.

결과적으로 국가별 순위는 바뀔지언정 1950년에 가장 높은 생활 수준을 누리던 국가들은 오늘날에도 여전히 그 지위를 누리고 있다. 일본만이 이 선진국의 대열에 새롭게 진출한 나라였다. 이들 나라는 주요 산업 국가들이다.

이렇게 경제적 부가 급격히 늘어나게 된 데에는 제조 산업이 중요한 역할을 했다. 제조 산업이 발전한 국가들은 오늘날 가장 부유한 나라들이며, 이들의 사례는 가난한 국가들이 산업화를 추구하는 데 큰 동기를 부여해 주었다.

1970년에 세계 3대 산업 강국은 미국, 유럽, 소련으로 1939년과 똑같았다. 4위는 일본으로 1939년에 이미 아시아에서 가장 중요한 산업국이었다. 그러나 1990년경이 되자 상황은 변했다. 소련은 여전히 4대 강국 중 하나였지만 다른 3국에 비해 성장률이 현저히 떨어졌고, 심지어 서부 유럽의 산업 국가들 중 하나인 서독에게까지 밀리기 시작했다.

| 산업 변화 |

각국의 비교는 더욱 어려워졌다. 오늘날 주요 산업 경제 국가들의 모습은 19세기와는 전혀 달랐다. 오랫동안 한 국가의 경제적 중추 역할을 해 왔던 중공업과 제조업은 이제 더 이상 국력을 재는 간단하고 충분한 기준이 되지 못했다. 선진국들에서 한때 주요 산업으로 각광받았던 산업들은 그 중요도가 떨어졌다.

1900년에 3대 주요 철강 생산국 중에 1, 2위였던 미국과 서독은 80년이 지나도 여전히 5대 생산국 안에 포함되어 있었지만 그 순위는 각각 3위와 5위였다. 1900년에 3위를 차지했

미국 캘리포니아 주에서 전력을 생산하고 있는 태양열 발전소의 모습. 바람과 파도 전력 생산에 이용될 수 있다.

발전과 성장의 20세기―경제와 과학, 환경

자동차의 역사

20세기에 자동차는 선진국에서 기차를 밀어내고 주요 교통수단이 되었다. 내연 기관 엔진이 특허를 받자마자 1885년에 칼 프레드리히 벤츠는 최고 시속 15km의 삼륜차에 적용했다. 자동차의 설계가 뒤를 이었다.

자동차가 처음으로 대중화된 곳은 미국이었다. 처음부터 디트로이트는 가장 중요한 자동차 제조업체들의 본부였다. 포드 사의 T 모델 같은 초기의 모델들이 미국에 선보인 이래로 자동차의 디자인은 많은 변화를 겪었다. 자동차의 속력이 높아지고 브레이크의 힘도 좋아졌다. 현재 시장에 나와 있는 다양한 자동차 모델은 20세기 초에는 상상도 할 수 없는 것이었다.

최근 자동차 산업에서 가장 눈에 띄는 변화는 운전자와 승객의 안전에 대한 관심이 커진 것이다. 자동차 기업들은 에어백이나 자동 브레이크 시스템 등을 앞 다투어 내놓고 있다. 어둠 속에서도 운전자의 더 나은 시야를 보장해 주는 자동차도 곧 나올 예정이다. 이는 최신 컴퓨터 기술이 결합된 특별 야간 촬상 카메라를 이용하는 식이 될 것이다.

1913년 포드 자동차 공장 내 세계 최초 조립 라인의 모습.

던 영국은 10위로 떨어져서 그 뒤를 스페인과 루마니아, 브라질이 바짝 추격하고 있는 상황이었다.

1982년 폴란드는 1900년의 미국보다 더 많은 철강을 생산했다. 게다가 개발도상국들이 산업 선진국들보다 신생 산업의 빠른 성장에 있어서는 더 나은 환경이었다. 이런 식으로 타이완과 대한민국은 1988년경에 높은 GDP를 영위할 수 있었다. 양국은 첫 단계에서 인도의 18배를 능가하더니 두 번째 단계에서도 15배 이상으로 성장했다.

현대의 산업 사회는 과거로부터 그 기술과 구조를 단순하게 추정할 수 없다. 부유한 국가들의 경제 성장에서 많은 부분을 차지하는 전자 공학 같은 산업들은 1945년에도 존재하지 않았던 산업이다. 산업의 주요 에너지원으로 19세기의 흐르는 물과 나무를 대체한 것이 석탄이었고 이 석탄도 1939년 이전부터 오랫동안 수력 전기와 석유, 천연 가스 등과 함께 사용되었다. 최근에는 여기에 핵분열에 의한 발전도 추가되었다.

자동차 경제

산업이 성장하자 더욱 값싼 전력과 원자재로 제품을 생산할 수 있게 되었고, 자연히 생활 수준도 많이 향상되었다. 향상된 교통 시설은 간접적인 비용을 낮춰 주었다. 결과적으로 유용한 생활 용품들이 엄청나게 쏟아지면서 소비자들의 삶이 더욱 윤택해졌다. 간혹 성장의 여파가 엄청났는데, 여기 한 사례를 소개한다.

1885년 내연 기관에 의해 움직이는 첫 차량이 나타났다. 내연 기관은 열에 의해 생긴 에너지가 엔진 실린더 내부에서 피스톤을 직접 움직이는 것이다. 외부 화력으로 만들어진 증기를 통해 에너지가 전달되는 증기 기관을 대체하는 것이었다. 9년 뒤에 바퀴가 네 개 달린 새로운 기계가 고안되었는데, 이는 자동차의 전신이라 할 수 있었다. 그것은 프랑스의 판하르였고 프랑스와 독일은 뒤를 이은 10년 동안 자동차 생산의 선두주자였다.

1896년에 처음으로 자동차 모터쇼가 런던에서 열렸을 때, 자동차는 여전히 부자들의 장난감일 뿐이었다. 여기까지가 자동차의 앞선 역사였고, 자동차의 역사는 미국에서 1907년 헨리 포드가 자동차 T 모델의 생산 라인을 세우면서 시작되었다.

헨리 포드는 처음부터 대중 시장을 겨냥했다. 그의 자동차는 낮은 가격인 950달러에 판매되었다. 자동차 수요가 폭주해서 1915년경에는 한 해에 100만 대의 포드 자동차가 생산되었다. 가격은 계속 낮아져서 1926년경에는 T 모델의 가격이 300달러도 채 안 되었다.

굉장한 성공이 계속되었고, 이에 따른 사회적 변화도 엄청났다. 포드는 대중들에게 사치품이라 여겨지던 것을 제공했다. 현재 미국에는 자동차가 가계수보다 더 많다. 포드는 세계를 바꾸었다. 이 변화는 19세기에 철도의 도입과 맞먹는 것이었다. 그의 자동차는 평범한 사람들에게 50년 전에는 백만장자도 가질 수 없었던 기동력을 제공한 것이었다. 이렇게 커다란 편리함은 세계적으로 널리 퍼져 나갔다.

세계적인 자동차 제조업

자동차의 대중화는 다른 방식으로 역사를 변화시키기도 했다. 이를 이해하려면 장기적인 안목이 필요하다. 1980년대에 세계적인 자동차 제조업체들이 존재했다. 국제적인 통합이 많이 이루어져서 실제적으로 몇몇 국가들이 자동차 산업을 지배하고 있었다. 여덟 개의 주요 생산국이 세계 자동차 네 대 중 세 대를 생산하고 있다.

일본이 1960년대와 1970년대에 경제 부흥을 맞이할 수 있었던 것도 자동차 산업 덕분이었다. 1990년경에는 새로운 경쟁국들이 나타나리라고 예상하고 이미 국내 생산을 의식적으로 줄이고 있었다.

자동차 산업은 다른 산업에 대한 투자도 촉진시켰다. 세계적으로 산업에 이용되고 있는 로봇의 반은 자동차 공장의 용접기이며 4분의 1은 자동차 공장의 도색 기계이다. 한편 포드가 이룩한 자동차 대중화는 석유 수요의 증가를 촉진시켰다. 물론 석유 수요 증가는 1914년 이전부터 두드러진 현상이었다. 이는

1913년 디트로이트의 포드 공장에서 조립 라인을 미끄러져 내려오고 있는 T 모델 포드 자동차들. 이 차량은 1927년까지 생산되었고 그 후 포드는 모델 A로 바꾸었다.

석유를 연료로 하는 선박들이 늘었고, 수송 분야 외에도 석유를 소비하는 곳이 많아졌기 때문이다.

수많은 사람들이 연료 공급이나 자동차 소유자에 대한 서비스업 등 자동차 관련 업계에 종사하게 되었다. 도로 건설이나 주차 시설에 대한 투자도 지방 정부와 중앙 정부의 주요 관심사가 되었고 이는 건설 산업에 큰 영향을 미쳤다.

생산 조립 라인의 탄생

결과적으로 포드는 대량 생산을 위해 공장에서 어떤 일을 할 수 있는지 보여 줌으로써 사회적, 기술적 혁명을 일으켰다고 할 수 있다. 많은 위대한 혁명가들과 마찬가지로 포드는 다른 사람의 아이디어에 자기만의 독특함을 담아 내었다. 그 결과는 조립 라인의 탄생이었다. 이제 조립 라인은 소비 제품을 생산하는 현대적 방식으로 자리 잡았다.

조립 라인 위에 제조될 부품들을 늘어놓고 조립 라인을 일정한 속도로 움직이면 노동자들이 각자 맡은 제한되고 단순한 임무를 최소의 시간 내에 행하는 것이다. 이렇게 단순 작업을 반복하다 보면 노동자들은 어느새 숙련공이 되어 있다.

대량 생산이 노동자들에게 미친 심리적 영향은 그다지 좋지 않은 것이었지만, 그 기술은 산업 국가가 경제적 부를 폭넓게 공유할 수 있었던 근본이 되었다. 포드는 그런 작업이 매우 지루할 것이고, 이를 보상하기 위해 높은 임금이 책정되어야 한다고 생각했다. 이러한 소득의 증가로 또 다른 혁명적 경제 변화가 일어났다. 그것은 구매력과 수요의 증가였다.

그 이후로 좋은 경영 관리가 기계적 분업 문제의 다른 해결책으로 떠올랐고, 많은 국가에 자동차 산업을 통해 이런 경영 관리가 확산되면서 좋은 나쁘든 간에 새로운 인식과 문화도 함께 확산되었다.

컴퓨터 시대

이제 조립 라인은 당연히 로봇의 차지가 되었다. 1945년 이후 주요 산업 국가에서 가장 큰 기술적 변화는 정보 기술 분야에서 일어났다. 정보 기술은 정보를 처리하기 위해 전자 기기를 다루고 관리하고 고안하는 복잡한 과학 분야이다. 이 분야만큼 혁신적 변화가 빠르게 일어난 분야는 없었다.

정보 기술 분야의 응용은 대부분 제2차 세계 대전 동안 이루어졌고 넓은 범위의 서비스와 산업적 과정을 거쳐 20년간 확산되었다. 컴퓨터의 용량과 속도는 증가하고 크기는 작아졌으며 영상 표시 기능도 향상되었다. 본질적으로 이런 변화가 뜻하는 바는 지금까지보다 더 많은 정보를 처리할 수 있게 되었다는 점이다.

또한 이것은 양적인 변화가 질적인 변화까지 불러온 예라고 할 수 있었다. 최근까지도

1994년 뉴욕의 기자 회견장에서 애플컴퓨터 사의 부사장이 선보인 신제품 파워PC. 정보 기술은 전자 공학이 가장 빠른 진보를 보인 분야이다.

많은 수학자들이 평생을 쏟아 부어야만 완성할 수 있었던 계산들을 몇 분 만에 풀 수 있다. 복잡한 연산 작업이나 방대한 양의 데이터를 분류하는 일처럼, 예전 같으면 수십 년이 걸렸을 기술적 작업들이 이제 가능해졌다.

인간의 지적 향상이 이렇게 갑작스럽게 큰 성장을 보인 적도 없었다. 동시에 컴퓨터의 용량과 기능이 혁명적인 성장을 거듭하면서 기술적으로 컴퓨터 크기를 더욱 작게 만드는 일이 더더욱 쉬워졌다. 30년 만에 신용카드 크기의 '마이크로 칩'이 개발되어 이전의 거실 크기만 하던 컴퓨터가 행한 작업을 똑같이 실행할 수 있게 되었다.

컴퓨터 혁명으로 인한 변화의 물결은 어디에서나 느낄 수 있었다. 사실상 컴퓨터는 돈벌이에서 전쟁 수행까지 모든 인간 활동에 영향을 미치게 되었다.

통신의 발달

통신 분야 발전의 최종 단계는 컴퓨터였다. 컴퓨터의 형태는 아주 단순하지만, 이로 인해 인간 삶에서 일어나는 모든 물리적·기계적 이동이 더욱 쉬워졌다. 한편 19세기에 이루어진 주요 발전 사항들은 증기가 육상·해상 수송에 응용된 일과 그 후 내연 기관과 전차의 생산을 들 수 있다.

열기구가 오래전부터 이용되었고 1900년 이전에 첫 '비행선'이 선을 보였지만, 공기보다 무거운 기계를 인간이 조종해서 처음 비행에 성공한 것은 1903년이었다. 그 후 80년이 지나자 공항을 통해 들고 나는 수출품과 수입품들이 항구보다 더 많아졌고, 비행기는 이제 장거리 여행에 보편적으로 이용되고 있다. 비행기로 인해 인류는 20세기가 시작될 무렵에는 상상조차 못했던 기동성을 갖게 되었다.

1900년경 정보 통신은 송수신 신호 사이의 물리적 연결선을 없애 버림으로써 혁명적인 발전을 이루게 되었다. 19세기 중반에는 전보 이동에 이용되는 전신주가 늘어선 모습이 이미 흔히 볼 수 있는 광경이었다. 그러나 그 후 1900년경에 마르코니가 전자 이론을 이용해서 처음으로 '무선' 전신에 성공했다. 이제 더 이상 송수신기 사이에 물리적인 연결선이 필요하지 않게 되었다.

대서양을 가로지르는 첫 라디오 메시지가 1901년에 이루어졌다. 이렇듯 인류는 20세기의 첫해에 마르코니의 발명으로 대변혁을 맞이하게 되었다. 1930년이 되자 '무선' 수신기를 가지게 된 수백만 명의 사람들은 방송 '전파'를 받기 위해서 굳이 창문을 열어 두어야 한다는 생각에서 벗어나게 되었다.

이즈음 주요 국가들에서는 모두 큰 규모의 라디오 방송 서비스를 시행하고 있었다. 이보다 몇 년 전에는 오늘날의 텔레비전과 비슷한 기기도 첫선을 보였다. 1936년에 영국 BBC 방송국이 처음으로 정규 텔레비전 방송 서비스를 개시했다. 이 후 20년이 지나자 텔레비전은 주요 산업 국가에서 흔히 볼 수 있는 기기가 되었다.

1950년경부터 서구 가정에서 흔히 접할 수 있게 된 텔레비전 수상기의 모습. 오늘날 텔레비전은 선진국에서 사회적 유행을 반영하고 창조하는 데 중요한 역할을 하고 있다.

플라스틱의 다양한 활용도와 화려함, 실용성을 강조한 광고들. 1950년대에 플라스틱 제품은 최고 유행 제품이었다.

20세기 전체에 걸쳐 정보 전달이 더욱 빠른 속도로 이루어졌고 전후의 성공적인 재건과 새로운 산업들의 폭발적인 성장으로 통신 수단들이 더욱 큰 발전을 이룰 수 있었다.

| 자연의 이용 |

기술적 진보는 오랫동안 대부분의 사람들이 과학을 실질적으로 느낄 수 있게 되는 유일한 방법이었고, 지금도 그러하다. 산업 과정의 일부에서는 핵분열을 이용해 에너지를 생산하거나 컴퓨터를 이용해 기계 장치를 제어하는 것처럼 과학이 이용되는 모습이 분명히 드러난다. 그러나 플라스틱 제품의 생산 공정에서처럼 기초 과학이 평범한 사람들 눈에는 잘 인식되지 못하는 화학 처리 과정 안에 숨겨져 있기도 하다.

그러나 두 경우 모두 과학자의 역할이 매우 중요하다는 사실은 쉽게 받아들여진다. 사실 1950년경에 이미 현대 산업은 직·간접적으로 과학에 많이 의존하고 있었다. 게다가 기초 과학이 최종 상품으로 이어지는 데까지 걸리는 시간이 매우 짧아졌다. 내연 기관 엔진의 원리가 밝혀진 후 자동차 생산에 널리 이용되기까지 걸린 기간은 약 50년이었다. 그러나 페니실린이 발견된 후 대량 생산이 되기까지에는 10년밖에 걸리지 않았다.

과학의 영향

과학적 지식이 응용되는 속도가 빨라진 이유는 목적을 가진 연구가 행해지고 이런 연구에 대한 투자가 잘 이루어졌기 때문이다. 19세기에 일어난 과학의 실용적 결과물들은 모두 과학적 호기심에서 나온 부산물일 뿐이었다. 어떤 때에는 우연히 실용적 결과가 발견되기도 했다.

그러다 1900년이 되면서 변화가 일어나기 시작했다. 일부 과학자들이 의식적인 목적이 있는 연구를 하는 편이 더 현명하다고 생각하게 된 것이다. 20년이 지나자 큰 산업 기업들은 투자를 결정하기 전에 해당 연구 결과를 요구하기 시작했다. 결과적으로 몇몇 산업 연구 분야들이 확고한 제 나름의 학문 분야로 성장했다. 그래서 석유 화학, 플라스틱, 전자 공학, 생화학 약품 등이 20세기에 새로이 등장했다.

오늘날 선진국에 사는 보통 사람들은 응용 과학에 의존하지 않는 삶을 생각할 수도 없다. 과학 분야의 엄청난 발전과 더불어 과학이 인간 생활의 모든 면에 속속들이 침투하면서 과학에 대해 더 많이 인식하고 있다.

이 같은 상황을 측정하는 기준의 하나는 돈이다. 캠브리지 대학 내의 캐번디시 연구소는 1914년 이전에 핵물리학의 기본적인 연구를 실행했다. 그 당시 이 연구소는 대학으로부터 연간 300달러, 지금으로 치면 1,500달러 정도를 지원받았다. 제2차 세계 대전 동안 영국과 미국은 핵무기 개발에 전력을 다했다. 그 결과로 나온 미국의 원자폭탄 제조계획인 '맨해튼 프로젝트'는 역사상 인류가 행한 모든 과학 연구를 아우를 만큼의 비용이 든 것으로 추산된다.

정부의 투자

맨해튼 프로젝트에 든 엄청난 비용은 시작에 불과했다. 전후 세계에서는 과학 연구에 이보다 훨씬 더 많은 비용이 들어가게 되었다. 이러한 사실이 또 다른 중대한 변화를 일으켰다. 바로 정부가 과학을 주도하게 된 것이었다. 수세기 동안 과학은 정부의 간헐적인 후원을 받는 대상이었지만 이제는 주요한 정치적 사안이 되어 버린 것이다.

오직 정부만이 1945년 이후 행해진 큰 규모의 연구들에 자원을 댈 수 있는 능력을 가지고 있었다. 국가가 주로 추구하는 바는 더 나은 신종 무기 개발이었다. 이 때문에 미국과 소련이 엄청나게 과학적 투자를 했던 것이다. 그러나 국가의 관심과 참여가 커졌다고 해서 과학이 국수주의적인 모습을 띠게 된 것은 아

미국 뉴멕시코 주에 위치한 대형전파간섭계 VLA의 일부분을 형성하는 전파 망원경의 모습. 정부 출자의 과학 연구에서 가장 비용이 많이 드는 분야는 우주에 대한 데이터를 수집하는 일이다. VLA는 하나의 거대한 전파계를 형성한다. 27개의 전파 망원경으로 데이터를 수집하는데, 전파 망원경 하나의 접시 지름은 25m이다. 이렇게 수집된 데이터는 국립전파천문대에서 하나의 이미지로 만들어진다.

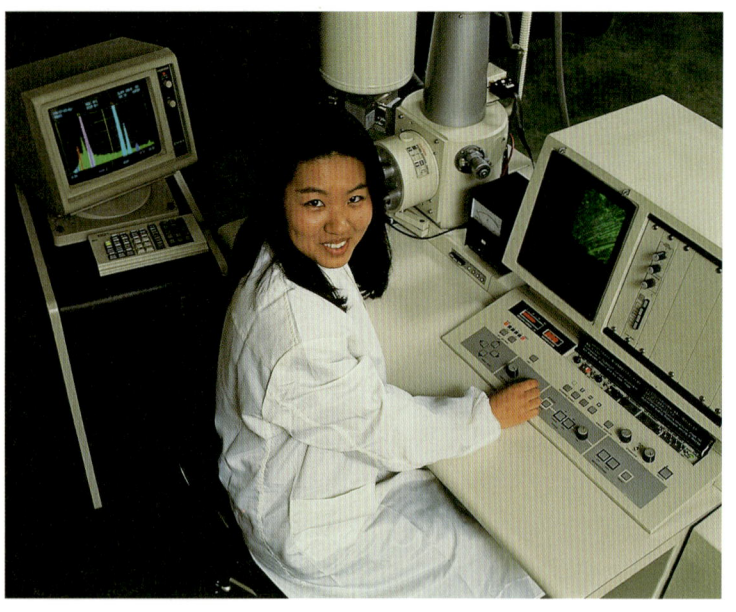

일본 도쿄의 한 컴퓨터 기술자가 플로피 디스크의 품질 관리 테스트를 하고 있는 모습. 정부의 보조금 지원으로 일본은 세계 최고의 전자 제품 생산국이 되었다.

니었다. 오히려 실상은 그 반대였다.

과학자들 사이에 존재하는 국제적인 교류의 전통은 찬란한 과학적 발전을 이루었던 17세기의 유산이었다. 그러나 이런 전통이 아니더라도 과학은 이론적, 기술적 이유로 국경선을 넘나들어야 했을 것이다.

새로운 물리학

원래 과학의 영역은 17세기부터 여러 분야로 명료하게 분리되어 각각 발전해 왔다. 그러나 1914년 이전부터 이러한 개별 과학들의 경계선이 흐릿해지더니 사라져 버리는 경향이 생겼다. 물론 이런 경향으로 인한 여파가 나타나기 시작한 것은 아주 최근의 일이다.

18, 19세기에는 위대한 화학자와 생물학자가 이룬 업적이 엄청났지만, 20세기 초에는 물리학이 주요한 과학적 업적을 이루는 텃밭이 되었다.

뉴턴의 물리학은 150년간 만족스러운 철학적 틀을 제공했다. 캠브리지 대학의 실험 물리학 교수였던 제임스 클럭 맥스웰이 1870년대에 전자기장에 대한 이론을 내놓으면서 17세기의 뉴턴 물리학이 미처 손대지 못했던 문제와 분야가 드러나기 시작했다. 맥스웰의 이론적 작업과 실험적 연구는 뉴턴 물리학을 넘어선 새로운 사고를 형성했다.

우주는 자연적이고 규칙적이며, 발견 가능한 기계적인 법칙에 따라 움직이고, 파괴할 수 없는 물질들이 다양하게 결합하고 배열되어서 구성된다고 생각하게 되었다. 이러한 사고에는 전자기장이라는 새로운 요소가 첨가되었다. 전자기장이 지닌 기술적인 가능성은 금세 보통 사람들과 과학자들의 관심을 사로잡았다.

쪼개지는 원자

전자기장의 발견에 뒤이어 현대 물리학 이론의 기초가 된 중요한 성과가 1895년에서 1914년 사이에 이루어졌다. 뢴트겐이 X선을, 베크렐이 방사능을 발견했고, 톰슨이 전자의 존재를 규명했으며, 퀴리 부부가 라듐을 분리해 냈고, 러더퍼드가 원자의 구조를 연구했다. 이들 모두가 물리적 세계를 새로운 시각으로 볼 수 있게 해 주었다.

우주는 물질 덩어리가 아니라 원자들이 모여 있는 모습처럼 인식되기 시작했다. 이들 원자는 마치 작은 태양계처럼 입자들이 특별한 배열로 늘어서 있는 모양을 이루었다. 이 입자들은 물질 덩어리와 전자기장의 구분을 흐리게 하는 방식으로 움직이는 듯 보였다. 게다가 입자들의 배열도 고정된 것이 아니었다. 자연적 상태에서 어떤 배열이 다른 배열로 바뀔 수 있고, 그렇게 되면 입자들도 다른 성질의 입자들로 바뀌기 때문이다.

특히 원자는 '쪼개질 수 있다'고 밝힌 러더퍼드의 연구가 결정적이었다. 원자의 구조는 입자들이 모여서 이루어진 것이기 때문에 원자는 쪼개어질 수 있었다. 이는 물질이 아주 기본적인 단계에서도 조작될 수 있음을 뜻했다. 그러나 1935년까지도 러더퍼드는 핵물리학이 실용적인 영향을 가지지는 못할 것이라고 말했다. 그리고 그의 말에 어느 누구도 이의를 표하지 않았다.

원자의 성질이 밝혀진 지 얼마 지나지 않아 양자와 전자라는 두 입자가 규명되었다. 다른 입자들은 채드윅이 중성자를 발견한 1932년이 지나서야 밝혀졌다. 러더퍼드와 보어의 업적으로 과학 세계에 실험적으로 규명된 원자 구조가 모습을 드러낼 수 있었다. 이후로는 계속 새로운 입자의 발견이 물리학의 주요 발전 목표가 되었다.

양자론과 상대성

이렇게 급진전된 실험적 연구도 뉴턴 물리학을 대체할 새로운 이론적 틀을 제공하지는 못했다. 새로운 물리학의 틀은 19세기 마지막에 시작되어 1920년대에 절정을 이룬 이론적 혁명을 거쳐 겨우 마련되었다. 이 과정은

상대성과 양자론이라는 두 가지 문제에 대한 연구에 초점이 맞춰졌다. 이 연구의 선구자는 막스 플랑크와 앨버트 아인슈타인이었다.

1905년에 그들은 실험적이고 수학적인 이론을 제시했다. 이 이론들은 뉴턴의 운동 법칙이 더 이상 논쟁거리가 될 수 없는 확실한 사실을 설명하기에는 부적합하다는 것을 보여 주었다. 그들의 이론은 물질세계에서 에너지 이동은 연속적인 흐름이 아니라 불연속적인 도약으로 이루어진다는 것이었다. 여기에서 양자量子라는 입자가 등장하게 된다.

플랑크는 태양의 복사열이 연속적으로 방사되지 않는다는 것을 보여 주었다. 그는 모든 에너지 이동에서 그러할 것이라고 주장했다. 아인슈타인도 빛이 연속적인 흐름이 아니라 입자로 전파된다고 주장했다. 이후 20년 동안 중요한 연구들이 많이 행해졌지만, 플랑크의 업적이 가장 큰 영향을 끼쳤고 가장 위력적이었다. 뉴턴 물리학이 무언가 부족하다는 사실은 밝혀졌지만, 이를 대체할 이론은 아직 없었다.

아인슈타인의 일반상대성이론 초기 판본. 1915년에 아인슈타인은 그의 연구를 확장하여 일반상대성이론을 내놓았다. 이것의 초판 원고는 전쟁 중이었던 베를린에서 몰래 빼돌려야만 했다. 그 당시 카이저빌헬름 물리학 연구소 소장이었던 아인슈타인은 반군국주의자로 유명했다.

◀ 독일에서 유대인 부모 밑에 태어났지만 나중에 스위스 국적을 취득한 앨버트 아인슈타인(1879~1955)의 모습. 1921년 노벨 물리학상을 받았다. 그는 히틀러가 독일 정권을 잡자 베를린에서의 지위를 포기하고 1933년에서 죽을 때까지 미국의 프린스턴 고등 연구소에서 일했다.

1900년에 흑체 내의 에너지 분배를 연구하던 중 양자이론을 완성하게 된 막스 플랑크(1858~1947)의 모습. 이 이론은 물리학에 엄청난 영향을 주었다. 특히 아인슈타인과 보어가 이 이론을 응용해서 더욱 중요한 발견을 해냈다. 플랑크는 1918년 노벨 물리학상을 받았다.

한편 아인슈타인은 양자에 대한 연구 끝에 그를 유명하게 만든 상대성이론을 1905년에 발표했다. 이 이론은 전통적인 시간과 공간의 구분과 질량과 에너지의 구분을 무너뜨리는 것이었다. 뉴턴의 3차원적 물리학 대신에 아인슈타인은 '시공간 연속체'에 동료들의 주의를 집중시켰다. 이 시공간 연속체에서 시간과 공간, 운동의 상호작용이 이해될 수 있었다.

이 이론은 곧 천체 관측 데이터에 의해서 뒷받침되었다. 이 관측 자료들은 기존의 뉴턴 우주론으로는 설명할 수 없었지만 아인슈타인의 이론에는 들어맞았다. 한 가지 특이하고 기대하지 않았던 결과는 아이슈타인이 보여 준 질량과 에너지 사이의 관계였다. 아인슈타인은 $E=mc^2$이라는 공식을 정립했다. 여기에서 E는 에너지, m은 질량, c는 상수인 빛의 속도이다.

이 이론적 공식의 중요성과 정확성은 핵물리학 연구가 더 많은 진척을 이룬 후에야 확실해졌다. 원자핵이 분열되면서 이 공식에 따라 질량에너지가 열에너지로 전환되는 것이 관찰되었기 때문이다.

핵물리학의 약진

이 같은 성과와 함께 플랑크의 연구에 따라 핵물리학을 다시 쓰는 작업이 계속되었다. 마침내 1926년에 큰 이론적 성과가 이루어졌다. 이 성과는 플랑크의 가설과 핵물리학에 대한 수학적 틀을 제공해 주었다. 두 수학자 슈뢰딩거와 하이젠베르크의 연구 성과가 너무나 엄청나서 한동안 양자 역학이 과학 분야의 모든 문제를 다 해결해 줄 수 있을 듯 보였다.

러더퍼드와 보어가 관찰했던 원자 속 입자들의 움직임이 이제 설명될 수 있었다. 두 과학자의 연구로 새로운 핵입자의 존재를 예상할 수 있게 되었는데, '양전자'로 알려진 이 새로운 입자는 1930년대에 정식으로 규명되었다. 양자 역학으로 새로운 물리학의 시대가 열린 것 같았다.

우주에 대한 새로운 시각

20세기 중반이 되자, 많은 과학 법칙들이 사라졌다. 그러나 일상생활에서는 여전히 뉴턴 물리학이 전부였다. 물리학 이론이나 법칙들이 다른 과학 분야에서도 많이 응용되면서, 이제 물리학에서 일반 법칙의 개념은 그 법칙이 실험 통계상 최대한 옳다는 의미로 바뀌었다. 즉, 일반 법칙이라고 해서 항상 절대적으로 옳은 것은 아니라는 것이다.

과학의 내용뿐만 아니라 개념도 바뀌고 있었다. 게다가 새로운 이론들에 의한 새로운 지식들이 급격하게 늘면서 과학 분야 사이의 경계선도 허물어졌다. 전통적인 과학 분야에 종사하는 누구라도 금세 자기 영역을 뛰어넘게 되었다.

물리학 이론이 신경학에 들어오고 수학이

생명 공학과 유전 공학에서의 위대한 업적들

1865년 멘델이 완두콩 교배 실험으로 독립 인자, '유전자'의 존재를 밝혀낸 첫 연구 성과가 출판됨.

1909년 요한센의 책에서 처음으로 '유전자'라는 용어가 사용됨.

1928년 플레밍이 페니실린을 발견하여 첫 논문을 발표함.

1941년 미국에서 처음으로 항생제, 페니실린이 대량 생산됨. 영국의 생산량은 수요에 비해 불충분했음.

1947년 '생명 공학'이라는 단어가 처음으로 사용됨.

1953년 크릭과 왓슨이 DNA 구조를 담은 논문을 발표함. DNA 구조가 규명된 최초 단백질인 인슐린의 구조가 실림.

1973년 코헨과 보이어가 재조합 DNA를 발견함. 이는 유전 공학의 기초가 됨.

1975년 밀슈타인이 세포 융합 실험 결과를 출판함. 이는 단일 클론 항체 개발을 이끌었다.

1982년 최초로 유전자 조작 약품(인슐린)이 상업적으로 생산됨.

1983년 최초의 유전자 지도 발표(헌팅턴병).

1986년 제프리가 DNA 지문 분석법을 발표함. 1987년 과학 수사에 최초로 이용됨.

1989년 결함 유전자(낭포성 섬유증)의 최초 분리(구조 규명).

1990년 굿펠러가 청소 결정 유전자의 구조를 발견함.

1991년 유전자 이식 성별 전환 동물(쥐)이 최초로 만들어짐.

1997년 성체에서 떼어 낸 세포를 복제하여 포유류 복제에 최초로 성공(돌리양).

우유를 치즈로 변하게 하는 발효는 박테리아에 의해서 이루어진다는 사실을 보여준 루이스 파스퇴르(1822~1895)의 모습. 그는 미생물이나 유기체가 몸에 들어옴으로써 병이 생긴다는 세균설을 밝히기 위해 연구를 계속했다.

생물학에 도입되는 등의 결합으로 19세기부터 인류의 꿈이었던 지식의 완전한 통합이 점점 더 어려워졌다. 게다가 컴퓨터의 발달로 새로운 지식이 생기는 속도가 빨라지면서 그만큼 지식의 완전한 통합이 어려워지게 되었다.

생물학의 발전

과학 연구가 복잡해졌다고 해서 과학자들의 명성이나 과학자들이 인류를 더욱 편안한 미래로 안내할 것이라는 믿음은 조금도 줄어들지 않았다. 이에 대한 의심은 뉴턴 물리학처럼 명료한 포괄적 이론을 만들어 내지 못하

1943년 런던의 세인트메리 병원에서 연구하고 있는 알렉산더 플레밍(1881~1955)의 모습. 그는 1928년 항생물질인 페니실린을 발견했다.

한 과학자가 꼬마 선충의 배양 접시를 들고 있는 모습. 꼬마 선충은 작은 양성 선충으로 유전자 연구에 중요하게 이용되는 실험체이다. 일부 과학자들은 20세기 말을 '유전학의 시대'라고 정의 내렸다. 이 분야의 모든 발전은 인간, 동물, 식물 유전자를 향상시키는 엄청난 잠재력을 가진다.

는 과학자들의 상황이 아니라 다른 곳에서 야기되었다. 한편 과학 분야의 발전 추세는 계속되었다. 1945년 이후로는 발전의 주인공이 물리학에서 생물학으로 바뀌었다.

생물학의 최근 성과는 19세기에 시작된 두 가지 연구 방향에 뿌리를 두고 있다. 17세기에 현미경이 발명되면서 세포로 구성된 조직의 구조가 처음으로 드러났다. 19세기에 연구자들은 세포가 분열 가능하고 개별적으로 성장한다는 사실을 알고 있었다. 1900년에 널리 받아들여지던 세포설은 생명 연구에 좋은 방법론을 제시했다. 또한 생명 연구에 화학적 방법을 응용하는 것도 생물학 연구의 주요 방법론이 되었다.

19세기 생물학의 다른 연구 방향은 유전학이라는 새로운 분야였다. 이는 부모로부터 물려받은 자손들의 유전적 특성들을 연구하는 것이었다. 다윈은 자연 선택에 의한 선호 특성들이 살아남는 수단으로서 유전 원칙들을 언급한 적이 있었다.

유전 원칙에 대한 첫 성과는 오스트리아의 수도사 그레고르 멘델에 의해 이루어졌다. 멘델은 완두콩 교배 실험을 여러 번 시행한 결과, 부모로부터 자식으로 전달되는 특성의 발현을 제어하는 유전적 단위가 존재한다고 결론지었다. 1909년에 한 덴마크인이 이 유전적 단위에 '유전자'라는 이름을 붙였다.

DNA의 발견

점차적으로 세포의 화학적 성질이 더 잘 이해되었고, 유전자의 물리학적 실체도 받아들여졌다. 1873년에는 세포핵 안의 어떤 물질이 모든 생물의 가장 근본적인 형태를 결정한다는 가설이 이미 수립되어 있었다. 당시 실험으로 염색체 내에 유전자가 존재한다는 사실이 드러났고 1940년대에는 유전자가 세포의 가장 중요한 구성 요소인 단백질의 화학적 구조를 결정한다는 것이 밝혀졌다.

1944년에 박테리아에서 변화를 일으키고 단백질 구조를 제어하는 특별 인자의 존재가 처음으로 드러났다. 1950년대에 이르러서야 그것이 DNA임이 규명되었다. 1953년에는 DNA의 이중 나선 구조가 밝혀졌다. 디옥시리브 핵산deoxyribo-nucleic acid의 약칭인

DNA가 지니는 중요성은 생명의 기초 단계에서 단백질 분자의 합성을 결정짓는 유전 정보를 담고 있는 물질이라는 점이다.

이제 다양한 생물학적 현상들 아래에 깔린 화학적 과정을 알 수 있게 되었다. 생리적으로나 심리적으로 DNA의 발견은 19세기의 다윈 사상 이후 인간의 자기 인식에 큰 변화를 가져왔다.

유전학의 응용

DNA 구조의 규명과 분석은 유전자 조작으로 향하는 가장 돋보이는 성과였다. 이로 인해 과학적 지식이 증가했을 뿐 아니라 새로운 학문 분야와 새로운 응용 분야들이 생겨났다. '분자 생물학', '생명 공학', '유전 공학'은 친숙한 용어가 되었다.

일부 생물의 유전자는 그 생물에 새롭고 바람직한 특성을 더하기 위해 조작이 가능하다는 점이 밝혀졌다. 성장 과정을 조작함으로써 효모와 다른 미생물들이 새로운 물질이나 효소, 화학물을 만들어 내게 할 수 있었다. 이는 인류가 수천 년 동안 빵과 와인, 치즈를 제조하면서 자연스럽게 습득하게 된 경험적 기술을 현대 과학이 규명해 낸 것이었다. 이제 화학물이나 호르몬을 얻기 위해 박테리아에 유전자 조작을 가하기도 했다.

1980년대 말에 인간 게놈 프로젝트라는 세계적 협동 연구가 시작되었다. 이 프로젝트의 엄청난 목표는 인간 유전자 전부의 위치와 구조, 기능을 낱낱이 밝혀 인간 게놈 지도를 만드는 것이었다. 인간의 각 세포에는 5만 개에서 10만 개가량의 유전자가 있고, 각 유전자에는 유전자 암호를 형성하는 기본 단위 3만 쌍이 들어 있다.

결함 유전자를 걸러 내거나 이를 교체하는 일이 이미 이루어지고 있다. 이러한 일의 의학적 영향은 막대하다. 조금 더 분명하게는

일상적인 경찰 업무에 DNA '지문' 감식이 이용되고 있다. 혈액이나 정액 샘플로 한 개인을 확인하는 것이다. 다소 무시무시하게 들리지 모르지만, 유전적으로 암에 걸리기 쉽게 조작한 실험용 쥐에 대한 특허가 나오기도 했다.

진보의 속도

유전학 분야의 진보가 놀랄 만큼 빨라졌다. 이는 대부분 컴퓨터가 매우 방대한 정보량을 처리할 수 있었던 덕분이다. 이 분야의 발전은 과학 진보의 가속 현상을 뚜렷이 보여 주는 한 사례였다. 과학이 이렇게 빠르게 발전하자 새로운 지식이 응용되는 속도와 새로운 지식으로 인해 일반적으로 통용되던 생각이 무너지게 되는 속도도 더욱 빨라졌다.

이런 현상의 의미를 평가하기는 쉽지 않다. 또다시 우리는 새로운 사상이 가지는 문화적, 사회적, 정치적 영향력의 정도를 평가해야 하는 오래된 문제에 봉착했다. 최근 생명 과학

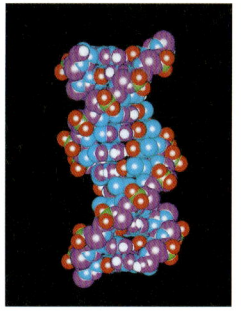

DNA 분자의 일부분을 컴퓨터 합성 이미지로 재현한 모습. 여러 원자로 구성된 2개의 나선 모양이다. 이 이중 나선은 굉장히 길기 때문에 유전자 암호의 가능한 결합 수가 엄청나게 늘어난다.

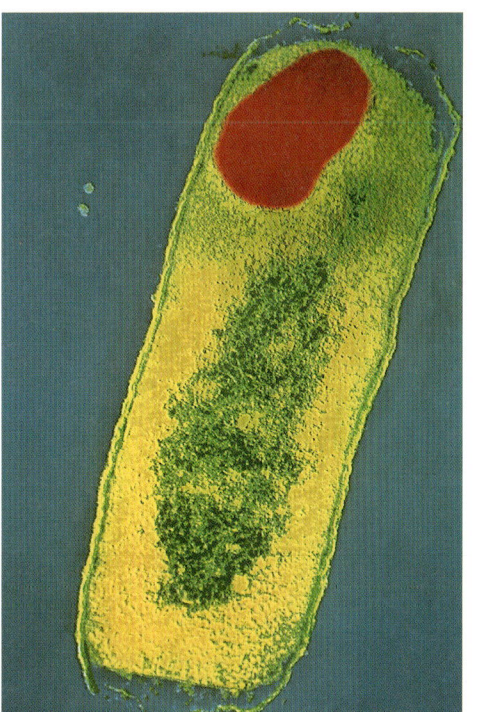

유전자 조작으로 합성 인간 인터루킨-2 유전자를 가지게 된 대장균을 전자 현미경으로 들여다본 모습. 인간 인터루킨-2 유전자는 자연적인 암 치료 효과를 지닌 유전자다. 대장균은 생명 공학과 분자 유전학 연구에서 널리 이용되고 있다.

에 대한 그 모든 근본적인 연구 업적에도 불구하고, 대부분은 그 성과가 지니는 중요도를 잘 평가하지 못할 것이다.

우주시대

대부분의 사람들은 과학 연구 성과가 기술적으로 발현되어야 비로소 과학의 힘을 가장 생생하게 느끼게 된다. 근 20년 동안 우주 탐험 분야에서 눈부신 성과를 이뤄 내자 사람들은 그러한 과학의 힘을 실감할 수 있었다. 이 분야의 성과로 인간의 물리적 환경이 확장되었다. 이로 인해 인류의 다른 역사적 과정들이 하찮게 보일 정도였다.

우주 정복을 위한 연구는 전쟁이 끝난 후부터 계속 진행되었고, 이는 현대 기술의 가장 흥미진진한 쾌거였다. 인류의 문화가 새로운 도전에 맞서는 힘이 그 어느 때보다도 커졌고, 우주 정복은 인류의 자연 지배를 보여 주는 가장 분명한 사건이 될 것이었다.

1957년 10월에 소련제 무인 인공위성인 스푸트니크 1호가 발사되어 지구 둘레의 궤도에 올라 무선 신호를 방출하는 모습이 전 세계에 공개되었다. 이 사건이 사람들에게 미친 심리적 영향은 어마어마했다. 대부분의 사람들에게는 이 사건이 우주시대를 여는 발단으로 여겨졌다.

이 사건이 정치에 미친 충격은 분명했다. 소련의 기술력이 미국보다 한참 뒤떨어져 있다는 고정관념을 깨뜨리는 일이었기 때문이다. 그러나 이 사건이 미치는 영향은 완전히 밝혀지지 못했다. 이 사건의 의미를 초강대국 간의 경쟁에만 국한시킨 나머지 다른 고려 사항들은 정치적 중요성에 묻혀 버렸기 때문이다.

사실 이 사건은 인간의 우주 여행이 여전히 불가능할 것이라는 의심을 완전히 불식시켰다. 부지불식간에 우연히 이 사건은 역사적 흐름을 끊는 대단히 중요한 이정표가 되었다. 그 중요도로 따지자면 유럽의 아메리카 대륙 발견이나 산업 혁명에 버금간다. 과학 소설에서나 꿈꾸던 미래가 현실로 나타났기 때문이다.

초기의 성과

우주 탐사는 그 뿌리가 깊었다. 19세기 말부터 20세기 초까지 우주 탐험은 소설의 형태로 서구 대중 앞에 나타났다. 우주 탐사 기술

> **우주 지식에 대한 칼 세이건의 견해**
>
> 현재 우리는 처음으로 다른 행성에 있는 문명과 접촉할 수 있는 도구를 가지게 되었다. 푸에르토리코 아르시보에 있는 국립천문학전리층 연구 센터의 1,000ft 지름 전파 망원경이 은하수의 다른 천체와 교신할 수 있을 것이라는 사실은 아주 놀랍다.
>
> 우리는 몇 십만 광년이 떨어진 거리에서도 서로 교신할 수 있을 뿐만 아니라, 시간이 몇 만 광년 지나간 사이에서도 통신을 주고받을 수 있다. 선진 기술 문명이 다른 행성에도 존재한다는 가설은 실험적 시도를 해 볼 만한 여지를 준다. 이 가설은 완전한 추정의 영역을 떠나 실험의 영역에 와 있는 것이다.
>
> *1973년 칼 세이건의 저서인 『우주적 연결 : 지구 밖 견해』 27장에서 발췌*

소련 인공위성인 스푸트니크 1호의 첫 공식 사진들 중 하나. 1957년 10월 4일 스푸트니크 1호의 발사 성공은 소위 '우주 경쟁'에서 패배한 미국 정부에게 치욕의 사건으로 남았다.

도 이 시기까지 거슬러 올라간다. 1914년보다 훨씬 이전에 러시아인 과학자 치올코프스키는 다단식 로켓을 고안했고 우주 여행의 기본 원칙들을 많이 궁리해 냈다. 그는 자신의 생각을 대중들에게 널리 알리기 위해 소설을 쓰기도 했다.

1933년에 소련제 액화 연료 로켓이 최초로 3마일을 날았고, 6년 뒤에는 2단식 로켓이 발명되었다. 제2차 세계 대전의 발발로 독일은 주요한 로켓 프로그램을 추진하게 되었고 미국은 1955년 자국의 로켓 연구를 시작하기 위해 이 독일식 프로그램을 이용했다.

미국은 소련에 비하면 크기가 훨씬 더 작은 기기로 출발했다. 최초로 미국이 만든 인공 위성은 무게가 겨우 3파운드밖에 안 되었다. 반면 소련은 그 당시 이 분야에서 압도적으로 선두를 지키고 있었고 스푸트니크 1호는 그 무게가 184파운드나 되었다.

미국은 1957년 12월 말 공개적으로 로켓 발사를 시도했지만, 로켓은 이륙하지 못하고 불이 붙어 발사장에는 공허한 굉음만이 남았다. 미국의 기술이 앞으로 더 향상될 것이라는 점은 분명했지만 소련은 스푸트니크 1호를 쏘아 올린 지 한 달 만에 스푸트니크 2호의 발사도 이미 성공한 상태였다. 스푸트니크 2호는 무게가 0.5t이나 되었고 최초로 생물체를 태우고 우주로 날아간 굉장한 위성이었다.

스푸트니크 2호 안에 탑승한 생물체는 라이카라는 이름의 개였다. 스푸트니크 2호가 지구 주위를 궤도를 그리며 돌았던 6개월 동안 세계 각 지역에서 이 위성을 볼 수 있었다. 한편, 라이카는 지구로 다시 돌아오지 못했기 때문에 전 세계 애견가들의 분노를 사기도 했다.

우주 경쟁

1958년 초 무렵에는 소련과 미국의 우주 프로그램들이 이미 서로 다른 길을 걷고 있었

1961년 4월 보스토크 1호를 타고 지구 주위 궤도 선회에 성공한 소련 우주비행사 유리 가가린(1943~1968)의 모습. 이로써 우주 경쟁에서 소련의 우위를 확인하고 국제적 명성을 얻은 가가린은 소련에서 영웅 칭호를 받았다.

다. 소련은 전쟁 전의 경험을 바탕으로 로켓의 힘과 크기를 더욱 증가시키는 데 연구의 중점을 두고 있었다. 힘과 크기가 커진 로켓은 더욱 큰 기계를 실을 수 있었고, 이것은 소련의 강점이었다. 반면에 미국은 데이터 수집과 계측에 초점을 맞추고 있었다. 이 같은 사실로 볼 때 미국보다 소련의 행보에서 군사적인 의도가 더 많이 드러나고 있었다.

명성에 대한 경쟁도 시작되어 사람들이 '우주 경쟁'이라고들 불렀지만 실제적으로 미국과 소련은 서로 다른 목표를 향해 달리고 있었다. 그러나 역사상 최초로 우주에 인간을 보내겠다는 소원은 양국이 같았다. 이 한 가지를 제외하고는 기술적 결정을 내릴 때 상대국의 영향을 많이 받지 않는 듯 보였다. 양국

소련의 위성 발사 소식을 대서특필한 1957년의 신문들. 소련이 새로운 '달'을 쏘아 올렸다는 뉴스는 세계 언론의 관심을 한 몸에 받았다. 온 나라가 초강대국 사이의 우주 경쟁에 대한 흥분으로 떠들썩했다.

의 차이는 미국이 1957년 12월에 실패한 미국 인공위성인 뱅가드가 이듬해 3월 성공적으로 발사되었을 때 분명해졌다.

뱅가드는 크기가 작았지만 앞선 위성들보다 더욱 먼 우주까지 나아갔고, 중요한 과학적 정보도 많이 제공했다. 뱅가드는 앞으로 2세기 정도는 거뜬히 정보 수집 활동을 할 것처럼 보였다.

이후 새로운 성과들이 속속 이어졌고 그 속도도 빨라졌다. 1958년 말에 미국은 최초로 통신 목적의 인공위성을 성공적으로 발사했다. 1960년에 미국은 또 하나의 최초 기록을 달성했다. 이는 대기권 재돌입 후 우주 캡슐 회수에 성공한 일이었다.

소련도 스푸트니크 5호를 우주로 쏘아올린 후 회수에 성공함으로써 미국의 뒤를 따랐다. 4.5t이 나가는 스푸트니크 5호에는 개 두 마리가 타고 있었다. 결과적으로 이 개들은 우주로 나갔다가 지구로 안전하게 돌아온 최초의 생명체가 되었다.

다음 해 봄인 1961년 4월 12일 사람을 태운 소련제 로켓이 발사되었다. 최초로 우주에 나간 사람은 유리 가가린이었다. 그는 지구 주위를 한 바퀴 돈 다음 108분 만에 지구로 돌아왔다. 스푸트니크 1호가 발사된 지 4년 만에 인간이 우주로 가는 시대가 열린 것이다.

케네디의 달 착륙 프로젝트

그 당시 쿠바에 소련의 핵미사일을 배치하는 문제로 미국과 소련이 대결구도에 놓이게 되었던 쿠바 사태를 무마할 작정으로 발표된 프로젝트였을지도 모르지만, 1961년 5월 미국의 케네디 대통령은 앞으로 10년 내에 인류의 달 착륙을 이뤄 내겠다는 야심 찬 포부를 밝혔다. 그가 달 착륙 프로젝트를 발표한 이유는 15세기 스페인과 포르투갈의 왕들이 마젤란과 다가마스를 지원한 이유와는 달랐다.

첫째, 이런 프로젝트는 좋은 국가적 목표가 되어 줄 것이었고, 이를 이뤄 내면 큰 명성을 얻을 수 있었다. 케네디 대통령의 말을 인용하자면 "인류에 큰 인상을 남기는" 일일 것이었다. 다음으로 이 프로젝트는 우주 탐사를 위해 아주 중요한 의미를 지니고 있으며, 마지막으로 다소 이상하게 들리겠지만 이 프로젝트가 비용이 많이 드는 엄청나게 어렵고 힘든 일이기 때문이었다.

케네디 대통령은 과학의 발전이라든지 상업적, 군사적 이득을 거론하지는 않았다. 놀랍게도 이 프로젝트는 어떤 반대도 없이 첫 자금 지원을 받을 수 있었다. 이 프로젝트는 역사상 가장 비싼 기술적 모험이 될 것이었다.

1960년대 초반에 소련은 굉장한 발전을 거듭하고 있었다. 1963년에 첫 여성 우주 비행사가 소련에서 탄생하자 세계는 놀라움을 금치 못했다. 그러나 소련은 자국의 기술력을 기기의 크기로 과시하고 있었다. 1964년에 3명이 탈 수 있는 우주선을 발사했고 이듬해에는 처음으로 '우주 유영'에 성공했다. 우주 유영이란 우주선 선원 중 한 명이 줄을 매단 채 우주선에서 나와 우주 속을 걸어 다니는 것이다.

그 후로도 소련은 계속 중요한 발전을 거듭하여 우주에서 두 우주선이 결합하는 도킹 같은 작업이 성공했다. 그러나 1967년에 한 소련인 우주 비행사가 우주 여행을 마치고 대기권으로 재돌입하던 중에 사망하는 사건이 벌어진 후 우주시대의 영광은 미국으로 넘어가게 되었다.

1968년 미국은 세 명을 태운 우주선을 달 주위의 궤도에 진입시키는 데 성공하여 세상을 깜짝 놀라게 했다. 이들은 달 표면의 영상을 송신하기도 했다. 이로써 달 착륙 프로젝트인 '아폴로' 계획의 성공이 눈앞으로 다가왔다.

최초의 달 착륙

1969년 5월 아폴로 10호는 달 착륙의 마지막 단계 기술을 평가하기 위해 달 표면에서 6마일 떨어진 곳까지 접근했다. 몇 주 후인 7월 16일, 세 명을 태운 우주선이 발사되었다. 4일 후 그들의 착륙선이 달 표면에 안착했고 다음날인 7월 21일 아침에 한 사람이 달에 첫 발을 내딛었다. 이 사람은 이 우주선의 선장인 닐 암스트롱이었다. 이렇게 케네디 대통령의 목표는 예정대로 달성되었다.

이후로 달 착륙은 계속 이어졌다. 쿠바 사태로 인한 명예 실추로 시작되어 베트남 전쟁의 실패로 끝나 가던 1960년대에 미국의 달 착륙 성공은 미국과 자본주의가 어떤 일을 해낼 수 있는지를 보여 준 사건이었다.

또한 이 사건은 호모 사피엔스가 얼마나 자기 환경을 확장할 수 있는지를 보여준 계기가 되었다. 이로써 인류의 새로운 역사가 시작되었다. 인류가 지구가 아닌 다른 천체에서 살아갈 수 있는 가능성이 열린 것이다.

우주 탐사와 이용

일각에서는 그 당시에도 달 착륙 성공은 비난받고 있었다. 비난을 하는 사람들에게는

1969년 역사적인 달 착륙 탐험을 위한 훈련 중인 우주복 차림의 미국 우주비행사 닐 암스트롱(1930년 출생). 그가 달 표면에 첫 발을 내딛었을 때 "이것은 한 인간에 있어서는 작은 한 걸음이지만, 인류 전체에 있어서는 위대한 약진이다."라는 유명한 소감을 밝혔다.

이런 프로젝트에 동원된 자원들이 정당화될 수 없었다. 지구에서 실제로 벌어지는 일과 무관한 프로젝트였기 때문이다. 어떤 이들에게는 우주 여행 기술이 현대 문명의 피라미드와 같았다. 교육, 영양, 의학적 연구 등 절박하게 돈이 필요한 곳에 쓰일 돈도 모자라 아우성을 치는 세상에서 엉뚱한 곳에다 엄청난 돈을 쏟아 부은 점이 똑같게 느껴졌던 것이다.

이런 견해에 금방 동조하지 않기도 어렵지만 이 견해를 계속 유지하는 것도 어려운 일이었다. 우선 우주 연구에 들인 노력이 가져올 과학적, 경제적 영향은 계량이 불가능하다. 통제 시스템을 만들기 위해 필요했던 소형화에 대한 지식은 사회적, 경제적 가치가 분명한 여러 분야로 빠르게 응용되었다.

애당초 우주 연구에 대한 투자가 이루어지지 않았다면 이러한 지식이 쌓일 수 없었을지도 모른다. 또한 우주 탐사에 쏟아 부은 엄청난 자원들이 우주 연구에 쓰이지 않았더라

1969년 7월 21일 인간이 달에 첫발을 내딛는 모습. 이 영상을 온 세계가 텔레비전으로 지켜볼 수 있었다. 이는 우주 기술이 얼마나 발전했는지를 보여 주는 것이기도 했지만, 영상과 음향 기술이 얼마나 빨리 발전하고 있는지도 보여 주는 사건이었다.

우주 탐사와 이용 : 1969년까지의 주요 발전 단계들

1903년 콘스탄틴 치올코프스키가 액화 추진 로켓 우주 여행에 대한 논문을 발표함.

1933년 5월 1일 치올코프스키가 많은 소련 국민들이 첫 우주 비행을 목격할 것이라고 예언함.

1944년 독일제 V2 로켓이 런던과 앤트워프의 폭격에 이용됨.

1954년 아이젠하워 대통령이 작은 과학 위성인 뱅가드를 1957~1958년 사이에 발사하겠다고 발표함.

1957년 10월 1일 스푸트니크 1호 발사(소련), 무게 184파운드(83.46kg).

1957년 11월 3일 스푸트니크 2호 발사(소련) 무게 1120파운드(508kg), 개 라이카가 탑승.

1958년 1월 31일 익스플로러호 발사(미국), 반앨런 방사선대 발견.

1958년 3월 17일 뱅가드 1호 발사(미국), 무게 3.25파운드(1.47kg), 태양열 전지를 탑재한 첫 위성

1959년 9월 13일 루나 2호(소련)가 달에 충돌함. 달까지 도착한 첫 인공물.

1959년 10월 10일 루나 3호(소련)가 달의 건너편 모습을 사진 찍음.

1960년 8월 11일 디스커버러 13호(미국)가 대기권 진입 후 회수됨.

1960년 8월 19일 스푸트니크 5호(소련)가 두 마리 개를 태우고 지구 주위를 선회한 후 무사히 귀환함.

1961년 4월 12일 유리 가가린(소련)이 지구 주위 궤도를 선회.

1961년 5월 25일 케네디 대통령이 1970년까지 인간의 달 착륙 성공을 공언함.

1961년 8월 6일 보스토크 2호(소련)가 지구 주위 궤도를 열일곱 바퀴나 선회.

1962년 2월 20일 미국 유인 우주 비행 최초 성공.

1962년 7월 10일 텔스타 위성(미국) 발사, 최초의 대서양 영상을 보내 옴.

1965년 3월 18일 보스호트 2호(소련)에서 알렉세이 레오노브가 10분간의 '우주 유영'에 성공.

1965년 5월 2일 얼리버드 상업 통신 위성(미국)이 최초로 텔레비전 방송에 이용됨.

1965년 12월 15일 제머나이 6호(미국)가 발사되어 제머나이 7호에 접근 성공. 둘 사이의 거리는 1ft 내외였음.

1966년 7~11월 제머나이 10, 11, 12호(미국)가 모두 도킹에 성공함.

1967년 미국 우주 프로그램에서 첫 사망자 발생.

1968년 12월 21일~27일 아폴로 8호(미국)가 달 주위를 선회한 첫 유인 우주선이 됨.

1969년 1월 14~17일 소유스 4, 5호(소련)가 우주에서 도킹하여 선원 이동에 성공.

1969년 7월 21일 아폴로 11호(미국)가 사람 두 명을 태우고 달에 안착함.

도 다른 큰 과학적, 사회적 목적을 위해 사용되었을 것이라고는 확신하지 못한다. 인간 사회는 그렇게 단순하게 돌아가지는 않는 것이다.

우주 연구 성과의 국민들을 일치단결시키는 신화적 중요성도 고려되어야 한다. 우주 연구가 아무리 후회스럽더라도 현대 사회에서 그만큼 집단적인 관심과 열정을 집중시킬 수 있는 대상은 많지 않았다. 물론 짧은 기간이나 전쟁 동안에는 그러한 목적을 달성할 수 있었다. 현대 사회는 항상 전쟁의 '도덕적 등가물'을 찾고 있는 것이다.

또한 사람들의 상상력이 GDP 성장이나 사회적 서비스 체계의 발전에 미치는 영향은 거론되지 않았다. 케네디 대통령이 우주 프로젝트를 국가적 목표로 내세운 것은 영리한

1991년 6월에 발사된 미국 우주 왕복선의 모습. 발사 시에는 로켓에 의존하지만 지구로 돌아올 때는 비행기처럼 활주로를 이용한다.

처사였다. 순탄치 않았던 1960년대야말로 미국인들이 분열되기 쉬웠던 시기였지만 우주 프로젝트의 실행에는 한마음 한뜻을 보였던 것이다.

우주 왕복선

우주 탐사는 시간이 지날수록 국제적인 모험 사업이 되었다는 점이 중요하다. 1970년대 이전까지는 미국과 소련의 협동 연구가 거의 이루어지지 않았다. 그리고 이 점이 노력의 이중 낭비와 비효율을 초래한 것은 확실했다.

미국이 달에 착륙해서 미국 국기를 꽂기 10년 전에 소련 우주선은 달에 레닌의 얼굴이 그려진 펜던트를 떨어뜨렸다. 기술적 경쟁 자체에 기본적으로 국가적 경쟁이 존재했고 국가주의가 극심한 우주 경쟁을 유발시킨 면이 있었다.

그러나 이러한 경쟁으로 인한 위험성은 곧 사라졌다. 천체는 어느 한 국가의 전유물이 될 수 없다는 점에 모두들 동의했기 때문이다. 1975년 7월 지구 상공 약 150마일 지점에서 소련 우주선과 미국 우주선의 도킹 실험이 행해졌다. 이 놀라운 협동 실험은 상공에서 두 우주선이 도킹하여 선원들이 서로 이동할 수 있는지를 보는 것이었다.

사람들은 의심스러워 했지만, 우주 탐사는 비교적 우호적인 국제 상황하에서 계속 이루어졌다. 더 먼 우주 탐사는 계속되어 무인 위성이 목성 너머까지 나아갔고 1976년에는 최초로 무인 탐사선이 화성에 안착했다.

1977년에는 우주 왕복선이 처녀비행을 했다. 이 성과는 엄청났지만 이 사건은 거의 주목을 받지 못했다. 이제 사람들에게 우주에 대한 이야기는 신물이 날 정도로 익숙한 것이 되었다. 우주 여행이 너무나 친밀한 개념이 되어 버려서 1980년대에는 사람들이 우주 여행 예약을 시작했어야 한다거나 우주 장례에 대한 예약도 해야 한다는 말을 농담처럼 주고받았다.

1980년대가 끝나갈 무렵인 1988년에 마지

막 대형 우주 실험이 벌어졌다. 소련이 앞으로 다가올 인류의 화성 여행을 준비하기 위해 탐사 위성을 쏘아올린 것이다.

환경에 대한 우려

1988년이 되자 인간의 자연 정복에 대한 불안감이 우주 탐사의 성과를 가리게 되었다. 우주에서의 성공은 인류의 목표를 달성하고 인류의 소원을 만족시키는 인간 기술력의 우수성을 극명하게 보여 주는 사례였다. 그러나 스푸트니크 1호가 발사된 지 몇 년도 지나지 않아 인류가 자연에 대해 보이는 오만함에 우려를 표명하는 사람들이 늘어났다. 게다가 이러한 불안감은 우려로 그치지 않고 현실로 입증되기 시작했다.

과학이 제공한 관찰 데이터들은 절망스럽기까지 했다. 인간이 환경에 손을 대어 초래한 손실이 인식되기 시작했다. 물론 어떤 큰 현상이 실제로 일어난 것이 아니라 새로운 인식이 생겼다는 말이다.

수세기 전에 중국에서는 남쪽으로의 이주와 아메리카 대륙에서 건너온 건조 지역 작물 농경으로 인해 서남부 지역의 거대한 삼림이 파괴되었다. 그 결과 토양이 침식되고 양쯔 강의 배수로가 막혀 반복적으로 양쯔 강 범람이 일어났다. 중세시대 초기에는 이슬람의 정복활동으로 인해 염소 방목과 벌목이 북아프리카 해안 지대까지 퍼져서 한때는 로마시대의 곡창 지대였던 곳이 황폐화되었다.

이런 큰 현상들은 눈에 보이기는 했지만 그 당시 사람들에게 인식되지는 못했다. 그러나 17세기부터 유럽인들에 의해 시작되고 급속

환경 보호 단체인 그린피스의 회원들이 1986년 독일의 다리에 매달려 있는 모습. 이는 환경 캠페인의 일환이었다.

도로 행해진 생태계 파괴로 인해 20세기에 들어서자 환경 문제가 전면으로 떠올랐다.

20세기 후반에 인류는 그들의 기술력이 초래할지 모르는, 생각지도 못했던 위험성에 대해 관심을 가지게 되었다. 성취와 함께 손실도 고려하기 시작한 것이었다. 1970년대 중반 무렵에 일부 사람들은 인간의 환경 정복 성과가 아무리 대단하다 하더라도 그 결과는 비극으로 마무리될지도 모른다고 생각했다.

과학 발전에 대한 회의론

과학에 대한 의구심이 서구 사회에서 완전히 사라졌던 적은 없었다. 그렇지만 17세기부터 혁명적 과학 성과들이 서서히 힘을 받으면서 이러한 의구심들은 유치하고 반동적인 수준에 국한되는 경향을 보이게 되었다. 역사상 자연을 간섭하고 통제하려는 시도에 대한 불안감은 항상 존재해 왔지만 최근까지도 이러한 불안감은 비이성적 근거에 기반을 둔 것이었다. 즉, 신의 분노나 복수의 여신인 네메시스의 복수를 야기할 것이라는 두려움에서 오는 불안감이었다.

시간이 지나면서 이러한 불안감은 과학 연구의 성과가 가져다주는 명백한 이득과 혜택 덕분에 조금씩 사라져 갔다. 자연을 간섭하고 통제함으로써 얻어지는 풍요로움은 약과 의복, 음식에 이르는 모든 제품의 향상으로 나타났다.

1970년대에 소수이기는 했지만 과학 자체에 대한 회의론자들이 새롭게 나타나기 시작했다. 인위적인 변화를 일으키는 가장 위대한 도구, 과학에 대한 의구심은 선진국에서만 두드러진 것이 사실이다. 한 냉소주의자의 말대로 과학은 이미 단물 빠진 껌인지도 몰랐다. 그럼에도 불구하고 회의론은 선진국에서 최초로 등장했고 1980년대에 '녹색' 정당들이 '환경' 보호 정책을 추진하면서 회의론은 세계적으로 퍼져나갔다.

녹색 정당들은 많은 것을 성취하지는 못했지만 세계적으로 정당 수는 늘어났다. 그래서 기존의 정당들이나 통찰력 있는 정치인들은 '녹색' 주제를 정치 선전에 이용했다. 환경보호론자들은 현대의 발달된 통신 기술 덕분에 세계 각 지역에서 일어나는 환경 파괴로 인한 손실들을 빠르게 전파할 수 있었다.

1986년 우크라이나의 원자력 발전소 한 곳에서 방사능 유출 사고가 발생했다. 이로써 갑작스럽고도 무섭게 인간의 상호의존성이 극명하게 드러났다. 웨일즈 지방의 양들이 뜯는 풀과 폴란드인과 유고슬라비아인들이 마시는 우유, 스웨덴인들이 들이키는 공기가 모두 방사능에 오염되었다. 방사능이 인체에 미치는 악영향은 느리게 나타나기 때문에 이후 수년간 헤아릴 수 없을 만큼 많은 소련인들이 사망할 것은 분명해 보였다.

경악을 금치 못할 이 사건은 수백만 명의 사람을 텔레비전 앞에 모이게 했다. 이는 미국제 로켓이 폭발해서 탑승자 전원이 목숨을 잃은 참사에 이어 일어난 재난이었다. 체르노빌 원자력 발전소 사고와 챌린저호 폭발 사건

시위대들이 미국 루이지애나 주의 화학 공장 옆을 지나며 데모 행진을 벌이는 모습. 이들은 이 공장이 독성 물질을 배출하는 것에 항의하고 있다.

1968년 1월 28일 케이프커내 버럴 상공에서 미국 우주왕 복선 챌린저호가 폭발할 때 그 장면을 보고 있는 사람의 모습. 이 사건으로 3년 동안 우주 왕복선 프로그램은 중지되었다. 이 사고로 탑승한 일곱 명 전원이 사망했다.

은 많은 사람들에게 선진 기술 문명의 한계와 위험 가능성을 최초로 보여 준 사건이었다.

과학적 진보의 뒷면, 환경 파괴

끔찍한 체르노빌과 챌린저호 사건은 환경에 대한 새로운 우려를 강화하고 널리 퍼뜨린 계기가 되었다. 환경 문제는 복잡한 문제이고 여타 문제와 얽혀 있는 사안이었다. 최근에 등장한 회의론자들은 인류의 문명이 물질적 부를 창조하는 데 중요한 역할을 했다는 점은 인정하지만 그 부 자체가 반드시 인류를 행복하게 만드는 것은 아니라고 지적한다. 이 같은 견해는 전혀 새로운 생각이 아니다.

그러나 이 같은 생각이 개인이 아니라 사회

우크라이나의 체르노빌 원자력 발전소 사고가 있은 지 다섯 달 후의 모습. 이 폭발로 원자로 하나가 완전히 붕괴되었다.

전체의 인식이라면 새로운 힘을 가진다. 회의론자들은 사회적 조건의 향상이 인간의 모든 불만을 없애 주지 못할 뿐만 아니라 오히려 불만을 가중시킬지도 모른다고 지적해 왔다. 오염, 붐비는 도시의 답답한 익명성, 현대의 작업 환경에서 오는 스트레스 등에 시달리다 보면 물질적 부로 인한 만족감은 금세 사라져 버린다.

1960년대에도 세계에서 가장 아름다운 도시들이 곤경에 처하게 되었다는 인식이 존재했다. 파리 오페라 광장의 소음 수치가 나이아가라 폭포보다 더 크고, 센 강에는 원래의 강물보다 더 많은 생활 폐수가 흐르고 있었다.

환경 문제의 규모도 그 자체로 문제가 되었다. 현대 도시에서 일어나는 몇몇 문제들은 해결할 수 없을 만큼 커져 버렸다. 인구 과잉으로 인한 위협과 이에 비례해서 줄어드는 자원의 문제, 정치적으로 불안한 세계에서 심화되는 자원 경쟁 등에 대한 불안이 더욱 더 커지고 있었다.

유한한 자원

현재 에너지와 물질적 자원은 너무나 낭비되고 불균등하게 이용되고 있어 새로운 맬서스적 재앙이 일어날 가능성이 크다고 말할 수 있다. 식량을 생산할 인류의 능력이 막바지에 다다른 것은 아니지만 식량 이외의 것이 빠르게 고갈될 여지가 훨씬 더 크다.

전 세계가 오늘날의 선진국이 식량 이외의 다른 자원들을 소비하는 수준과 똑같이 소비하려는 것은 불가능한 일이다. 한 사람이 먹을 수 있는 양에는 한계가 있지만 그 사람이 소비할 수 있는 제품에는 한계가 없다. 생활 환경과 의료 및 사회적 서비스의 향상에는 만족의 한계가 없기 때문이다.

그러나 제품의 공급은 유한한 에너지와 물질적 자원에 의존할 수밖에 없다. 이러한 사

사라지고 있는 열대 우림

열대 우림에 대한 조직적인 파괴는 인류가 환경에 가하고 있는 피해를 상징적으로 보여 준다. 열대 우림은 지구에서 가장 진보된 생태계일 뿐만 아니라 가장 복잡하고 가장 다양하며 가장 취약한 생태계이기도 하다.

열대 우림은 지구 표면의 6%밖에 차지하지 않지만 생물종의 60%를 품고 있다. 열대 우림의 생물종 중 약 170종이 매일 멸종되고 있는 것으로 추산된다.

유네스코의 보고서에 따르면 전 세계의 열대 우림 중 60%는 이미 벌목이 되었고 삼림 파괴는 1초에 축구 경기장 크기만큼의 지역이 사라지는 속도로 계속되고 있다고 한다.

브라질의 아마존 열대 우림에서 점점 더 흔히 보게 된 삼림 파괴.

실로 인해 반드시 수반되는 사회적, 정치적 변화들은 거의 파악되지 못하고 있었다. 인류에게는 달 착륙 기술은 있지만, 이러한 문제를 다루기 위한 지식이나 기술은 존재하지 않는다. 인류는 이러한 어려움에 직면해 있는 것이다.

지구 기후 변화

1970년대에 새로운 문제가 등장하기 시작했다. 바로 인간이 돌이킬 수 없는 기후 변화를 야기할 수도 있다는 가능성이다. 1990년은 기상 기록이 시작된 후 가장 더운 해였다. 그해 내내 이 문제로 시끄러웠다. 어떤 이들은 이것이 '지구 온난화'의 징조인지를 물었다. 지구 온난화란 과도한 화석 연료의 사용으로 대기 중 이산화탄소량이 많아져서 생기는 '온실 가스 효과'를 뜻한다.

그러나 이산화탄소만이 온실 가스 효과를 일으키는 유일한 요소는 아니었다. 대기에 여러 가스들이 막을 형성해서 지구의 복사열

인도 비하르에 있는 제철 공장의 굴뚝들이 대기 중으로 오염 물질을 방출하고 있는 모습. 인류는 산업화에 환경 오염이라는 비싼 대가가 따른다는 사실을 깨닫기 시작했다. 이러한 굴뚝의 모습은 세계적으로 똑같았다. 산업 공장과 차량으로 인한 오염이 지구 온난화의 한 원인으로 여겨지고 있다.

을 가둠으로써 지구의 온도가 계속 높아지는 것이다. 따라서 메탄가스, 아산화질소, 프레온 가스 등이 모두 지구 온난화의 주범이다.

지구 온난화가 그렇게 걱정할 문제가 아니라 하더라도 산성비, 오존의 고갈로 오존층에 '구멍'이 생기는 일, 가속화되고 있는 삼림 황폐화 등이 모두 새로운 환경 문제를 제기하고 있다.

이러한 문제의 심각성을 느끼는 일은 해결책을 강구하는 일보다는 쉽다. 환경 문제가 해결되지 못한 채로 계속 존재하면 불안감은 영원히 지속될 것이다.

한 문제만을 예로 들어 보자. 추정에 따르면 현재 대기 중 이산화탄소량이 산업화 이전 시대보다 약 25% 증가했다고 한다. 이는 사실일 것이다. 한편, 세계 생산량은 한 해에 60억t에 이른다고 하는데 이러한 추정들을 반박하는 일은 평범한 사람들의 몫이 아니다.

따라서 이산화탄소량이 이 추세대로 계속 증가하고 이 문제에 대한 아무런 효과적인 대응책이 마련되지 못한다면 기후 변화, 농경 변화, 해수면 상승, 인류의 대이동이 일어나는 등 그 결과는 엄청날 것이다. 지구 표면 평균 온도는 앞으로 100년 동안 1~4℃ 정도 높아질 것이고, 해수면은 한 해에 6cm씩 상승할 것이다.

1990년 무렵에 만약 초강대국들이 경쟁 대신 협력을 할 수 있게 된다면 협조할 만한 공통의 관심사들은 많아질 것이라는 점이 분명해졌다. 우선 그들이 합의를 이룰 수만 있다면 말이다. 협력의 시작은 프레온 가스 제한이었다. 1991년 2월 각국의 환경부 장관들이 지구 기후 변화에 대한 협약을 마련하기 위해 워싱턴에 모였다.

6 발전과 성장의 20세기 – 사상과 관념, 종교

대부분의 사람들이 가지는 생각과 그 생각이 역사적 사건에 미치는 영향력에 대해 역사학자들이 확실하게 단언하기란 쉬운 일이 아니다. 그러나 새로운 사상들이 인류의 삶 전체에 큰 영향을 미친다는 점은 명확하다. 최근에 환경 문제가 정치적 관심을 받고 있는 점도 한 예이다.

새로운 사상과 생각은 복잡하고 세밀한 정신적 고찰 과정을 필요로 하기 때문에, 지금도 오존층에 대해 우려를 표하는 사람들은 소수에 지나지 않는다. 그러나 이보다 더 평가하기 어려운 요소들도 존재한다. 인간의 인식과 태도에 깊이 뿌리박혀 거의 인식조차 되지 않는 '관습'은 완전히 다른 문제인 것이다. 게다가 이 관습에 영향을 미치는 사상의 변화는 논하기가 더욱 힘든 법이다. 그러나 힘들더라도 노력은 해야 한다.

그 어떤 사상의 변화보다도 물질적 풍요가 예전의 예상할 수 있고 안정적이었던 세계를 무너뜨려 버렸다. 물질적 풍요라는 힘은 전 세계적으로 점점 더 그 영향력이 커져갔다. 특히 가난한 국가에 미치는 영향력은 엄청나다. 이들 국가에서는 값싼 트랜지스터 라디오 하나만으로도 큰 사회적 변화를 초래할 수 있다. 이러한 소비재들은 사회적 지위를 보여 주는 요소가 되기 때문이다.

이러한 물품들을 사기 위해 사람들은 더 많은 돈을 주는 일자리를 원하게 되었다. 이 과정에서 지하 경제도 생기게 되었다.

많은 사람들은 자신이 살던 마을을 떠나 도시로 향하게 되었고 이로써 전통적이고 질서가 잡힌 안정적인 사회와는 결별하게 되었다.

새롭게 움트는 낙관론

선진 산업 국가들로부터 시작된 현대 기술의 눈부신 발전은 다양한 결과를 가져왔다. 20세기에 일어난 전례 없이 끔찍한 비극적 재난들로 인해 오히려 더 많은 사람들이 인간의 삶과 세계의 환경이 계속 더 향상될 수 있고 또 그래야만 한다고 믿게 되었다. 많은 사람들이 불가피하고 돌이킬 수 없는 비극을 인류의 운명이라고 체념하지 않게 된 것이다.

새로운 낙관론은 유럽에서 유래했고, 아주 최근까지도 이는 유럽 문화를 가진 사회에만 국한되어 있었다. 대부분의 사람들과 대부분

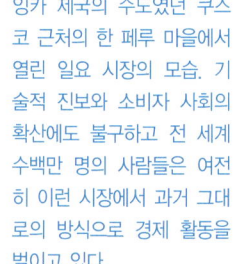

잉카 제국의 수도였던 쿠스코 근처의 한 페루 마을에서 열린 일요 시장의 모습. 기술적 진보와 소비자 사회의 확산에도 불구하고 전 세계 수백만 명의 사람들은 여전히 이런 시장에서 과거 그대로의 방식으로 경제 활동을 벌이고 있다.

의 국가들에서 이러한 낙관론은 여전히 친숙하지 않은 것이었다. 어느 누구도 명확하고 의식적으로 이를 단언하지 못했다. 그러나 이 낙관론은 인류의 행동에 이미 영향을 미치고 있었다.

이러한 낙관주의는 의도적인 설교가 아니라 1900년 이후부터 계속되어 온 물질적 변화에 의해 널리 퍼지게 되었다. 물질적 변화가 실제적으로 일어났다는 사실 자체가 그들에게는 가장 중요한 현실이었다. 변화는 가능한 일이며 무슨 일이든 항상 그래 왔던 그대로 행해질 필요는 없다는 생각이 은연중에 만연하게 되었다. 사람들에게 일어난 이러한 심리적 변화로 많은 사회에서 관습의 권위가 약화되기 시작했다.

물론 유럽의 공장 일꾼들과 인도나 중국의 소작농들의 생각에 있어서 차이는 컸다. 소비라는 관점에서도 이들 둘 사이의 격차는 더욱 컸다. 여하튼 변화라는 것이 바람직할 뿐만 아니라 항상 가능하며 불가피하기까지 하다는 개념이 널리 퍼져 뿌리를 내린 것만은 확실했다. '서구'라고 명명되는 유럽식 문화가 승리를 이룬 여러 분야들 중에서도 이 점이 가장 중요했다.

발전의 원동력

기술적 진보는 항상 예전의 방식을 사라지게 만드는 계기가 되었다. 때때로 이런 현상은 매우 직접적이고도 분명하게 나타난다. 예를 들면, 인류 문화 역사상 라디오와 텔레비전이 가져온 변화가 인쇄의 발명보다 덜하다고 말하기는 어렵다.

또한 기술적 진보는 인간 정신에도 간접적으로 영향을 미쳤다. 사람들은 기술로 인한 삶의 변화로 인해 마술 같은 과학의 힘을 믿게 된 것이다. 과학에 친숙해지고 그 중요성을 인식하게 된 사람들이 이전보다 훨씬 더

쇼핑뿐만 아니라 여러 가지 여흥거리를 제공함으로써 사람들을 끌어들이는 '소비의 사원'인 쇼핑센터의 깔끔한 모습. 최근 수년간 이렇게 거대한 쇼핑센터들이 들어서면서 서구인들의 쇼핑 경향이 급속도로 변화했다.

많이 늘어났다. 과학자들이 더 늘어나고, 과학 교육이 더 많은 관심을 받게 되었다. 그리고 과학 정보가 더 널리 퍼지면서 언론 매체를 통해 더 쉽게 이해될 수 있었다. 이러한 현상은 대부분 1918년 이후에 일어났다.

이렇게 과학이 널리 퍼지면서 과학이 주는 놀라움은 줄어들었다. 너무 많은 성과가 경외심을 감소시킨 것이다. 사람들은 많은 것들이 가능하다는 사실을 알고 있기 때문에 최근의 경이로운 발전에 대해서는 덜 놀라게 된다. 심지어 사람들은 어떤 문제가 해결이 어렵다고 판명되면, 이치에 맞지 않게도 실망하거나 분노를 터뜨리기도 했다.

충분한 자원만 제공되면 자연을 의도적인 목적에 맞게 변화시킬 수 있다는 생각이 이 시대를 지배하게 되었고 이러한 사고방식은 점점 더 강해졌다. 이는 유럽식 사고로, 지구상에서 이루어지는 대부분의 과학 연구가 유럽의 경험주의적 전통에 기반을 두고 있었다.

전통적인 신 중심적 사고는 과학적 사상과 성과에 의해 계속 무너지고 있다. 이제 우리

는 초현실적인 생각들을 물리치는 최종 단계에 와 있는 것이다.

과학과 신앙의 충돌

기술력을 기반으로 하는 새로운 경제 질서의 잔인한 실상과 과학의 힘에 대한 새로운 인식으로 결국 전통적 권위가 약화 일로를 걷게 되었다. 보통 사람들이 과학과 기술을 명확하게 이해하지 못하고 있다 하더라도, 그리고 많은 사람들이 기독교든, 힌두교든, 아니면 공산주의든, 전통적으로 믿고 있던 사상들을 여전히 고수하고 있다 하더라도, 과학과 기술로 인한 발전과 향상 때문에 기존의 방식을 계속 고집하기가 더욱 어려워지고 있다.

이러한 변화는 지식인들 사이에서뿐만 아니라 대중의 여론 형성에서도 일어나고 있었다. 이 중 대중의 여론 형성에 끼친 영향은 이전 시기보다 더욱 중요했다. 글을 깨친 사람들이 증가하고 이들 사이의 교류가 급속도로 늘어나면서 새로운 사상들이 더욱 더 많이 대중문화 속으로 흡수되었기 때문이다.

과학적 사상이 지식인들에게 끼친 영향은 밝혀내기가 더 쉽다. 18세기 뉴턴의 우주론은 기독교 같은 신 중심 사상들과 공존이 가능했다. 뉴턴의 우주론은 그 당시 사회적, 도덕적 신념에 정면으로 반하는 이론이 아니었던 것이다.

그러나 시간이 지남에 따라 과학은 고정된 신념들과 점점 더 대치하기 시작했다. 이제 과학은 상대주의와 환경의 영향을 더욱 강조하게 되었다. 절대적으로 무너질 수 없는 가정이나 견해는 없다는 사실을 기반으로 삼게 된 것이다.

심리학의 탄생

과학과 종교 사이의 긴장 관계는 인간 행동을 연구하는 과학 분야에서 두드러졌다. 이 방면에서 전통적 인식에 대한 의문이 많이 제기되었던 것이다. 이러한 문제를 제기한 사람들은 새로운 과학 분야인 심리학을 연구하는 사람들이었다. 심리학은 이전 시기의 '정신 철학'에서 진화한 학문이었다.

1900년 이후로 심리학은 주로 두 가지 방법론으로 나뉘어졌다. 하나는 프로이트가 따

문맹 퇴치와 교육 프로그램을 많은 나라에 제공하고 있는 유네스코. 개발도상국의 문맹률은 50%나 된다. 이러한 상황을 개선하기 위해 유네스코는 여러 지원을 하고 있다.

생애 최초로 헤드폰을 통해 음악을 듣고 있는 부탄의 한 스님. 이 나라에서 컴퓨터나 텔레비전 같은 서양 소비 제품은 소수의 지도층에게만 보급되어 있다. 부탄 인구의 90%는 농업에 의존하고 있다. 최근 부탄의 대통령은 자국 문화 전통을 해치지 않는 범위 내에서 부탄을 근대화하려는 노력을 하고 있다. 그 결과, 부탄의 전통적 가치를 흐릴지도 모른다는 이유로 일간지와 텔레비전은 금지되었다.

정신 분석에 기반을 둔 알프레드 히치콕 감독의 영화 '스펠바운드'의 포스터. 영화는 초현실주의 화가 살바도르 달리가 그린 그림을 바탕으로 한 꿈 이야기를 포함하고 있었다. 이 화가는 프로이트의 영향을 많이 받았다.

랐던 방법으로, 넓게 말하자면 정신 질환에 대한 임상적 관찰에서 데이터를 취합하는 것이다. 분명히 모든 과학자들은 아닐지라도 평범한 사람들에게는 과학으로 여겨졌다. 이런 방법은 중요하고 폭넓은 영향력을 가지고 있었다.

비교적 빠르게 프로이트의 업적은 악명을 포함해 유명해지고 영향력이 생겼다. 우선 프로이트의 연구 결과는 많은 전통적인 가정들을 흔들리게 했다. 프로이트의 생각이나 프로이트의 생각이라고 여겨지는 것들은 선진 사회에 널리 퍼져 파생적인 형태를 띠게 되었다. 예를 들어, 성욕이나 책임성과 죄의 처벌에 대한 새로운 인식이 생겨난 것이다.

다음으로 프로이트 사상은 여러 연구를 촉진시켰다. 이러한 연구들은 피실험자에게 자신의 바람과 느낌, 생각을 말하게 하여 모은 관련 자료들을 적절한 이론에 따라 해석하면 반드시 치료법을 찾을 수 있다는 믿음을 기반으로 했다. 이는 정신 분석학의 기초를 이루게 되었다. 정신 분석은 프로이트가 직접 자신의 연구에 이름붙인 신조어였다. 프로이트의 정신 분석학은 많은 예술가와 소설가, 교사, 광고 제작자들에게 영감을 주었다.

행동주의

20세기 초에 두드러졌던 심리학 연구 방법 중 다른 하나는 정신 분석보다 더 기계적이고 그 연원이 오래된 방법이었다. 이론적으로 이 방법은 철학자들에 의해 금방 무너졌지만, 실용적으로 많은 성공을 거두고 갈채를 받으면서 그 명맥이 유지되었다. '행동주의'는 정신 분석만큼 인상적인 실험적 데이터를 많이 제공했다.

행동주의 분야에서는 러시아의 이반 파블로프가 가장 두드러진다. 20세기의 첫 10년 동안 이루어진 여러 유명한 실험에서 그는 인간에게도 적용 가능한 일반론을 정립했다. 여기에서 가장 중요한 발견은 '조건 반사'였다. 이 실험의 본질은 어떤 '조건 자극'에 의한 예상 행동을 야기하기 위해서 쌍을 이루는 실험 변수 중 하나를 임의로 조작하는 것이었다.

고전적 실험 방법은 개에게 음식을 주기 전에 종소리를 들려주는 것이었다. 어느 정도 시간이 흐르고 나면 이제 그 개는 음식을 보아야 흘렸던 침을 종소리를 듣는 것만으로도 분비하게 된다. 이러한 실험 절차는 여러 세밀한 발전 단계를 거쳐 더욱 정교해졌다.

이러한 실험들로 인간 심리에 대한 새로운 통찰력이 생겼고, 이는 여러 방면으로 응용되었다. 우리 시대의 가장 절망스러운 현실은 이 방법이 고문자들에 의해 사용되었다는 점이다. 물론 결과적으로 이들은 이전의 연구자들에 비해 우수한 성공을 거두지는 못했다.

행동주의에 대한 연구 성과로 유익한 결과도 있었다. 이러한 결과는 주로 정신 질환의 치료와 교육 기술의 향상에서 나타났다.

이렇게 형태 없는 주제를 마주하고 있으면 이상하게도 행동주의의 사회적 효과는 프로

인간 행동에 관한 연구

1900년 무렵 러시아 과학자 파블로프는 동물과 연관된 오랜 연구에 돌입했다. 그는 한 자극과 다른 자극을 짝지어 각각의 자극에 대한 반응을 측정하는 기술을 개발했다. 한 실험에서 그는 종소리라는 청각 자극과 음식이라는 시각 자극을 연결시켰다. 이 실험에서 조건 반사라는 결과를 얻었고, 파블로프는 이 같은 반사와 연관이 있어 보이는 인간과 동물의 행동에 대한 해석에 이 실험 결과를 적용했다.

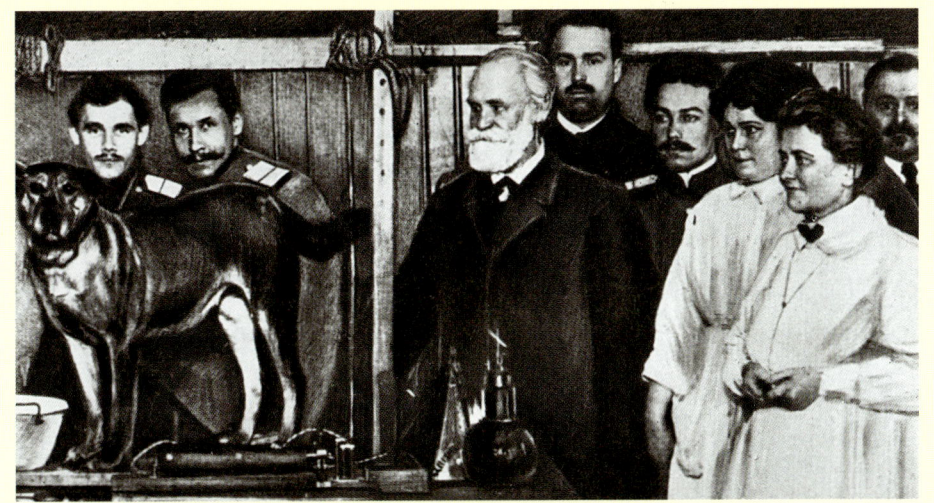

1904년 연구 팀과 함께 조건 반사를 시연해 보이고 있는 러시아 생리학자 이반 파블로프(1849~1936)의 모습.

이트학과 비슷한 것처럼 느껴진다. 행동주의와 정신 분석학 모두 유럽 윤리적 전통의 중심을 차지하는 책임감과 개인주의에 대한 믿음을 무너지게 하기 때문이었다. 그러나 이러한 현상이 더욱 강화된 이유는 화학적, 전기적, 물리적 방법에 의존한 정신 질환 치료를 통해 인간 정신을 이해하고자 하는 더욱 경험적이고 실험적인 방법이 도입되었기 때문이다.

종교의 영향력

다른 과학 분야와 마찬가지로 심리학도 종교적 믿음의 쇠퇴에 한몫을 담당했다. 지금까지 신비스럽고 풀리지 않았던 의문들에 대해, 아무리 초보적이고 불안정한 방법으로라도, 모두 과학적 설명이 가능해지자 종교적 믿음은 흔들릴 수밖에 없었다.

그러나 현대의 특징이라고 일컬어지는 종교의 약화 현상을 확실히 단정하는 데에는 세심한 주의가 필요하다. 사람들이 흔히들 종교의 힘이 약화되고 있다고 말할 때의 종교란 기독교 교회의 공식적이고 조직화된 권위를 의미할 때가 많다. 사람들이 믿고 행하는 것은 전혀 다른 문제인 것이다.

점성술사에게 길일을 점지 받아 그날에 대관식을 올린 마지막 영국 황제는 약 450년 전의 엘리자베스 1세였다. 그러나 1980년대에도 미국의 영부인이 점성술을 자주 본다는 말에 사람들은 재미있어 하면서도 놀라워했다. 1947년에 인도 독립을 위한 기념일을 정할 때에도 점성술사가 중요한 역할을 한 적이 있었다. 점성술은 단지 미신일 뿐이지만, 종교의 힘을 논할 때에는 고려해야 할 중요한 요소들이 많은 것이다.

우크라이나의 한 성당에서 예배를 드리고 있는 많은 신도들. 선진국에서는 대중적 믿음이 점점 사라지는 추세가 일반적인데도 몇몇 종파들은 신도의 수가 늘어났다. 소련의 공산주의 지배에서 벗어나게 된 우크라이나에서 최대 수혜자는 러시아 정교였다.

* 파트와
이슬람교 지도자에 의한 율법적 결정. 본문에서는 사형 선고를 뜻한다. 어떤 사안이 이슬람법에 저촉되는지를 해석하는 종교적 판결로써, 법적인 최종 판결은 아니다. 그러나 이슬람교도에게는 법 이상의 권위를 가지며 이들은 종교적 의무로 파트와를 따랐다.

인도는 현재 헌법상 종교 국가가 아니다. 이는 서구 사상을 많이 받아들인 결과였다. 일반적으로 이슬람 국가들을 제외하고는 국교를 표방하는 나라는 보기 드물다. 이것이 각국 지도자들의 생각이 변화했음을 뜻하기는 했지만, 이것으로 종교의 실질적인 힘이 쇠퇴했다고는 말할 수 없다.

파키스탄 건국자들은 종교적 색채를 띠지 않는 서구화된 인물들이었지만, 독립 후 그들은 보수적인 이슬람교 신학자와의 투쟁에서 졌다. 파키스탄은 정통 이슬람 국가가 되었다. 이는 대다수 국민들의 종교로 이슬람교를 존중할 뿐이었던 이전의 서구적 민주주의 국가 형태와는 달랐다.

종교와 사회의 상호작용

예전보다 더 많은 사람들이 종교적 지도자들의 말에 전보다 부쩍 관심을 둔다고 해서 이것이 우리 시대의 역설적인 모습은 아니다. 어쨌든 이전보다 더 많은 사람들이 세상을 살고 있기 때문이다.

1980년대에 영국의 많은 사람들은 이란의 성직자가 한 작가를 이슬람의 배신자로 지목하고 그에게 사형 선고를 내렸을 때 경악을 금치 못했다. 영국인들이 보기에는 말 그대로 중세시대가 여전히 현대 세계에서 떡하니 한자리 차지하고 있다는 사실이 놀라운 뿐이었다. 이들은 이란의 이슬람 국민들이 모두 이 파트와*에 동의하는 것처럼 보이자 더더욱 놀랐다.

그럼에도 불구하고 일부 사람들은 다른 사회가 따라올 길을 서구 사회가 이미 제시했고, 전통적인 서구식 자유주의가 널리 퍼질 것이라고 믿고 있다. 이것이 현실화될 가능성은 반반이다. 종교와 사회의 상호작용은 매우 복잡하기 때문에 섣불리 판단을 내리지

1988년 이란-이라크 전쟁 당시, 종반에 뒤넣인 이란 지도자 아야톨라 호메이니의 초상화 앞에서 기뻐하는 이라크 병사들. 이슬람 사회는 서구 사회를 사회 불안을 부추기는 선동자로 생각해 적으로 간주했다. 그렇다고 이슬람 국가들끼리의 분쟁이 없는 것은 아니었다.

살만 루시디를 죽이겠다고 맹세하는 글을 들고 서 있는 어린 이슬람 소녀의 모습. 아야톨라 호메이니는 루시디가 그의 저서 『악마의 시』를 출간하자 그에게 파트와인 사형 선고를 내렸다. 이 책은 급진적 이슬람주의자들에게 신성 모독으로 받아들여졌다.

않는 것이 최선이다.

이슬람 사회조차도 유럽 전통의 기술과 물질주의에 의한 문화적 침략을 피할 수 있다고 단언하지 못한다. 물론 그들은 무신론적인 공산주의 이데올로기에는 흔들리지 않는 것 같긴 하다. 반면, 이슬람교는 여전히 교세를 확장하고 있으며 이슬람의 단일성은 이슬람 세계에서 사라지지 않는 개념이다.

최근의 여러 사건으로 볼 때, 이슬람은 신도들에게 정치적 행위도 유도할 수 있음이 드러났다. 이런 예는 다른 곳에서도 찾아볼 수 있다. 강력한 사회적 힘으로 무장한 종교가 인도에 무서운 대량 학살이 일어나게 만들었다. 1947년 인도와 파키스탄의 분리 때도 그러했고, 파키스탄에서 동벵골 지역이 분리되어 1971년 새로운 국가인 방글라데시를 수립할 때도 마찬가지였다.

북아일랜드의 얼스터에서는 소수 부류인 영국 시민들이 여전히 그들의 해묵은 증오심을 되풀이해서 말하고 있으며, 그들 나라의 미래에 대해 17세기 유럽의 종교 전쟁에 빗대어 신랄하게 논쟁을 벌이고 있다.

다른 종교의 지도층들이 서로 공개적으로 호의를 표명하고 있고 티베트의 라마와 영국의 성공회 주교가 유쾌한 담소를 나누는 놀라운 장면이 연출되기도 하지만, 이렇게 교리가 유연해졌기 때문에 종교가 지니는 분열적 힘이 사라졌다고 말할 수는 없다.

다만 유연함으로 인해 종교가 지니는 초자연적인 내용이 힘을 잃고 그 이름만이 중요해진 것인지는 논란의 여지가 있다. 그러나 기독교 기반의 세계에서 기독교적 믿음의 쇠퇴와 함께 세속적인 분쟁도 감소되고 있다는 점은 논란의 여지가 덜하다.

기독교 내에서 일어난 교회 일치 운동은 1948년 세계 교회 협의회가 수립되면서 가장 주목을 끌게 되었다. 이 운동이 일어나게 된 가장 큰 이유는 선진국 내 기독교인들이 서로 적대적인 환경에서 살고 있다고 인식하게 되었기 때문이다. 또한 기독교의 정의와 주장이 점점 더 불명확해졌기 때문이기도 했다.

가톨릭교

기독교의 지치지 않는 힘을 명백히 보여 주는 희망적 징조는 가톨릭의 자연스러운 성장이었다. 현재 대부분의 가톨릭교도들은 비유럽인들로 구성되어 있다. 이러한 변화는 1960년대에 교황이 남아메리카와 아시아를 처음으로 방문하면서 극적으로 드러났다. 1980년경이 되자 세계 가톨릭교도들의 40%

1972년 북아일랜드의 벨파스트에서 가톨릭교도들이 영국 군인들 앞에서 시위를 하고 있는 모습. 종교는 사회적 증오와 폭력을 정당화하는 데 여전히 이용되고 있다.

가 남아메리카 사람들이었고 추기경단의 과반수도 비유럽 국가 출신들로 채워졌다.

가톨릭교 내에서 교황의 역사적 지위는 1960년대에 약화되는 듯 보였다. 이 징후는 1960년대에 바티칸에서 세계 교회 협의회가 열렸을 때에도 얼마간 드러났다. 그러나 3명의 교황이 교체된 후 1978년에 요한 바오로 2세가 교황에 오르면서 새로운 혁신이 일어났다.

요한 바오로 2세는 폴란드인으로, 이탈리아인이 아닌 교황은 450년 역사상 최초였다. 이 교황의 임명식에는 캔터베리의 성공회 대주교가 처음으로 참석하기도 했다. 요한 바오로 2세는 교황에 오르자 교황직의 역사적 진가를 발휘하기 위한 결단을 보여 주었다.

수세기에 걸쳐 그토록 분명하게 부침을 거듭해 온 가톨릭교 역사를 볼 때 장래의 성쇠를 계획하는 것은 위험한 일이다. 반면, 과학과 기술의 발달로 인해 더욱 첨예해진 문제인 피임이 가톨릭교의 절대적인 권위에 처음으로 치명적인 위협을 가하고 있다는 사실을 그대로 인정하는 것이 가톨릭교에 가장 안전한 길이었다.

| 국가 체제 |

조직화된 종교와 이와 연결되어 있기도 하는 고정된 윤리 법칙은 항상 사회 규제의 가장 엄격한 토대를 제공했다. 최근에 와서 이 두 요소가 많이 약화되었다고 한다면, 사회 질서를 규제하는 제3의 요소인 국가는 그 목적을 잘 유지해 왔다고 볼 수 있다. 국가가 정치적 집합체의 보편적 형태로서 이렇게 널리

1964년 12월 인도 봄베이에서 제38회 세계 교회 회의가 열리는 동안 그곳을 방문한 교황 바오로 6세를 환영하고 있는 신도들의 모습. 바오로 6세는 그때까지 가장 많은 곳을 방문한 교황이었다. 그는 교황직에 있는 동안 기독교의 단합을 위해 많은 노력을 기울였다.

1995년 6월 전투에서 러시아군을 물리친 후 그로즈니의 대통령궁 앞에서 국기를 흔드는 체첸 군인들의 모습. 1991년에 러시아 남서부 지역의 체첸이라는 작은 지역이 러시아 연방으로부터의 독립을 선언했다. 1994년 12월 러시아 병력이 체첸 도시인 그로즈니를 점령했다. 이 분쟁으로 양측 모두 많은 희생자가 발생했다.

받아들여진 적은 없었을 것이다.

국가란 입법적 주권과 국경 내 무력 사용 독점권을 가지는 것이 인정되는 지역적 정치 집합체이다. 과거 그 어느 때보다도 많은 국가가 존재하고 있고, 많은 사람들이 국가를 자신들의 안녕을 보장해 주는 최선책으로 간주하고 있다. 많은 나라에서 정치가 종교를 대신하게 되었다. 가끔 정치의 힘이 시장 경제를 능가하는 듯 보이기도 했다.

국가 체제의 강화

국가 체제의 성공은 정부의 힘이 커졌기 때문에 가능했다. 20세기 대부분의 기간 동안 국가는 국민들의 요구를 실행하기 위해 더욱 더 많은 권력을 가지게 되었다. 두 차례의 세계 대전과 평화 시기의 긴장도 국가 체제의 강화에 한몫을 더했다. 두 시기 모두 엄청난 자원이 동원되어야 했고 이는 전례 없는 정부 권력의 확대로 이어졌다.

정부는 자국민들의 복지를 간접적으로 증진시키고, 지금까지 몰랐거나 과거에는 개인이나 가족, 마을 등이 책임졌던 서비스를 제공해야 할 임무를 맡게 되었다. 이런 사실도 국가 체제를 강화시키는 원인으로 작용했다.

근대화에 대한 요구도 무시할 수 없었다. 유럽 이외의 국가들 중 정부의 지휘 없이 근대화를 이룩한 나라는 거의 없었다. 유럽에서조차도 일부 국가들은 근대화 과정에서 정부의 힘이 컸다. 그러나 20세기의 가장 두드러진 사례라면 러시아와 중국을 들 수 있다. 양국은 국가 권력에 의해 강제로 근대화를 추구한 농업 국가들이었다.

마지막으로 기술력이 있다. 통신 기술과 강력한 무기, 종합 정보 시스템 등의 향상으로 혜택을 가장 많이 본 수혜자는 기술 발전에 가장 많이 투자할 수 있었던 정부들이었다.

수그러들지 않는 민족주의의 힘

이즈음에서 국가 체제를 강화하는 요인으로 가장 중요한 요소가 등장해야 할 것 같다. 국

1992년 전쟁으로 폐허가 된 사라예보에서 포격으로 파괴된 건물 옆을 걸어가는 주민들의 모습. 20세기의 마지막 10년 동안 전 유고슬라비아 영토에서 폭발한 민족주의는 세계 사람들을 충격으로 몰아넣었다. 유고슬라비아는 1919년 파리강화조약에 의해 만들어졌다. 1945년부터 유고슬라비아는 티토의 공산주의 정권하에 있었다. 1980년 티토가 사망하자 세르비아인, 크로아티아인, 보스니아인, 슬로베니아인, 마케도니아인, 몬테네그로인 사이의 긴장이 전면적으로 등장했고 내전이 발발했다.

가 체제는 무엇보다도 민주주의의 발현 수단으로 이용되면서 성공적으로 살아남았다. 국가와 민족주의가 대립하면 국가가 더 불리했다. 이 점은 모든 면에서 엄청난 권력이 국가에 집중되어 있을 때조차도 사실이었다.

공산주의적 중앙 집권화에 의해 형성되었던 소련과 유고슬라비아는 현재 민족적 단위로 분열되었다. 이보다 훨씬 더 큰 폭력적 가능성을 보이는 사례도 많다. 각각의 사례는 모두 민족주의로 설명된다.

반면에 민족주의가 국가의 형태로 발현되면 민족주의가 정부 권력을 더욱 강화하는 기제로 작용하고 실제적인 국가 권력의 범위도 확장된다. 이 때문에 식민지에서 벗어나 새롭게 독립한 많은 나라에서는 정치인들이 취약한 국가 구조를 강화하기 위해 민족주의를 조장하려고 노력하는 것이다.

힘을 잃어 가는 자유주의

국가 체제의 강화는 오랫동안 거의 저항에 부딪치지 않았다. 전통적으로 작은 정부를 선호하고 정부를 견제하는 제도들이 마련되어 있는 나라들에서조차도 사람들은 국가가 불과 몇 년 전보다도 더 강해지고 저항할 수 없는 존재가 되었다고 느끼고 있었다.

국가의 권력 남용을 견제하기 위한 가장 강력한 방법들은 관습과 추정의 형태로 남아 있다. 자유주의 국가에서 유권자들이 정부가 즉각적으로 무력을 사용하지는 않을 것이라고 추정할 수 있는 한 그들은 국가 권력에 대해 경각심을 가지지 않는다.

그러나 전 세계적으로 자유 민주주의가 항상 희망적으로 보이지는 않는다. 현재 세계에는 1939년보다 더 많은 독재 정권과 전체주의 정권이 존재한다. 1970년대에 그리스와 포르투갈, 스페인에서의 변화와 1980년에 동부 유럽 국가들에서의 변화로 유럽에는 독재 정권이 거의 존재하지 않는다.

다른 자유주의적 사상들이 약화되고 있는 것처럼 자유 민주주의도 그 기반이 점점 좁아지는 사상이 되고 있다. 그래도 한때는 미래의 사상이라고 여겨지던 자유 민주주의가 19세기 몇몇 선진 사회의 사상으로만 판명되는 듯했다. 그렇다고 해서 자유주의 정치의 형태가 모두 사라진 것은 아니다.

사실 자유주의 정치는 어떤 면에서는 번성하고 있었다. 민주주의와 입헌주의라는 단어가 이렇게 널리 이용된 적이 없었고, 민족주의는 그 어느 때보다도 강력했다. 그러나 자유주의적 사상에 관련되어 있던 본질적인 자유라는 개념은 존재하지 않거나 위험에 처해 있다. 그 어느 때보다도 민족주의와 자유주의 간에 연관성이 부족하다는 사실이 분명해졌다.

한 가지 이유는 민족주의와 자유주의가 그들에게 불리한 환경에서 이용되었기 때문이다. 정치적 원칙은 환경의 영향을 많이 받는다. 대의 제도와 민주주의적 방식은 민주주의에 적합한 관습들로 사회적 기반이 굳건히 다져지지 못한 곳이나 강력한 분열 요소가 존재하는 곳에서는 제대로 작동할 수 없다는 사실

1994년에 실시된 선거에서 투표를 하고 있는 스페인 국민들. 유럽에서 민주주의는 국회의원을 뽑는 선거의 형태로 입지를 다져 나가고 있었다.

이 19세기 후반의 사례를 통해서 드러났다.

이 같은 환경에서는 전체주의적 정부가 최선일 수 있었다. 일단 제국주의 세력이 물러나고 나면 다양한 사회적 분열 요소가 득세하기 마련이고, 이를 효과적으로 제어할 수 있는 방법은 강압적인 정권에 의지하는 것뿐이었다. 물론 이것이 많은 식민지 독립 국가들이 누렸던 '진정한 자유'를 뜻하는 것은 분명 아니었다. 이들 나라에서 더 큰 행복이 이어졌는지에 대해서는 논란의 여지가 있지만, 이러한 정치적 방법이 당연하게 여겨져서는 안 된다.

근대화에 대한 강한 열망은 국가 권력을 강화시킨다. 이 사실로 인해 국가는 국민들 앞에 도덕적인 명분과 권위를 내세울 수 있게 되었다. 왕조에 대한 충성심이나 초자연적 구속력에 의지하는 대신, 국가는 대중들의 욕구를 만족시킬 수 있다는 민주주의적 주장에 기대게 되었다. 대중들의 욕구는 주로 물질적 향상을 위한 것이었지만 항상 그런 것만은 아니었다.

오늘날 국가 권력을 정당화하는 가치는 민족주의이다. 민족주의는 여전히 세계 정치의 강력한 원동력이다. 인류 역사 곳곳에서 민족주의의 끈질긴 생명력을 볼 수 있다. 민족주의는 그 어떤 힘도 끌어낼 수 없었던 충성심을 동원해 왔다. 민족주의에 반하는 이데올로기는 효과적이지 못했다.

민족주의와는 정반대로 작용하여 전 세계를 하나의 정치 체계하에 둘 수 있는 분야는 경제, 통신, 기술 분야이고, 상대적으로 강력한 도덕적 사상이나 신화는 여기에 속하지 않는다.

국가 권력

물론 국가가 달성한 완전히 기술적인 위업은 총인구 조사와 단일화된 국내 시장의 수립이었다. 이는 위대한 유럽 제국의 황실도 못해냈던 일이다. 국제 테러 위협의 증가조차도

1993년 10월 옐친 반대파들이 국영 텔레비전 방송국을 공격하는 모습. 이 쿠데타는 결국 실패했다. 대중 매체의 영향력이 엄청나게 커져서 서구 국가에서 권력을 잡으려면 대중 매체를 잘 통제해야 성공할 수 있었다.

복지 국가의 성장

1954년 영국 리버풀 지방에 새로이 들어선 공영 주택 단지 앞에 도착한 한 엄마와 아이들의 모습. 그 당시 리버풀 지역의 주택 수요는 높았다. 수천 가구가 공영 주택단지 대기 명단에 올라 있었다. 1950년대 중반에 리버풀 커크바이 지구 내의 두 단지에만도 매주 30~40채의 주택이 건설되었다.

복지 국가란 국가가 국민들의 사회적, 재정적 안정을 보호하는 데 주요한 역할을 하는 20세기 정부 개념의 산물이다. 이러한 복지 국가는 산업 선진국의 특징이다. 복지 국가가 제공하는 사회 보장책의 기본적 특징은 강제 징수에 의한 사회 보험이다. 이 수입은 실업 수당과 의료 혜택, 연금, 주택 공급, 빈곤 퇴치 프로그램과 조세 제도에 이용되고 있다.

복지 국가의 현대적 모습은 제2차 세계 대전 후인 1948년 영국에서 채택된 법안에 바탕을 두고 있다. 이 법안들은 윌리엄 베버리지 경이 1942년 「사회 보험과 관련 서비스」라는 보고서에서 제안한 것들이었다. 그는 국가가 개인을 "요람에서 무덤까지" 보호해야 한다고 주장했다.

이러한 국가적 '안전망'은 본질적인 어려움이 존재한다. 이는 사회보장 서비스에 대한 자금을 마련하고 노동의 욕을 꺾지 않는 범위 내에서 적절한 사회 보장 수준을 정확히 측정해야 하는 어려움을 말한다.

이와 같은 내재적 어려움에도 복지국가 개념은 1980년대까지 전 유럽에서 유행했다. 이 시기 이후로 정부들은 복지국가 정책을 재고하거나 철폐하기 시작했다. 예를 들어, 영국 사회 안정망의 기반인 연금 정책은 1990년대 후반에 다시 검토되었다.

국가 체제를 강화하는 요소가 되었다. 이제 국가는 무력 통제권을 사실상 모두 독점하게 되었다. 100년 전에 이미 경찰과 군사력으로 무장한 국가는 전쟁이나 그 어떤 선동에도 흔들리지 않았다. 이로써 국가 체제의 생존은 보장되었다.

향상된 기술도 국가 체제의 생존 가능성을 높였다. 게다가 국민들을 통제할 수 있는 새로운 기술과 무기는 이제 국가 권력의 일부분일 뿐이다. 국가는 소비자, 투자자, 계획자로서의 권력을 통해 경제에 개입하고, 매스컴의 발달도 국가 중심으로 이루어진다. 이 모두가 큰 정치적 중요성을 지니고 있다.

이러한 현상은 1945년에 갑자기 나타난 것이 아니었다. 국가가 국민의 모든 생활을 책임지는 복지 국가라는 개념은 1914년 이전에 이미 독일과 영국에 존재했다.

히틀러와 루스벨트는 각자 목적은 달랐지만 라디오를 많이 이용했다. 그리고 경제적 삶을 규율하려는 시도는 정부라는 것이 생길 때부터 존재해 왔다. 그러나 그 당시에는 이러한 현상들이 모두 국가 권력이라는 거대한 존재를 의미했을 뿐이었다. 국가 권력의 강화를 부정적으로 봤던 것이다.

1940년대에 한 영국 외무 장관은 우리가 외국으로 떠날 때 티켓 외에는 여권이나 비자 등, 모든 공식적인 서류들이 필요 없어지기를 바란다고 말한 적이 있었다. 그가 바라는 일은 사실상 80년 전에는 당연히 여겨지던 일이었다. 그러나 여전히 그렇게 되지는 않고 있다.

국가 권력에 대한 제한

1945년 이래로 국가 권력에 제한을 주는 네 가지 새로운 요소가 나타나기 시작했다. 이는 16세기 유럽에서부터 지금까지 계속된 국가 체제의 강화 추세에 반대되는 변화를 의미했다.

첫 번째 요소는 더욱 강력해진 국제 기구이다. 국제 연합은 주권 국가들로 구성된다. 그렇지만 국제 연합은 국제 연맹과 그 이전 제도들에는 결코 없었던 집단 행동권을 가진다. 이는 개별 회원국에 대한 집단적 처벌 행위가 가능해졌음을 뜻한다. 이보다는 작지만 여전히 큰 규모인 유럽의 국가들이 서서히 주권 국가로서의 독립적 권력에서 벗어나 하

스트라스부르크에서 열린 유럽 의회의 모습. 유럽 중앙 '정부'의 개념에 적대감이 만연했기 때문에 유럽 연합은 민주주의적 제도와 국제적 논쟁을 위한 장을 마련하는 데 중점을 두었다.

1995년 북해의 브렌트 스파 석유 시설을 점거한 그린피스 운동가들에게 보급선에서 고압 방수포를 뿌리고 있는 모습.

나의 제도적 틀 속으로 통합되고 있다.

국제 연합이나 유럽 공동체처럼 공식적인 조직들만이 전부가 아니다. 오늘날 비경제적인 문제들이 국제적으로 해결되기도 하고, 환경에 관한 세계적 우려를 살펴볼 때 이 같은 경향은 계속될 것으로 추정된다.

두 번째 요소는 초국가적인 세력의 영속이다. 이 힘은 개별 주권 국가의 자유로운 행동을 방해하곤 한다. 이슬람교가 이러한 힘에 속한다. 현대 국가가 그 권위를 확보하지 못한 곳은 중동뿐이었다. 따라서 흑인으로서의 자각을 촉구하는 범아프리카주의 같은 인종주의적 운동도 국가 권력을 제한하는 요소가 될 수 있을 것이다.

세 번째 요소는 세계 경제의 재통합이다. 국제 협약이나 대기업의 성장으로 제도화되거나 높아지는 기대에 의해 추진되는 세계 경제의 재통합은 경제 질서를 관장하려는 정치인들의 희망을 무너뜨린다. 게다가 이 요소는 네 번째 요소와 밀접한 관련이 있다.

네 번째 요소는 새롭게 떠오르는 제한 요소로서 국가들의 지역적 통합이다. 각국은 공통의 원칙과 규칙들을 준수해야 한다. 동부 유럽 같은 그룹은 사라지기 쉬웠지만, 서구 유럽 같은 그룹은 지역적 통합을 추진한 사람들의 기대에 아직 못 미치더라도 서서히 그 영향력을 발휘하고 있다.

이러한 제한 요소의 영향은 다음 권에서 확실해질 것이다. 이 요소들은 현대 역사상의 특징적인 정치 제도인 국가 주권의 종말을 미리 예시한 것일지도 모르겠다. 그러나 이 요소들은 국가의 형태는 그대로 유지하되 국가 권력의 감소만을 초래할지도 모른다. 적어도 이 가능성은 급진적인 힘이 갑자기 국가 권력을 완전히 파괴할 확률보다는 더 높을 것이다.

1991년 리투아니아의 빌니우스에서 평화 시위자가 소련 병사의 총에 카네이션을 꽂아 둔 모습. 발트 3국이 소련으로부터 그들의 독립을 선언했을 때 그 과정은 비교적 평화롭게 진행되었다.

이렇게 국가 권력을 제한하는 힘들이 존재하고, 이 힘들은 새로운 사상으로 인해 더욱 강력해지고 번성하게 된다. 이러한 새로운 사상은 생태학, 페미니즘, 반핵 평화 운동 등에서 연유한다. 그러나 40년 동안 이런 사상들이 제대로 성공한 것은 법을 바꾸거나 새로운 제도를 도입해서 국가 정책에 영향을 주거나 국가 정책을 형성했을 때뿐이었다.

국가라는 강력한 제도를 뛰어넘어 중대한 향상을 이룰 수 있다는 생각은 19세기의 무정부주의나 유토피아적 운동만큼 비현실적인 것 같다.

연대표(1897~1969년)

1897년	1900년
시온주의 의회	플랑크의 양자론 정립

1898년 · 1900년 · 1902년

1899~1902년
보어 전쟁

앨버트 아인슈타인(1879~1955)은 1905년에 특수상대성이론을 발표했다. 1915년에 그는 일반상대성이론을 완성하여 이듬해 출판했다.

앨버트 아인슈타인

1911~1912년	1913
중국의 신해 혁명	제2차 발칸 전쟁

1910년 · 1912년 · 1914년

1914년
제1차 세계 대전 발발

1924년 중국 국민당의 장제스(1887~1975)는 군사 훈련을 위해 소련으로 파견되었다. 1925년 쑨원이 사망하자 장제스는 국민당의 지도자가 되었다.

장제스

1922년	1923~1930년
파시스트가 로마로 진격하여 무솔리니가 정권을 잡음	스페인의 프리모 데 리베라 독재 정권

1922년 · 1924년 · 1926년

1925년 독일 대표단이 로카르노 조약 조인을 위해서 길을 나서고 있다. 독일은 이 조약으로 파리강화조약 내 서부 지역 영토에 관한 결정에 동의했다. 동부 지역 영토에 관한 문제는 여전히 미해결 상태로 남아 있었다.

로카르노 조약의 서명자들

1933년 아돌프 히틀러의 나치당이 정권을 잡고 즉각적으로 독일의 민주주의적 제도를 없애기 시작했다. 1935년 히틀러는 독일 재무장을 시작했다.

히틀러(왼쪽)와 무솔리니

1938년
핵분열 발견

1934년 · 1936년 · 1938년

1935년	1936~1939년
이탈리아의 에티오피아 침공	스페인 내전

1945년	1946년	1947년	1948년
제2차 세계 대전 종전	처칠의 '철의 장막'	인도 독립 파키스탄 건국	간디 암살 이스라엘 건국

1946년 · 1948년 · 1950년

마하트마 간디와 자와할랄 네루는 인도 독립 투쟁에서 주요 인물들이었다. 이 사진은 간디와 네루가 1946년 인도 국민 회의에서 만난 모습이다. 1946년에 영국은 인도 지배를 포기했다.

간디와 네루

1945년 일본이 중국에서 물러나자 1949년까지 국민당과 공산당 사이의 내전이 계속되었다. 1949년에 마오쩌둥(1893~1976)은 중화인민공화국을 선포했다.

마오쩌둥

1958년
미국의 첫 인공위성

1958년 · 1960년 · 1962년

1961년
소련 우주 비행사 가가린의 첫 우주 비행 성공

| 1905년 | 1906년 | 1907년 |
| 제1차 러시아 혁명 | 무슬림 연맹 창설 | 포드 사동차회사 T 모델을 위한 첫 생산 라인 가동 |

1904년 · 1906년 · 1908년

| 1917년 |
| 미국의 제1차 세계 대전 참전 |
| 러시아 사회주의 혁명 |

토머스 에드워드 로렌스(1888~1935)는 아라비아의 로렌스로 유명해진 영국의 요원이다. 그는 제1차 세계 대전 당시 아랍 연맹이 오스만 제국을 상대로 독립 전쟁을 펼칠 때 중요한 역할을 했다.

1918년 아라비아의 로렌스

1916년 · 1918년 · 1920년

| 1918년 | 1919년 | 1920~1922년 |
| 제1차 세계 대전 종전 | 파리강화조약 체결 | 그리스-터키 전쟁 |

| 1928년 | 1930년 | 1931년 | 1932년 |
| 장제스 정부에 대한 영국의 승인 | | 일본의 만주 침략 | 미국 루스벨트 대통령 선출 |

1928년 · 1930년 · 1932년

| 1929년 |
| 월스트리트 붕괴 |

| 1939년 |
| 제2차 세계 대전 발발 |

1940년 · 1942년 · 1944년

| 1941년 | 1942년 | 1944년 |
| 일본의 진주만 공격 | 나치당의 지도자들이 유럽 내 유대인들에게 '최종적 해결'을 가하기로 결정 | 연합국의 노르망디 상륙 작전 |

독일이 프랑스를 침략하여 휴전 협정을 받아 낸 두 달 후인 1940년 8월에 독일 군사들이 파리 시내를 가로질러 행진하고 있다. 이탈리아는 독일 편으로 전쟁에 가담했다. 영국은 유럽 대륙에 동맹국이 하나도 남지 않은 채 고립되었다.

파리의 독일 군사들

| 1956년 | 1957년 |
| 헝가리 공산주의 정권에 대한 봉기 | 소련 위성 스푸트니크 1호 발사 |

1952년 · 1954년 · 1956년

1953년 DNA의 이중 나선 구조가 발견되었다. 이 발견으로 유기체의 유전자와 그 성장 과정을 조작할 수 있게 되었다.

DNA 분자 일부분의 컴퓨터 합성 이미지

1961년 케네디 대통령은 미국이 앞으로 10년 내에 인간의 달 착륙을 성공시키겠다고 발표했다. 1969년 7월 21일 미국의 우주비행사 닐 암스트롱은 달에 첫걸음을 내디딘 첫 인간이 되었다.

인간의 첫 달 착륙

1964년 · 1966년 · 1968년

| 1965년 | 1967년 |
| 소련 우주 비행사 레오노브의 첫 우주 유영 성공 | 첫 인간 심장 이식 성공 |

색인

ㄱ
GATT 130
간디 102, 103
개량 민족주의 36
걸프전 118
게르만족 68
경찰 행동 108
고립주의 30, 57, 77
국가 사회주의 62
국민당 14, 21
국제연맹 86
국제연합 86, 87, 88
국제연합 헌장 89
그리스-터키 전쟁 45
그린피스 155

ㄴ
나의 투쟁 62
나폴레옹 법전 46
남북전쟁 34
네덜란드-인도네시아 연합 109
네루 103
노르망디 상륙 작전 79
뉘른베르크법 65
뉴딜 정책 57, 58
닐 암스트롱 151

ㄷ
다다이즘 53
다르다넬스 공방전 40
다윈 52
단디 행진 101
달 착륙 프로젝트 150
대서양 전투 72, 79
대서양 헌장 75
덤비턴 오크스 회담 87
독소 불가침 조약 69
동서 문제 82, 83
디옥시리브 핵산 146

ㄹ
러더퍼드 142
러일 전쟁 10
레반트 40
레자 칸 48, 49
레지스탕스 93
로카르노 조약 54
뢴트겐 142
루스벨트 대통령 57
리벤트로프 69
리타차오 19

ㅁ
마르코니 139
마르크스주의 19~27
마셜 플랜 96, 97
마오쩌둥 19, 22, 106
만주 사변 27
만철 폭파 사건 27
맨해튼 프로젝트 80, 141
맬서스 120
메메드 2세 46
메인호 사건 30
메헤메트 알리 32, 33
멘델 146
무솔리니 66
무스타파 케말 46, 47
무하마드 6세 46
뮌헨 회담 68, 69
미드웨이 해전 77
미얀마 로드 31

ㅂ
바르바로사 74
바이마르공화국 55, 56
발칸 전쟁 36, 37
발트 3국 56, 73, 180
발포어 선언 41, 42
백화 문학 운동 15
뱅가드 150

범슬라브주의 69
범아랍주의 33, 45, 112
범아프리카주의 179
베네룩스 71, 80
베트남 전쟁 109, 110
베트민 109
벤 구리온 114
벤저민 디즈레일리 35
보어 144
불복종 운동 102
불평등 조약 25, 105
VLA 141

ㅅ
살만 루시디 170
샌프란시스코 회담 87
샤를 드 골 72, 73
세포설 146
수에즈 운하 33
수카르노 108
슈뢰딩거 144
스탈린 24, 69
스페인 내전 65, 66
스펠바운드 166
스푸트니크 1호 148
스푸트니크 2호 149
시데하라 키주로 26
시어도어 헤르츨 38
시온주의 39
신청년 14, 19
신의 혁명 13, 14
쑨원 13, 17

ㅇ
아돌프 히틀러 62~66
아라비아의 로렌스 42
아랍 연맹 112
아시아아프리카 회의 133
IBRD 130
아야톨라 호메이니 169, 170

IMF 130
아이마라족 132
아이젠하워 89
아인슈타인 143
아타튀르크 46
아폴로 계획 151
악마의 시 67
알프레드 히치콕 166
암리차르 대학살 100
압둘 하미드 36, 37
얄타 회담 82, 84, 94
에드먼드 알렌비 41
엔버 파샤 36, 37
엘 알라메인 전투 78
영국-페르시아 합작 석유 회사 49
영일 동맹 20
5·4운동 17, 18, 19
온실 가스 159
요한 바오로 2세 172
욤 키푸르 전쟁 113
워싱턴 회의 20
월스트리트 56
위안스카이 13
윈스턴 처칠 72, 73
윌리엄 베버리지 경 177
윌슨 대통령 42
유대 국가 38
유리 가가린 149, 150
의화단 사건 16
이란-이라크 전쟁 169
이스마일 33
인간 게놈 프로젝트 147
인도 통치법 102
인도 회의 105
인민전선 30, 66
일반상대성이론 143

ㅈ

자유 프랑스 인민군 73
자유방임주의 51
장제스 23, 107
전위 예술 52
정신 분석학 166
제1차 세계 대전 39~46
제2차 세계 대전 50~85
제임스 오웬 63
제임스 클럭 맥스웰 142
조건 반사 166
조지 마셜 96
중국 사변 30
중일 전쟁 29, 30
지구 온난화 159
GDP 129
지하 경제 162
진주만 공습 76, 77
집산주의 21

ㅊ

채드윅 143
챌린저호 156, 157
철의 장막 95
청년투르크당 35~38
체르노빌 원자력 발전소 156, 158
첸 투슈 14, 19
초현실주의 53
치올코프스키 149

ㅋ

칼 세이건 148
케네디 대통령 150
코메콘 97
코민테른 19
코민포름 97
쿨리 18
크네세트 115

ㅌ

트로츠키 60
트루먼 대통령 94, 96
트루먼 독트린 96
트리폴리타니아 침공 37
TVA 58
티토 174

ㅍ

파리강화회의 17
파블로프 167
파스퇴르 145
파시스트 66
파시즘 54
파트와 168
포츠담 회담 94
폴란드 회랑 68
푸이 황제 12, 27
프랑코 장군 66
프로이트 53, 54, 166
프리메이슨 36
플랑크 143
플레밍 144

ㅎ

하이젠베르크 144
핼리팩스 백작 89
행동주의 166, 167
헨리 포드 136, 137
호치민 109
후세인 38

도판 출처

이 책에 도판을 실을 수 있도록 허락해 주신 다음의 기관과 개인에게 감사드립니다.

설명

AGE : AGE fotostock
AISA : Archivo Iconografico S.A., Barcelona
AKG : AKG, London
BLV : Bertelsmann Lexikon Verlag, Under Sublicence of Bertelsmann Picture Pool, Gütersloh / München 1997
CB : Corbis-Bettmann, Under Sublicence of Bertelsmann Picture Pool, Gütersloh / München 1997
BAL : Bridgeman Art Library, London / New York
RMN : Réunion des Musées Nationaux, Paris
SPL : Science Photo Library, London
UPI : United Press International

9 CB
10 AISA
11 Roger-Viollet / Harlingue
12 CB
13 CB
14 CB / UPI
15 CB
17 CB
18 Hulton Getty
19 CB
20 Popperfoto
21 Archives Ringart
23 CB / UPI
24 Hulton Getty
25 CB / UPI
26 Zardoya / Magnum Photos / Koyo Kageyama
27 CB / UPI

29 AGE
30 CB / UPI
31 CB / UPI
32 CB / UPI
34 AISA
35 위 Zardoya / Camera Press
35 아래 AISA
36 AISA
37 AISA
38 CB / UPI
39 CB / UPI
40 Popperfoto
41 Zardoya
42 AGE
44 Roger-Viollet
45 Hulton Getty
46 CB
47 AGE
48 Hulton Getty
50 CB / UPI
51 CB
52 BAL / ⓒ VEGAP 1999
53 CB
54 CB
55 CB / UPI
56 CB / UPI
57 CB
58 CB
59 CB
60 CB / UPI
61 Zardoya / Magnum Photos / Robert Capa
62 CB
63 CB
64 CB / UPI
65 CB

66 Oronoz / Museo Reina Sofia, Madrid / ⓒ VEGAP 1999 / ⓒ Succession Picasso, Paris
68 위 CB / UPI
68 아래 CB
69 AGE
70 CB / UPI
72 CB / UPI
73 CB / UPI
74 CB / UPI
75 CB / UPI
76 CB / UPI
77 Zardoya / Len Sirman Press
78 Zardoya / Magnum Photos / Koyo Kageyama
80 CB
81 CB
82 CB / UPI
83 CB / UPI
84 Hulton Getty / Fred Ramage
86 CB / UPI
87 United Nations
88 Zardoya / Camera Press
89 Rex Features / United Nations
90 Hulton Getty
91 AKG
92 David King Collection
93 Hulton Getty
95 AGE
96 CB / UPI
97 Zardoya / Camera Press
98 Zardoya / Camera Press
99 David King Collection
100 Zardoya / Camera Press
101 CB / UPI
102 Popperfoto
103 CB / UPI

104 AGE

105 CB

106 CB / UPI

107 Zardoya / Camera Press

108 AGE

109 CB / UPI

110 Image Bank / Archive Photos

111 CB / UPI

112 Zardoya / Magnum Photos / Paul Fusco

114 CB / UPI

115 Magnum Photos / Robert Capa

116 SPL / NASA

117 AGE

118 CB / Reuters

119 Zardoya

120 Panos Pictures / Alain le Garsmeur

121 SPL / Steve Grand

122 CB / UPI

124 Zardoya / Magnum Photos / Hiroji Kubota

125 AISA

126 CB

128 CB / Reuters

130 위 The World Bank, Washington D.C.

130 아래 International Monetary Fund, Washington D.C.

131 AGE

132 위 AISA

132 아래 AISA

133 SPL / Simon Fraser

135 AGE

136 CB

137 CB

138 CB

139 AGE

140 Advertising Archives

141 SPL / Jerrican / Galia

142 AGE

143 위 CB

143 아래 CB / UPI

144 CB

145 RMN / Blot / Lewandowski

146 위 Popperfoto

146 아래 AGE / SPL / James King-Holmes

147 위 AGE / SPL / Jon Wilson

147 아래 SPL / J. C. Revy

148 CB / UPI

149 CB / UPI

150 CB / UPI

151 CB / UPI / NASA

152 BLV / NASA

154 AGE / NASA

155 CB / Reuters

156 Panos Pictures / Sam Kittner

157 CB / UPI

158 CB / Reuters

159 Rex Features / Sipa-Press

160 Panos Pictures / Paul Smith

162 AGE

163 Zardoya / Magnum Photos / Martin Parr

164 AGE

165 Panos Pictures / Alain de Garsmeur

166 Selznick / United Artists(courtesy Kobal Collection)

167 CB

168 Network

169 CB / Reuters

170 CB / Reuters

171 BLV

172 Popperfoto

173 Magnum Photos / Paul Lowe

174 Popperfoto

175 AISA

176 Network / Anthony Suau

177 Hulton Getty

178 Photo European Parliament

179 CB / Agence France Presse

180 Magnum Photos / Abbas

지도, 도표 판권

지도 판권 ⓒ 1998 Debate page 79

지도와 도표 판권 ⓒ 1998 Helicon/Debate pages 28, 71, 113, 123, 127, 129, 134

문헌 판권

발행자는 이 책에 번역 내용과 판권 자료를 인쇄하도록 허락해 주신 아래 분들에게 감사드립니다. 판권 소유자를 찾기 위해 최선의 노력을 하였으나 만일 빠진 분이 있다면 사과드리며, 알려 주실 경우 장래의 재판에서 바로잡도록 하겠습니다.

p.62 아돌프 히틀러의 『마인 캄프』, 번역자 : Ralph Manheim (Pimlico 1992), Random House UK Limited 제공

p.133 1955년 4월 인도네시아 반둥에서 열린 아시아아프리카 회의의 발췌 부분, George McTurnan Kahin(Cornell University Press 1956), Cornell University Press 제공

p.148 칼 세이건의 『우주적 연결 : 지구 밖 견해』 발췌 부분, Jerome Agel 제공(더 많은 정보 : Jerome Agel, 2 Peter Cooper Road, New York, New York 10010, US)

히스토리카 세계사 9
-신흥 세력의 등장

1판 1쇄 인쇄 | 2007. 10. 19
1판 1쇄 발행 | 2007. 10. 29

지은이 | J. M. 로버츠(J. M. Roberts)
옮긴이 | 유수아
펴낸이 | 김영곤
펴낸곳 | (주)이끌리오
본부장 | 정성진
기획책임 | 김성수, 박효진
편집책임 | 한세정, 오원실
마케팅 | 주명석, 허준영, 이시몬
영　업 | 윤지환, 최창규, 서재필, 도건홍, 정민영
표지 디자인 | 씨디자인

등록번호 | 제16-1646
등록일자 | 2000.04.10

주소 | 경기도 파주시 교하읍 문발리 파주출판문화정보산업단지 518-3(413-756)
전화 | 031-955-2403
팩스 | 031-955-2422
이메일 | eclio@book21.co.kr
홈페이지 | http://www.eclio.co.kr

ISBN 978-89-5877-053-4 04900
ISBN 978-89-5877-055-8(세트)

값 28,000원

이 책 내용의 일부 또는 전부를 재사용하려면 반드시 (주)이끌리오의 동의를 얻어야 합니다.
잘못 만들어진 책은 구입하신 서점에서 교환해드립니다.